Mehr Sprachen - mehr Chancen

Über Zwei- und Mehrsprachigkeit von Kindern

Regine Fehlings de Acurio

Mehr Sprachen – mehr Chancen

Über Zwei- und Mehrsprachigkeit von Kindern

2., aktualisierte Auflage

dohrmannVerlag.berlin

Die Autorin: Jahrgang 1968, Linguistin und Pädagogin. Seit zwei Jahrzehnten vermittelt sie Sprachen, bildet Eltern, Erzieher sowie Lehrer in Fragen der Mehrsprachigkeit, Sprachförderung, Beobachtung und Dokumentation sowie Diversity / Vielfalt weiter und war zehn Jahre lang Vorstandsvorsitzende des interkulturellen Zentrums „mehrSprache e.V.", welches sie 2002 gegründet hat. Sie lebt in einer binationalen Ehe. Ihre Tochter wächst von Geburt an zweisprachig auf. Sie selbst ist sukzessiv mehrsprachig aufgewachsen, da sie als Kind in Malaysia gelebt hat. Später hat sie u.a. in Peru, Argentinien, Albanien und Rumänien gearbeitet.

Umschlaggestaltung: Aischa Dohrmann
Druck: Henschel Druck und Werbung, Eilenburg,, Printed in Germany

ISBN: 978-3-938620-40-3

dohrmannVerlag.berlin
Ringstr. 78
12205 Berlin
Tel. 030-8336441
info@dohrmann-verlag.de
www.dohrmann-verlag.de

Inhalt

Vorwort

Dieses Buch behandelt die häufigsten Fragen zu mehrsprachigen Kindern, mehrsprachigen Eltern und zur mehrsprachigen Erziehung. Sie wurden von 2002 - 2015 im Austausch mit mehrsprachigen Eltern, Kindern, Erziehern, Lehrern und weiteren Bezugspersonen in vielen Fortbildungen, Workshops, Projekten und E-Mail-Anfragen gesammelt. Die Antworten berücksichtigen moderne Forschungsergebnisse, sind aber (hoffentlich) klar geschrieben. Das Buch soll eine lesbare Einführung in die Thematik bieten. Deshalb wurden Fachsprache und wissenschaftliche Theorien soweit wie möglich in verstehbare Sprache „übersetzt". Auch findet keine akademische Diskussion um verschiedene Thesen statt. Wissenschaftliche Untersuchungen werden hier ergebnisorientiert dargestellt, so dass sie direkt für die Praxis anwendbar sind. Auf überholte Theorien wurde bewusst verzichtet. Leser, die noch tiefer in den Stoff eindringen möchten, können im Literaturverzeichnis eine Auswahl an Fachliteratur finden. Bei der Beantwortung der Fragen wurde versucht, möglichst viele unterschiedliche Gesichtspunkte zu berücksichtigen. Ein Patentrezept für alle Fälle gibt es nicht. Familien, Situationen und die Kinder selbst sind viel zu unterschiedlich, als dass es für alle eine einzige, einheitliche Anleitung geben könnte. Dennoch wurde der Versuch unternommen, Ratschläge und Anregungen zu liefern, denn Eltern und weitere Betroffene suchen gezielt nach Hilfe. Nichts ist in diesem Fall schlimmer, als wenn Fachleute mit einem „ja, aber..., es könnte sein..., vielleicht...oder auch..." antworten, denn das verunsichert noch mehr. Aus diesem Grund bezieht dieses Buch immer Stellung. Die Anregungen basieren auf persönlichen Werten und Erfahrungen, gekoppelt mit Informationen aus internationaler Forschung. Nicht jeder wird immer übereinstimmen und sollte es auch nicht. Besondere Umstände, Lebensstile und Einstellungen können dazu führen, Dinge anders zu sehen. Kein Rat kann alle möglichen Situationen berücksichtigen. Er soll auch keinesfalls sklavisch umgesetzt werden. Meine Hoffnung ist, dass das Buch neue Perspektiven eröffnet und zur Reflektion anregt, dazu, für die jeweils eigene, spezielle Situation eine optimale Strategie zu finden. Letztendlich geht es um das einzigartige Kind. Deshalb müssen wir immer wieder überlegen, was unser (Sprach)Handeln für das Kind bedeutet. Wir müssen immer wieder beobachten, wie es ist, wie es reagiert, wie es was annimmt und umsetzt. Daraufhin müssen wir unser Handeln anpassen, ihm Anreize bieten, eventuell umdenken und neue Strategien finden und dann wieder von vorne beginnen...

Bon voyage!

Kapitel 1: Ab wann gilt jemand als mehrsprachig? Haben Kinder, die mit zwei Sprachen aufwachsen, auch zwei Muttersprachen? Was bedeutet Erstsprache, Zweitsprache, Drittsprache und was sind DaF und DaZ?

Leider werden die Begriffe nicht einheitlich verwendet und es mischen sich sowohl alltagssprachliche als auch fachsprachliche Begriffe aus verschiedenen Forschungsrichtungen. Muttersprache ist umgangssprachlich. Das Wort bezieht sich auf die Tatsache, dass schon das Baby im Mutterleib die Sprache seiner Mutter hört und dann nach der Geburt mit ihr aufwächst. Es ist die bzw. sind die erste(n) Sprache(n) des Kindes und wenn dies mehrere Sprachen sind, haben Kinder natürlich auch mehrere Muttersprachen. Hinter dem Begriff Muttersprache steckt die volkstümliche Ansicht, das Baby sauge quasi mit der Muttermilch die Sprache seiner Mutter auf. Das Baby im Bauch hört allerdings auch schon den Vater (vielleicht nicht ganz so intensiv) und wenn dieser eine andere Sprache als die Mutter spricht, nimmt es diesen Sprachunterschied schon wahr. Reden Mutter und Vater verschiedene Sprachen, spricht man auch von Mutter- und Vatersprache. Am Muttersprachenerwerb sind darüber hinaus auch weitere Personen beteiligt, wie Geschwister, Großeltern, etc. (Ahrenholz, 2014).

Das Wort Muttersprache ist allerdings nicht ganz präzise und beinhaltet die Idee der Einsprachigkeit (eine Mutter - eine Sprache). Deshalb ist es ja für Laien auch so schwierig, sich vorzustellen, dass Kinder zwei oder drei Muttersprachen haben können. Sprachwissenschaftler bevorzugen daher den Begriff Erstsprache(n), sie sprechen vom Erstspracherwerb, doppeltem Erstspracherwerb, dreifachem Erstspracherwerb, mehrfachem Erstspracherwerb. Der Erstspracherwerb bezieht sich auf diejenige(n) Sprachen, die das Kind in den ersten zwei bis vier Jahren von seinen Bezugspersonen hört und auch selbst anwenden lernt. Für die Erstsprache benutzt man die Abkürzung aus dem Englischen L1 (language 1). L1-Erwerb ist quasi genetisch vorprogrammiert und braucht nur Input, um sich entfalten zu können. Weil das Kind einerseits Wörter und Strukturen verinnerlicht, andererseits mit den Bedeutungen in der Erstsprache / in den Erstsprachen auch lernt, wie man die Welt versteht und bestimmte Konzepte herstellt, ist die Erstsprache besonders prägend. Der Spracherwerb eines drei- bis vierjährigen Kindes ist im Prinzip schon abgeschlossen (sofern man überhaupt davon ausgehen kann, Spracherwerb könne jemals beendet sein). Nicht, weil es nichts mehr hinzulernen würde, sondern weil das Kind schon alles Wesentliche seiner Erstsprache weiß (vgl. Butzkamm, 2008), es hat verstanden, wie sie funktioniert, wie man Wörter und Sätze bildet und wie man Bedeutungen entwickelt.

Ein dreijähriges Kind mit Deutsch als Erstsprache hat bereits erfasst, dass das Verb im Hauptsatz an die zweite Position kommt: „ Ich esse Spaghetti" oder „Spaghetti esse ich" (aber nicht „*Spaghetti ich esse", denn das widerspricht den Regeln des deutschen Satzbaus, das Verb muss an die zweite Stelle). Das Kind weiß auch, dass in einem Satz mit zwei Verben ein Verb an die zweite Position und das andere Verb ans Ende gesetzt wird und der Satz quasi von den Verben umklammert wird (Satzklammer): „Ich möchte Spaghetti essen", „Gestern habe ich Spaghetti gegessen". Die Position der Verben ist in jeder Sprache anders. In vielen Sprachen muss das Subjekt vor das Verb gesetzt werden, in einigen Sprachen kommen die Verben immer ans Satzende (z.B. in Türkisch).

Solche wesentlichen Strukturregeln erwirbt das Kind in den ersten Jahren spielerisch und rein intuitiv. Kinder, die mit zwei Erstsprachen aufwachsen, erschließen sich die Regeln beider Sprachen, sie sind also durchaus in der Lage, die unterschiedlichen Satzbauprinzipien zu erfassen und anzuwenden. Hierfür muss allerdings das Sprachangebot seitens der Bezugspersonen in beiden Sprachen einigermaßen ausgewogen sein. Hört und spricht das Kind eine Sprache erheblich viel mehr als die andere, dann kann es auch im Satzbau zu Interferenzen kommen, d.h. das Kind wendet die Regeln seiner starken Sprache zum Teil auch auf die schwache Sprache an. Ein Kind, das mehr Englisch als Deutsch hört, würde vermutlich den englischen Satzbau auch im Deutschen anwenden: „*gestern ich habe gegessen Spaghetti"). Sobald es einen höheren Input in Deutsch bekommt, kann es seine eigenen Hypothesen überprüfen und merkt, dass ein deutscher Satz anders gebaut werden muss. Sprachliche Interferenzen sind nicht auf immer und ewig vorhanden, sondern können natürlich überwunden werden, wenn das Kind genügend Sprachanregungen erhält. Das gilt für jedes Alter, aber besonders für den Erstspracherwerb, da die jungen Kinder noch besonders offen für Sprachen sind und das Gehirn noch dabei ist, sich zu formen.

Interessanterweise lernt ein Kind im Erstspracherwerb auch, die Welt auf eine bestimmte Art und Weise zu sehen und zu ordnen. Es bildet sprachspezifische Konzepte. So ist im Deutschen beispielsweise für die Bedeutungserfassung bestimmter Wortfelder die Form von Gegenständen besonders relevant: Eine Tasse hat einen Henkel, ein Becher nicht. Eine Kanne hat zwei Öffnungen (oben, um eine Flüssigkeit hineinzugießen und an der Seite, um die Flüssigkeit wieder auszugießen), eine Flasche hat einen Hals, usw. Im Türkischen achtet man hingegen eher auf die Funktion: Wofür brauche ich den Behälter? Für Tee, Kaffee, Wasser, Milch oder Saft? Das wird im Wort immer mit angegeben. Kinder mit doppeltem (oder auch mehrfachem) Erstspracherwerb lernen dann auch mehrere Konzepte. Sie sind sozusagen ein „special case", sie achten auf Form und Funktion und darauf, was auch immer in den Sprachen belangvoll ist.

Unter Zweitspracherwerb versteht man in der Spracherwerbsforschung, dass eine zweite Sprache (L2) nach der ersten Sprache hinzukommt. Auch ein Erwachsener, der z.B. aufgrund einer Migration eine andere Sprache als seine Erstsprache lernt, unterzieht sich einem Zweitspracherwerb. Entsprechend ist ein Drittspracherwerb (L3) das Lernen einer Sprache, nachdem die zweite Sprache bereits für das Leben eines Menschen bedeutsam geworden ist. Der Spracherwerb der Erst- und / oder Zweitsprache muss noch nicht abgeschlossen sein, wenn eine dritte Sprache hinzukommt.

Die Frage ist, ab wann man nicht mehr von Erstspracherwerb, sondern von Zweitspracherwerb spricht. Prof. Zimmer (2014) geht schon von einem Zweitspracherwerb aus, wenn ein Kind ab dem Alter von zwei Jahren die zweite Sprache lernt. Die meisten Forscher setzen das Alter, ab dem ein Zweitspracherwerb stattfindet, bei drei bis vier Jahren an. Kommt eine weitere Sprache ab diesem Alter hinzu, handelt es sich eben nicht mehr um einen Muttersprach- bzw. Erstspracherwerb, sondern um einen Zweitspracherwerb. Der Lernaufwand für das Gehirn ist dann schon höher. Es muss sich umstrukturieren und neue Erfahrungen einbauen. Ein Kind mit Türkisch als Erstsprache weiß, dass das Verb im Satz ans Ende gestellt wird. Lernt es dann mit vier Jahren Deutsch, muss es genau dieses Wissen für das Deutsche umgestalten: „Bugün Spaghetti yiyin“ wird zu „Heute esse ich Spaghetti“ (nicht *“Heute ich Spaghetti esse“.). Natürlich kann das problemlos gelingen. Egal, ob Erst- oder Zweit- oder Dritt- oder X-Spracherwerb, prinzipiell kann ein Kind auch diese Form von Mehrsprachigkeit leisten. Die Kompetenz in der Zweitsprache kann sich jederzeit sehr gut entwickeln, so dass ein Kind, das mit vier Jahren mit der Zweitsprache Deutsch beginnt, selbstverständlich lernen kann, Deutsch so gut wie ein Muttersprachler zu beherrschen. Es gibt unzählige positive Beispiele hierfür. Der Erwerb geschieht dann jedoch auf andere Art und Weise als beim Erstspracherwerb. Drei- bis vierjährige Kinder lernen eine zweite Sprache schon bewusster, also nicht mehr ganz so intuitiv wie die Erstsprache. Sie müssen Vermutungen aufstellen, wie die Zweitsprache funktioniert und diese dann beharrlich am Input überprüfen. Das braucht seine Zeit. Wir können nicht erwarten, dass die Zweitsprache innerhalb eines Jahres in muttersprachlicher Kompetenz erworben wird. Für einen sehr erfolgreichen Zweitspracherwerb wird der Aufwand mit zunehmendem Alter immer höher und individuelle Fähigkeiten spielen eine immer größere Rolle (Meisel, 2007).

Ein Zweitsprachenlerner muss sich erst spezielle Erfahrungen und Strategien aneignen, um die Flut von neuen Informationen zu bewältigen. Diese Erfahrungen haben anschließend wiederum einen Einfluss auf den Erwerb weiterer Sprachen. Dann nämlich weiß man schon, dass es strukturelle Unterschiede in den Sprachen gibt und kann auf diejenigen Strategien zurückgreifen, die man sich beim Lernen der zweiten Sprache erst mühselig erarbeiten musste. Insofern unterscheidet sich der Erwerb einer dritten Sprache fundamental vom Erwerb einer zweiten Sprache (vgl. Rohde, 2013).

Wichtig ist in jedem Fall, dass zwischen Erst- und Zweitspracherwerb charakteristische Unterschiede bestehen. Menschen, die Deutsch als Zweitsprache lernen, gebrauchen vorübergehend Strukturen, die für den Erstspracherwerb völlig untypisch sind, darunter z.B. die sogenannte Adjazenzstellung (Verbdrittstellung) wie *“Heute ich esse Spaghetti“. Bei älteren Lernern hat die Erstsprache einen entscheidenden Einfluss auf den Erwerb der Zweitsprache und es kostet sehr viel mehr Energie als bei jüngeren Lernern, die Sätze umzustrukturieren. Andererseits sprechen Zweitsprachler zu Beginn des Lernens meist schon länger und komplexer. Da sie schon wissen, wie Sprache grundsätzlich funktioniert, z.B. dass man Sätze äußert und nicht nur Worte, haben sie kein oder ein sehr verkürztes Einwortstadium.

Die meisten Forscher sind sich darin einig, dass das Niveau der Zweitsprache vom Niveau der Erstsprache abhängig ist. Ein Kind, das gute Kompetenzen und Strategien in der oder den Erstsprache(n) entwickelt hat, kann eben diese für die Zweitsprache nutzen. Die Chancen für einen sehr erfolgreichen Zweitspracherwerb stehen äußerst günstig.

In der Spracherwerbsforschung betont man bei den Begrifflichkeiten also die Erwerbsreihenfolge: Erstspracherwerb, Zweitspracherwerb, Drittspracherwerb, etc. In der Fremdsprachendidaktik gebraucht man allerdings andere Begriffe. Hier achtet man nicht auf die Reihenfolge und das Alter, sondern auf den Kontext, in dem eine Sprache erworben wird. Ist der Spracherwerb gesteuert, also etwa durch Unterricht in der Schule, dann handelt es sich um das Lernen einer Fremdsprache. Wenn man in der Schule beispielsweise Englisch lernt, dann gibt es einen bestimmten Lehrplan, der die Erwerbsreihenfolge festlegt und auch bestimmte Schwerpunkte setzt, z.B. in der Grammatik. Der Fremdspracherwerb ist in diesem Sinne eben nicht „natürlich" und häufig fehlen einem Fremdsprachler bestimmte Kompetenzen, weil es an Übung und Anwendung im Alltag mangelt. Ich habe z.B. an der Universität zwei Semester Quechua belegt und habe gelernt, wie man in dieser agglutinierenden Sprache Präfixe und Suffixe an die Verben anhängt, ich konnte Akkusativendungen analysieren, aber in Peru war ich nicht in der Lage, jemanden zu begrüßen, geschweige denn, ein einfaches Alltagsgespräch zu verstehen. Natürlich ist nicht jeder Fremdsprachenunterricht so fern von der alltagssprachlichen Realität.

In diesem fremdsprachdidaktischen Zusammenhang gebraucht man den Begriff „DaF", kurz für Deutsch als Fremdsprache, wobei Deutsch von einem Lehrer vermittelt und damit gesteuert gelehrt wird. DaF – Unterricht kann im Inland oder Ausland stattfinden. Demgegenüber bezieht sich „DaZ", kurz für Deutsch als Zweitsprache, auf den ungesteuerten Spracherwerb, z.B. wenn Migranten Deutsch durch Handeln im Alltag und Beruf in Deutschland lernen, ohne an einem speziellen Unterricht teilzunehmen. Bei den meisten Migranten findet wahrscheinlich eine Kombination von beiden Lernarten statt, einerseits durch einen Sprachkurs und andererseits durch alltägliches Handeln im sprachlichen Umfeld des Landes, in dem sie leben. Komischerweise gibt es auch einen Unterricht für Deutsch als Zweitsprache, eigentlich kontrovers zu seiner Definition. Hier geht man davon aus, dass der Lerner in Deutschland lebt und bedeutsame kommunikative Aufgaben bewältigen muss. Der DaZ-Unterricht soll sich dann speziell auf außerunterrichtliche Sprachlernprozesse einstellen und diese unterstützen (Ahrenholz, 2014). Der tatsächliche Unterschied zu DaF, in dem die Lerner ebenfalls lernen sollen, kommunikative Aufgaben zu bewältigen, ist nicht wirklich einsichtig. Es ist eher ein Spiel mit Begriffen.

In der Forschung findet man auch die Begriffe Lernersprache, Lernervarietät oder Interlanguage. Sprache ist dann eine Lernersprache, weil sie sich noch in einem Entwicklungsstadium befindet. Der Sprachlerner beherrscht noch nicht alle Regeln und Feinheiten dieser Sprache, sondern schreitet in seiner Kompetenz von Stufe zu Stufe voran, um sich der Zielsprache immer weiter zu nähern. Früher dachte man, dass Sprachenlernen hauptsächlich durch nachahmen und auswendig lernen geschieht. Auch wenn Imitation und Auswendiglernen eine gewisse Rolle spielen, ist heute eindeutig widerlegt, dass diese Lernformen dominant sind. Sprachenlerner entwickeln eigene Systeme (eben eine Lernersprache), in der sie gezielt Regeln anwenden und in diesem Sinne produktiv sind. Ihre Lernersprache hat Merkmale ganz unterschiedlicher Art. Sie hat Merkmale aus der Erstsprache, Merkmale aus anderen Fremdsprachen, die gelernt wurden, Merkmale der Zielsprache und Merkmale, die keinem anderen Sprachsystem zuzuordnen sind. In dem Satz „der Vogel kommte" (Beispiel aus Kniffka / Siebert-Ott, 2007) ist das Verb kommte weder zielsprachig noch aus der Erstsprache Türkisch ableitbar. *Kommte* hat eine ganz eigene Systematik und kann nicht auswendig gelernt oder imitiert worden sein. Der Türkische Schüler hat vielmehr eine Regel des Deutschen angewendet: Regelmäßige Verben im Präteritum werden mit der Endung –te gebildet, so wie *machte, kochte*, *sagte*, *lernte*, etc. Leider ist *kommen* aber ein unregelmäßiges Verb, dessen Präteritumform *kam* der Schüler noch nicht erworben hat. Er hat die regelmäßige Form auf ein unregelmäßiges Verb übertragen und diese Regelmäßigkeit übergeneralisiert (Kniffka / Siebert-Ott, 2007). Das ist ziemlich kreativ und zeigt, dass er schon Regeln der Vergangenheitsbildung verinnerlicht hat.

Mehrsprachig ist in jedem Fall jeder, der zwei oder mehr Sprachen situationsgerecht anwenden kann, unabhängig davon, wann oder wie er die Sprachen gelernt hat. Bis heute schwimmen die Meinungen der Wissenschaftler zwischen Bloomfields (1933) Ansicht, jemand, der mehrsprachig sei, müsse zwei oder mehr Sprachen in muttersprachlicher Kompetenz beherrschen und der Aussage Grosjeans (1989), dass jemand mehrsprachig ist, der zwei oder mehr Sprachen angemessen gebrauchen kann. Eine Sprache gebrauchen zu können, bedeutet z.B. auch, sie „nur" verstehen zu können, denn das ist ja ein Sprachgebrauch. Wie hoch muss der Grad der Kompetenz sein, um als mehrsprachig zu gelten? Wie viel ist genug? Wie hoch muss das Niveau mindestens sein, um noch als mehrsprachig durchzugehen? Hierzu gibt es keine einheitliche Auslegung. Als ausgeglichen mehrsprachig gilt jemand, der zwei oder mehr Sprachen funktional flüssig anwenden kann (s. hierzu auch Kapitel 2). Zur flüssigen Anwendung gehören die verschiedenen Sprachfertigkeiten: hören (verstehen), sprechen, lesen und schreiben.

Wo fremdsprachliche Fertigkeiten enden und Mehrsprachigkeit beginnt kann nicht definiert werden. Manche Mehrsprachige können eine Sprache „nur" sprechen und nicht schreiben. Das gilt z.B. für einige „Migranten", deren Herkunftssprache nie gefördert wurde und die in der Schule beispielsweise nur eine Sprache verwenden (dürfen). Sie beherrschen dann oft keinen schriftsprachlichen Stil. Hierzu gehört nicht nur das Alphabet und die Orthografie, sondern eben auch Strukturen und Formulierungen (vgl. Riehl, 2006), die man typischerweise in der Schriftsprache verwendet wie z.B. komplexe, verschachtelte Satzstrukturen mit unterschiedlichen Zeiten, Passivsätzen oder auch einen poetischen Wortschatz wie „hadern", „zaudern" etc. Sind sie mehrsprachig? Ja, selbstverständlich, sie sind nur nicht in allen Sprachfertigkeiten ausgeglichen mehrsprachig.

In Gesprächen mit Eltern mache ich immer wieder die Erfahrung, dass sie zwar selbst zwei oder mehr Sprachen beherrschen, sich aber nicht als bilingual oder mehrsprachig bezeichnen würden. Sie wollen aber, dass ihre Kinder mehrsprachig werden... Mehrsprachigkeit kann nicht allein mit den Kompetenzen beschrieben werden, deshalb muss man Grosjeans Aussage ernst nehmen: Es geht nämlich auch um den Gebrauch der Sprachen. Jemand kann zwei Sprachen gut beherrschen, sie aber nur selten oder nie gebrauchen. Eine solche Person hat dann mehrsprachige Fähigkeiten, handelt aber nicht mehrsprachig. Demgegenüber handelt eine Person mehrsprachig, die beide (oder alle) Sprachen regelmäßig benutzt, auch wenn sie noch Schwierigkeiten in einer der Sprachen hat, nach Wörtern sucht, einen Akzent hat oder nicht immer die richtige Grammatik verwendet (Baker, 2014). Hinter dem simplen Begriff Mehrsprachigkeit verbirgt sich also ein sehr breites Spektrum an Möglichkeiten. Es ist z.T. subjektiv und neben Kompetenz und Gebrauch spielen natürlich auch weitere Faktoren, wie der emotionale Zugang oder die Fähigkeit, zwischen den Sprachen wechseln zu können, eine Rolle.

- Erstspracherwerb bezieht sich auf den natürlichen Erwerb der ersten Sprache(n) bis zum Alter von ca. vier Jahren. Erstsprache(n), oder auch L1, ist der fachsprachliche Begriff für „Muttersprache(n)".
- Zweitspracherwerb ist ein Begriff, der unterschiedlich verwendet wird: Entweder als Spracherwerb nach der ersten Sprache oder als ungesteuerter Erwerb ohne Lehrer. Die Zweitsprache ist L2.
- Fremdsprache ist eine Sprache, die man in einem speziellen Unterricht lernt. Das Wort wird aber auch als Gegensatz zu Muttersprache verwendet.
- Die Sprachkenntnisse beeinflussen sich gegenseitig.
- Lernersprache ist eine Sprache, die sich noch entwickelt und deshalb eine eigene Systematik hat.
- Mehrsprachig ist jemand, der mehrere Sprachen angemessen anwenden kann, wenn es die Situation erfordert. Bei Mehrsprachigkeit spielen Kompetenz, Gebrauch und weitere Faktoren, wie der emotionale Zugang oder die Fähigkeit, zwischen den Sprachen wechseln zu können, eine Rolle.

Kapitel 2: Ist es eigentlich möglich, dass Kinder eine ausgewogene Mehrsprachigkeit erreichen? Können sie in zwei oder mehr Sprachen gleich gut sein?

Ja und nein. Tatsächlich ist es nicht real, dass sich Kinder bzw. mehrsprachige Menschen überhaupt in allen denkbaren Situationen, Bereichen, Nuancen und Registern von zwei oder mehreren Sprachen genau gleich verhalten. Sie haben nicht in allen betroffenen Sprachen den exakt gleichen Wortschatz, den gleichen komplexen Satzbau, den gleichen Rede- oder Schriftstil oder beherrschen Dialekte und Fachsprachen gleich gut. Sie verfügen nicht über alle vorstellbaren Ausdrucksmodi aller Sprachen und kennen nicht die gleiche Anzahl von Synonymen. Sie verwenden die verschiedenen Sprachen vielleicht in unterschiedlichen sozialen Rollen, in unterschiedlichen Kontexten und haben einen anderen emotionalen Zugang zu ihnen.

Das ist völlig normal und verständlich. Allerdings haben wir oft den übertriebenen Anspruch an Mehrsprachige, genau dies zu können: in allen Sprachen „perfekt" zu sein. Ich kenne Eltern, die enttäuscht sind, dass ihre Kinder in der deutschsprachigen Schule komplizierte Texte in Geschichte lesen und schreiben, und dieses Thema in der Familiensprache nicht genauso gut ausdrücken können. Woher sollen sie es können? Haben die Eltern sich hingesetzt und mit den Kindern die geschichtlichen Themen in Spanisch besprochen und geübt? Solche Eltern wünschen sich zwei Monolinguale in einer Person. Das ist nicht möglich. Der Mythos von völlig ausbalancierten Mehrsprachigen stammt aus einer einsprachigen Perspektive. Dabei gelten Einsprachige als vollkommen flüssig, deshalb sollen auch Mehrsprachige vollkommen gleich flüssig in mindestens zwei Sprachen sein. Die Realität ist anders. Sie sind flüssig, aber nicht gleich flüssig.

Wir vergessen oft, dass auch einsprachige Menschen ihre Sprache nicht in allen Bereichen und Registern gleich gut beherrschen. Was soll es überhaupt bedeuten, eine Sprache perfekt zu beherrschen? Auch als Erwachsener lernt man immer noch Neues in seiner Muttersprache hinzu: Wörter, Redewendungen, Sprichwörter, Satzkonstruktionen, etc. In vielen sprachlichen Angelegenheiten sind auch Einsprachige nicht sicher, was richtig ist: heißt es *der Kaugummi* oder *das Kaugummi*, *der Joghurt* oder *das Joghurt*...? Sogar in der Aussprache von simplen Wörtern sind wir uns oft unsicher: wird *China* „Schina" oder „Kina" gesprochen? Sagen wir „Könik" oder „Könich" zum Monarchen? Wenn ich unter Jugendlichen bin, die *chillen* und Leute *posh* finden, kann ich oft nur ahnen, worum es geht. Ebenso verstehe ich bei einem medizinischen Fachvortrag vermutlich nicht einmal die Hälfte. Niemand beherrscht seine Sprache zu allen Zeiten, in allen Bereichen, in allen Situationen und in allen Nuancen perfekt. Dafür ist Sprache zu reichhaltig und zu lebendig. Sie hat kein Ende. Ihr Erwerb ist niemals abgeschlossen (Fehlings de Acurio, 2014).

Deshalb sind auch Mehrsprachige nicht perfekt. Sie sind nicht in allen Sprachen auf allen Ebenen gleich. Meist haben Mehrsprachige eine dominante und eine oder mehrere schwächere Sprachen. Das ergibt sich aus ihrem Lebensumfeld und kann sich folglich ändern, wenn sich die Lebenssituation umgestaltet, beispielsweise bei einem Umzug in ein anderes Land. Die schwache Sprache kann dann zur starken Sprache werden. Jede Sprache kann sich in Bezug auf ihre Beherrschung und auch hinsichtlich ihrer Vorliebe ändern. Vor allem hat jede Sprache für Mehrsprachige einen unterschiedlichen Zweck, einen unterschiedlichen Gebrauch und unterschiedliche Funktionen. Mehrsprachige gebrauchen die Sprachen an unterschiedlichen Orten, zu verschiedenen Zeiten mit verschiedenen Personen (Baker, 2014). Das wirkt sich z.B. auch auf das Träumen aus. Die Traumsprache wechselt je nach Kontext und Person von dem/der geträumt wird. Träumt ein Kind z.B., dass es mit seiner französischsprachigen Mutter spricht, wird das in Französisch geträumt, träumt es, mit seinem englischsprachigen Vater zu sprechen, ist der Traum in Englisch, träumt es von der Schule, ist die Traumsprache Deutsch, träumt es von bestimmten Freunden, wechselt es im Traum zwischen mehreren Sprachen. Mehrsprachige gebrauchen in manchen Situationen zwei oder mehr Sprachen, aber in den allermeisten Situationen gebrauchen sie nur jeweils eine Sprache, nämlich die, die der jeweilige Kontext erfordert. Ansonsten bestünde ja gar keine Notwendigkeit, mehrsprachig zu sein.

Es kann, muss aber nicht so sein, dass eine Sprache immer dominant ist und die andere immer schwach. Wenn man eine Sprache fortwährend im Alltag, die andere im Beruf oder in der Schule verwendet, dann verteilen sich die jeweiligen Stärken und Schwächen auf die unterschiedlichen Kontexte. Ein Mensch kann aufgrund seiner beruflichen Situation hier in Englisch fitter sein, kennt aber vielleicht nicht alle alltagssprachlichen Wörter wie „Putzlappen", „Spülmittel" oder „Dunstabzugshaube". Man kann und darf zwei- und mehrsprachige Menschen nicht mit einsprachigen vergleichen. Ihre Sprachflüssigkeit ist in verschiedenen Situationen und Domänen unterschiedlich, auch bei ausgeglichen Mehrsprachigen. Grosjean (2010) beschreibt, dass er absolut flüssig in Englisch und Französisch ist. Da er aber gewohnt war, das Fach Statistik an der Universität in Englisch zu unterrichten, fiel es ihm schwer, genau dieses Fach jetzt in Französisch abzuhalten. Bestimmtes Fachvokabular war ihm in Französisch nicht direkt zugänglich. Im Denken „füttert" zwar eine Sprache die andere. In diesem Sinn gibt es eine Integration beider Sprachen (Baker, 2014). Ideen und Konzepte, die man in einer Sprache gelernt hat, können einfach in die andere Sprache übertragen werden. Jedoch müssen auch die ausgeglichen Mehrsprachigen sich dann die Mühe machen, den Wortschatz für die Umsetzung dieser Konzepte in der für diesen Kontext schwächeren Sprache neu zu lernen bzw. auszubauen. So muss ein Kind z.B. nicht in jeder Sprache neu lernen, wie man multipliziert. Das Konzept wird übertragen. Es muss aber die Wörter für die Zahlen und Rechenoperation (z.B. *mal*) in beiden Sprachen kennen lernen.

Häufig ist es im Alltag nicht möglich, allen Sprachen denselben Raum zu geben. Meistens kümmert sich in der frühen Kindheit eine Hauptbezugsperson um das Kind, dessen Sprache für das Kind dann erst einmal dominant ist. Das kann sich natürlich ändern, wenn sich der Sprachinput ändert. Später wird die Schulsprache dominant. Der Sprachstand in einer Sprache ist untrennbar mit ihrem Gebrauch verbunden. Darüber hinaus beeinflussen viele weitere Faktoren Sprache und Denken eines Kindes. Die wichtigsten sind soziale Herkunft und Bildungsstand seiner Familie, aber auch Alter, Geschlecht und Gewohnheiten (Vielfernsehgucker oder Leseratten). All diese Parameter beeinflussen das Sprachverhalten, die Kompetenzen und die Verteilung der Sprachen. Oft machen Erwachsene den Fehler, ihre mehrsprachigen Kinder mit einsprachigen Kindern aus dem Land, in der die Sprache Umgebungssprache ist, zu vergleichen. Ein Kind, das z.B. mit Spanisch in Deutschland aufwächst, hört Spanisch kaum. Es ist unpassend, zu erwarten, es müsse Spanisch genauso wie ein einsprachig spanisches Kind in Spanien anwenden. Wortschatz, Aussprache und Komplexität der Sprache werden anders sein. Dennoch ist es für das Kind jederzeit möglich, mit spanischsprachigen Menschen aus Spanien und Lateinamerika zu kommunizieren und wenn es eines Tages nach Spanien oder Ecuador oder Argentinien geht, kann es sich aufgrund seiner mehrsprachigen Basis schnell dem Spanisch des jeweiligen Landes bzw. der jeweiligen Region anpassen (denn auch in Spanien spricht man nicht überall das gleiche Spanisch).

Die starke oder dominante Sprache wird meistens die Sprache der Umgebung, die im unmittelbaren Umfeld, im Kindergarten und in der Schule gesprochen wird. Einerseits bekommt das Kind hier natürlich einen ununterbrochenen und qualitativ hohen Sprachinput, andererseits passt sich das Kind der Umgebung an, weil es so sein möchte, wie die anderen. Es erlebt die Umgebungssprache als äußerst effektiv und wertschätzend. Die Entwicklung der dominanten Sprache wirkt daher von zwei Seiten auf das Kind ein, von außen und von innen: Das Kind ist intrinsisch motiviert, die Umgebungssprache zu lernen und zu beherrschen, gleichzeitig übt das Umfeld einen hohen Druck aus.

Eine schwache Sprache zu haben, bedeutet allerdings nicht, nur ein paar Brocken zu verstehen und fünf Wörter sprechen zu können. Auch in den schwächeren Sprachen sind die ausgewogen Mehrsprachigen flüssig. Sie haben allerdings normalerweise das Gefühl, sich in bestimmten Situationen in der dominanten Sprache besser ausdrücken zu können, sie fühlen sich in der dominanten Sprache sicherer, haben einen größeren Wortschatz, beherrschen mehrere Varietäten und kennen vielleicht auch mehr Fachwortschätze. Vielleicht müssen sie in der schwachen Sprache eher nach Wörtern suchen oder beherrschen nicht alle schriftsprachlichen Konventionen. Der Übergang zwischen dominanter und schwacher Sprache kann oft nicht klar abgegrenzt werden, denn die Sicherheit in den Sprachen ist immer abhängig von den jeweiligen Erfahrungen und Kontexten, in denen die Sprachen tatsächlich gebraucht wurden und werden. Mehrsprachige können sich im Alltag in der einen Sprache und im Beruf in der anderen Sprache sicherer fühlen. Außenstehende können meistens gar nicht erkennen, welche Sprache für die Person, mit der sie sprechen, die schwache Sprache ist, für sie hört es sich eben flüssig an.

Einsprachige Menschen stellen sich Mehrsprachigkeit meistens so vor, als handele es sich um zwei oder mehrere komplett separate Systeme. Tatsächlich sind aber die Sprachen nicht losgelöst voneinander, sie beeinflussen sich gegenseitig. Mehrsprachige verfügen über ein individuelles und völlig einzigartiges System, das nicht als A + B (bzw. A oder B) beschrieben werden kann, sondern etwas Drittes, Neues ist.

Wie gut ein mehrsprachiges Kind alle betreffenden Sprachen beherrscht, hängt davon ab, wie es in der Familie und in der Schule gefördert wird. Ein Fehler, den die meisten Familien machen, ist, die Erwartung an ihre bilingualen oder mehrsprachigen Kinder zu hoch anzusetzen und gleichzeitig nicht daran zu denken, wie sie das organisatorisch hinbekommen. Ein Kind lernt die Sprachen nicht von alleine. Man muss schon etwas dafür tun. Wenn man möchte, dass das Kind alle beteiligten Sprachen ähnlich gut lernt, muss man den Sprachen gleich viel Zeit widmen und dem Kind in den Sprachen gleichwertige Sprachangebote und Qualität bieten. Kinder lernen Sprachen, die sie oft hören und in der sie selbst aktiv handeln. Für das Kind sind die Zeit und die Intensität, die wir ihm als Bezugsperson widmen, grundlegend. Die Sprache(n), die wir dabei verwenden, wird es lernen. Gleichzeitig müssen wir uns immer wieder bewusst machen, dass die unterschiedlichen Stärken in den Sprachen nicht stabil und konstant sind. Sie ändern sich im Laufe der Zeit. Kinder und Erwachsene ziehen um, wechseln Schule und Arbeitsplatz, unternehmen Reisen, entwickeln neue Freundschaften und erweitern ihre persönliche Kultur und ihren Horizont. Kinder, die passiv mehrsprachig waren, die also eine Sprache verstanden, aber nicht sprachen, werden oft sehr schnell aktive Sprecher, Leser und Schreiber in dieser Sprache, wenn es die Situation erfordert. Aus diesem Grund ist es wichtig, den Kindern eine gute Basis in den Sprachen zu geben, aber keine völlig gleiche Sprachkompetenz zu erwarten.

In der aktuellen Mehrsprachigkeitsforschung geht man nicht mehr von einer „perfekten" Mehrsprachigkeit bzw. Gleichsprachigkeit aus. Früher wurde Bilingualismus als „native-like control of two languages" (Bloomfield 1970/1933) verstanden. Ein zweisprachiger Mensch sollte also beide Sprachen in muttersprachlicher Kompetenz beherrschen. Diese Form von Mehrsprachigkeit wird heute als Idealtyp angesehen. Ausgewogen mehrsprachig zu sein bedeutet vielmehr, in zwei oder mehr Sprachen funktional flüssig zu sein (Bialystok, 2001). Das bedeutet, dass sie in den betreffenden Sprachen ähnliche Gespräche führen und identische Handlungen ausführen können: Sie können sich in allen Sprachen begrüßen, sich verabschieden, über das Wetter sprechen, erzählen, was sie gestern gemacht haben, über ein gelesenes Buch berichten, einen Brief schreiben oder erklären, wie man von Köln nach Hamburg kommt. Dies kann in der starken Sprache gewählter und eloquenter gelingen, ist aber auch in der schwachen Sprache verstehbar und weitestgehend korrekt.

Man beachte die Kombination von funktional und flüssig. Funktionale Sprachkenntnisse zu haben bedeutet, eine Aufgabe irgendwie bewältigen zu können. Es gibt Menschen, die mit 100 Wörtern und fast ohne Grammatikkenntnisse ganze Diskussionen führen können, andere trauen sich erst, ein Brötchen in der Bäckerei zu bestellen, wenn sie die Vergangenheitsformen von „backen" beherrschen (ist es eigentlich *buk - hat gebacken* oder *backte – hat gebacken*?) Beide haben funktionale Kenntnisse. Sie können das, was sie wollen, mit den sprachlichen Mitteln, die ihnen zur Verfügung stehen, erreichen. Das könnte ich auch, wenn ich in der Bäckerei einfach auf die Brötchen zeige und mit den Fingern die Zahl angebe, die ich haben will. Es funktioniert. Von ausgewogen Mehrsprachigen erwarten wir etwas mehr: nicht Perfektion, aber Flüssigkeit in der Sprache.

Sprachkompetenzen kann man sich auf einer Art Skala vorstellen, die mehrere Stufen umfasst und von passiven Kenntnissen bis zu sehr guter Anwendung reicht. Eine solche Skala existiert für Fremdsprachenkenntnisse im gemeinsamen europäischen Referenzrahmen für Sprachen (GER), welcher die Kenntnisse der Sprachen in die Kompetenzstufen A1 - C2 einstuft. «Madame Bilingue», Geschäftsführerin der Schweizer Stiftung «Forum für die Zweisprachigkeit» in Biel, Eva Roos, fordert eine solche Richter-Skala auch für die Mehrsprachigkeit, durch die man fragen könnte: „wie stark bist du zwei- oder mehrsprachig?" (Roos, 2003). Eine solche Skale gibt es nämlich bislang nicht für Mehrsprachige, der GER bezieht sich eher auf Fremdsprachenkenntnisse. Sie könnte Angaben darüber machen, ob und wenn ja, in welcher Ausprägung die Mehrsprachigen ausgewogen sind oder nicht.

Mehrsprachigkeit ist nicht eine Bezeichnung für einen Zustand, sondern eine Beschreibung dessen, wie Mehrsprachige sprachlich handeln (vgl. auch Kapitel 1). Ausgewogen Mehrsprachige können in einer Kommunikationssituation auf diejenige Sprache zurückgreifen, die gerade für die Sprechergruppe relevant ist. Ihre Fähigkeit besteht gerade darin, „ohne weiteres von der einen [Sprache] in die andere umzuschalten, wenn die Situation es erfordert" (Oksaar 2003). Solche mehrsprachigen Situationen erleben wir in Deutschland tagtäglich in den Pausen auf den Schulhöfen, in der Straßenbahn, beim Plausch in der Nachbarschaft, in Behörden, Ämtern oder Medien.

Wenn wir eine ausgewogene Mehrsprachigkeit demzufolge so verstehen, dass die Mehrsprachigen ihre Sprachen im Alltag oder auch im Beruf fließend anwenden können, dass sie zwischen den Sprachen „switchen" können, dann besitzen sie diese Fähigkeit unabhängig davon, wann sie die Sprachen erworben haben. Es ist daher nicht nur jemand mehrsprachig, der mit zwei oder mehr Sprachen aufgewachsen ist, sondern generell jemand, der Sprachpraxis in mehreren Sprachen hat (s. Kapitel 1). Ein frühes Erwerbsalter allein ist noch keine Garantie für den Erfolg des Mehrspracherwerbs. Vielmehr braucht es ein komplexes Bündel unterschiedlichster Faktoren. Wichtig ist ein langer und intensiver Kontakt mit allen beteiligten Sprachen. Hierzu gehört viel authentischer Input. Das Kind braucht muttersprachliche Vorbilder und es muss alle Sprachen, also auch die zweite und dritte und x-te Sprache, selbst aktiv gebrauchen und gezielt üben (vgl. Piske, 2008, 2009).

Zusammenfassend können wir festhalten, dass ausgewogene Mehrsprachigkeit durchaus möglich ist, wenn man sie nicht als mathematische Gleichung versteht. Es ist nicht dramatisch, wenn ein Mehrsprachiger eine dominante und eine oder mehrere schwächere Sprachen hat. Er oder sie kann immer noch erheblich viel mehr als ein einsprachiger Mensch und profitiert von allen Vorteilen, die Mehrsprachige haben. Er/sie hat zudem jederzeit die Möglichkeit, seine sprachlichen Fähigkeiten auszubauen und zu erweitern. Manchmal muss man nur ein paar Wörter nachschlagen, um dann einen flüssigen Fachvortrag halten zu können.

- Ausgewogene Mehrsprachigkeit bedeutet nicht, zwei oder mehr Sprachen genau gleich anzuwenden, sondern in den entsprechenden Sprachen fließend sprechen (und schreiben) zu können.
- Auch ausgewogen Mehrsprachige verfügen meist über eine starke und eine oder mehrere schwache Sprache(n).
- Will man eine ausgewogene Mehrsprachigkeit in der Erziehung erreichen, müssen die Sprachen auch ausgewogen und in allen Fertigkeiten (verstehen, sprechen, lesen und schreiben) gefördert werden. Das erfordert Zeit und Möglichkeiten.
- Stärken und Schwächen in den Sprachen sind nicht konstant, sondern ändern sich mit den Lebensumständen.

Kapitel 3: Wie viele Sprachen passen in den Kopf?

Es ist schwierig, für die Anzahl der Sprachen, mit denen ein Kind gleichzeitig oder auch nacheinander aufwachsen kann, eine Obergrenze anzugeben. So, wie ein Kind in der Schule ja auch mehrere unterschiedliche Fächer parallel lernt, kann es auch mehrere Sprachen parallel erwerben. Von den genetischen Anlagen her können Menschen mehrere verschiedene Sprachen unterscheiden und anwenden lernen und zwar sowohl gleichzeitig als auch hintereinander. Mehrere Sprachen überlasten das kindliche Gehirn nicht. Das sind Vorurteile (Paradis1997; Fabbro 1999). Die Frage ist, inwieweit man viele Sprachen sinnvoll und authentisch in den Alltag des Kindes einbetten kann und wie man gewährleisten kann, dass das Kind in den jeweiligen Sprachen genügend quantitativen und qualitativen Input bekommt.

Während es für Zweisprachigkeit eine fast unübersichtlich große Fülle an Untersuchungen gibt, gibt es für eine dreisprachige Erziehung nur noch wenige und für eine multilinguale Erziehung kaum gesicherte Forschungsergebnisse. Professor M. Clyne hat in Australien soziale, kulturelle und kognitive Vorteile von Dreisprachigen bestätigt. Er hat herausgefunden, dass eine dritte Sprache das Interesse an weiteren Sprachen und Kulturen verstärkt (vgl. Baker, 2014). Jean-Marc Dewaele hat eine Fallstudie zu seiner Tochter betrieben, die viersprachig aufwuchs: Er selbst sprach mit ihr Französisch, die Mutter Niederländisch, die Tagesmutter Urdu und die Umgebungssprache war Englisch. Selbst der Londoner Linguistik-Professor hatte anfangs Skepsis, ob Urdu als vierte Sprache nicht zu viel sei. Doch Livia bewältigte die Viersprachigkeit problemlos. Weder verwirrte die vierte Sprache sie, noch hatte sie einen negativen Einfluss auf den Erwerb der anderen Sprachen. Livia hat später noch Spanisch auf der Schule gelernt und berichtet, dass es sehr viel anstrengender war, eine Fremdsprache in der Schule zu lernen, als die vier Sprachen, die sie als Kind intuitiv lernte. Allerdings haben ihre mehrsprachigen Wurzeln schon sehr beim Spanischerwerb geholfen. Englisch als Umgebungs- und Schulsprache ist eindeutig Livias stärkste Sprache, doch auch Niederländisch und Französisch beherrscht sie fließend, die Sprachen werden stärker während und nach einem Aufenthalt in Belgien, wo sie mehr Anwendung finden. Urdu hat Livia mittlerweile wieder vergessen, da sie die Sprache nicht mehr gebraucht (https://vimeo.com/42852429).

In vielen Teilen der Welt wachsen Kinder mit einer oder zwei Regionalsprache(n), einer weiteren Nationalsprache und einer (kolonialen) Schulsprache auf. Es gehört dort einfach zum Lebensalltag, mit zwei, drei oder sogar fünf Sprachen groß zu werden und mit ihnen zurechtzukommen. Tatsächlich ist es weltweit gesehen „normal", mehrsprachig zu sein, mehr als die Hälfte der Weltbevölkerung ist mehrsprachig und zwar nicht zuletzt deshalb, weil Europäer viele Länder unseres Globus erobert und ihre Sprachen mitgebracht haben und dabei ganz nebenbei Mehrsprachigkeit verursacht haben. Die meisten der ehemals kolonisierten Länder haben sowohl die Kolonialsprache als auch die Ursprungssprache(n) beibehalten und haben allein zwei oder mehr Amtssprachen. Vor allem in Afrika und Asien ist Mehrsprachigkeit vollkommen natürlich und selbstverständlich. Niemand würde dort auf die Idee kommen, Seminare zur mehrsprachigen Erziehung zu besuchen oder Bücher zu diesem Thema zu lesen. Man macht sich keine Gedanken darüber, ob so viele Sprachen in den Kopf der Kinder passen, da es einfach zum Lebensalltag dazu gehört. Allein in Nigeria gibt es 410 bekannte Sprachen (Diop, 2009).

Allerdings sind bei den Kindern, die mit vielen Sprachen aufwachsen, nicht alle Sprachen auf dem genau gleichen Entwicklungsstand. Einige Sprachen werden eher im mündlichen Gebrauch verwendet, andere im schriftlichen. Inwieweit die Kinder tatsächlich in drei oder mehr Sprachen flüssig werden, hängt u.a. mit der Sprachpolitik in den Ländern und Institutionen zusammen, ihrem Status des Spracherwerbs. So haben die skandinavischen Länder z.B. viele positive Erfahrungen in einer dreisprachigen Erziehung, weil die Kinder neben der Familiensprache zu Hause sehr erfolgreich zwei weitere Sprachen in der Schule lernen. In vielen Ländern ist Fernsehen, Radio etc. nicht immer nur einsprachig wie in Deutschland, Filme werden nicht übersetzt, sondern in Originalsprachen gezeigt. Das unterstützt eine mehrsprachige Erziehung und zeigt den Stellenwert, den Sprachen in einer Gesellschaft haben. Gleichzeitig beeinflusst der gesellschaftliche Status von Mehrsprachigkeit auch unsere persönliche Einstellung zu diesem Thema. In Deutschland steht die Gesellschaft einer mehrsprachigen Erziehung eher skeptisch gegenüber.

Clara, die gewitzte Tochter meiner Freundin, wird dreisprachig erzogen. Die Mutter spricht Niederländisch, der Vater Italienisch, die Umgebungssprache ist Deutsch. Als Clara ca. zweieinhalb Jahre alt war, hielt sie eine Playmobilfigur in der Hand und fragte ihre Mutter, wie man diese Figur nennt. „Paard" antwortete diese. „Und Papa?" wollte Clara wissen. „Papa sagt...?" „Papa sagt dazu cavallo." „Und Irene?" Irene passte manchmal auf Clara auf. „Pferd, Irene sagt Pferd." Eine Weile dachte Clara nach. „Und ich? Was sage ich?" fragte sie ganz offen und neugierig. Für meine Freundin brach indes eine Welt zusammen. Sollte es etwa stimmen, dass Kinder, die mehrsprachig aufwachsen, keine richtige Identität entwickeln können? War an dieser „Schizophrenie-These" etwa doch etwas dran? Zwei Sprachen, fand meine Freundin damals, sind ja noch o.k. – aber drei? Genau diese Haltung spiegelte Clara ihr wider. Kinder sind sehr sensibel und spüren die Atmosphäre, die wir ausstrahlen, sehr genau. Sie sind wie Spiegel unserer bewussten oder unbewussten Anschauungen. Die Skepsis der Gesellschaft übertrug sich auf die Mutter und die Mutter übertrug es z.T. auf Clara, jedenfalls insofern, als sie die mehrsprachige Entwicklung ihrer Tochter immer sehr genau beobachtete. Clara war in den ersten drei Jahren immer mit ihrer Mutter zusammen und hat den ganzen Tag Niederländisch gehört und gesprochen. Der Vater kam erst abends nach Hause und hat dann Italienisch, oft auch Deutsch mit Clara gesprochen, wobei Niederländisch auch immer durch die Mutter zugegen war. Deutsch hörte Clara außerdem ein paar Stunden in der Woche, wenn sie deutschsprachige Spielgruppen besuchte, oder wenn eine deutschsprachige Person (Irene) auf Clara aufpasste. Claras Sprachstand in Niederländisch, Italienisch und Deutsch war naturgemäß unterschiedlich. Niederländisch war auf einer höheren Stufe als Italienisch und Deutsch. Im Niederländischen entsprach Claras Sprachstand der Norm von dreijährigen Muttersprachlern, sie konnte korrekte Hauptsätze bilden und begann auch mit ersten Nebensätzen. In Deutsch konnte Clara zum selben Zeitpunkt einfache Hauptsätze bilden, wobei sie hin und wieder ein niederländisches Wort in einem deutschen Satz gebrauchte. In Italienisch konnte die dreijährige Clara Mehrwortsätze äußern. Claras Sprachentwicklung verlief vollkommen normal und bot keinerlei Anlass zur Sorge. Heute ist Clara in allen drei Sprachen flüssig. Deutsch ist mittlerweile ihre dominante Sprache. Die Eltern hatten zwar die dritte Sprache Italienisch anfangs ein wenig vernachlässigt, doch später haben sie eine Möglichkeit gefunden, auch diese Sprache weiter zu fördern. Clara besucht ein deutschsprachiges Gymnasium mit bilingualem Italienischzweig und hat dank ihrer mehrsprachigen Basis Italienisch aufgesogen wie ein Schwamm.

Zu den metalinguistischen Fähigkeiten, die Mehrsprachige offenbar früher entwickeln als Einsprachige, gehören u.a. das Gefühl für Mehrdeutigkeiten, Laut- und Silbentrennung oder die Fähigkeit, Inhalt und Grammatik voneinander zu trennen. Diese Kinder reflektieren bewusst sprachliches Wissen und setzen es ein. So können sie z.B. einzelne Wörter aus ihrem Kontext reißen und hinterfragen: „Warum heißt es Mannheim? Leben dort nur Männer?" oder „Warum bekomme ich Suppe? Ich muss Brot haben. Es heißt doch Abendbrot" (Beispiele aus Wehr 2001). Die Strategien, die man beim Erwerb einer dritten oder vierten Sprache anwendet, sind anders, als die bei einer zweiten Sprache. Man weiß dann schon, dass es strukturelle Unterschiede in den Sprachen gibt und geht beim Lernen der weiteren Sprachen zielstrebiger vor. Mehrsprachige Kinder empfinden ihre eigene Mehrsprachigkeit meistens als nichts Besonderes. Es ist für sie vollkommen natürlich, mit mehreren Sprachen zu jonglieren. Sie sind vielleicht stolzer darauf, es geschafft zu haben, 200 Meter zu schwimmen oder einen Gürtel in Karate erhalten zu haben.

Dabei können sie zwischen den Sprachen mühelos switchen. Ihr Gehirn arbeitet quasi auf einem mehrsprachigen Modus. Welche Sprache sie benutzen, hängt im Wesentlichen davon ab, mit wem sie sprechen. Sprechen Mehrsprachige mit einer Person, die nur eine Sprache spricht, schalten die Mehrsprachigen in einen einsprachigen Modus. Die Sprache der Bezugsperson wird nach vorne geholt, die anderen Sprachen im Kopf werden für den Moment des Gesprächs „ausgeschaltet". Sprechen sie aber mit einer Person, die ebenfalls mehrsprachig ist und die gleichen Sprachen wie sie selbst beherrschen, dann bleibt das Gespräch in einem mehrsprachigen Modus. Da der Gesprächspartner alles versteht, können innerhalb eines Gesprächs auch verschiedene Sprachen gebraucht werden. Schon kleine Kinder sind in der Lage zu beurteilen, ob ihr Gesprächspartner ein- oder mehrsprachig ist und passen sich ihm an (s. Kapitel 12).

Mehrsprachig zu sein, bedeutet eben nicht, einen perfekt dreifachen oder vierfachen Wortschatz zu haben, sondern „Zugang zu mehr als einem symbolischen Markt" (Tracy, 2010).

Mehrsprachige setzen ihre Sprachen arbeitsteilig ein. Kinder, die mit drei oder mehr Sprachen gleichzeitig aufwachsen, haben in der Regel nicht den gleichen Input in allen Sprachen. Sie lernen Sprachen nach ihrem spezifischen Gebrauch. So ist es in Teilen Afrikas z.B. üblich, ein oder zwei regionale Familien- oder Stammessprache(n) für einfache Gespräche im familiären Kontext zu gebrauchen, die Verkehrssprache für die Medien und praktische Alltagsbewältigung z.B. bei Behörden und Ämtern und die Schulsprache(n) für die Fächer in der Schule. Oft ist die Verkehrssprache auch Schulsprache, hinzukommt aber in jedem Fall noch die prestigehaltige Kolonialsprache. Im Senegal ist z.B. Wolof die Verkehrssprache und Französisch die Staats- und Schulsprache. Paradoxerweise ist dabei zwar Französisch die offizielle Sprache Senegals, aber nicht die Sprache der Kultur, d.h. nicht „die Sprache der senegalesischen Gesellschaft in ihrer soziolinguistischen Vielfalt“ (Diop, 2009).

Desto mehr Sprachen ins Spiel kommen, desto eher muss man akzeptieren, dass nicht alle Sprachen zu jedem Zeitpunkt auf genau demselben Stand sind, dass die Sprachen sich nach Themen verteilen, dass man in der einen Sprache dies und in der anderen Sprache das kann. Je nach Gebrauch in den Sprachen kann sich das natürlich ändern. Eine Sprache, die ich zuerst nur in mündlichen Alltagsgesprächen verwenden kann, kann ich so vertiefen, dass ich hier auch schriftsprachliche Aspekte beherrschen lerne. Ist es aber für die Kommunikation erforderlich? „Man lernt überall vor allem das Nützliche“ (Ebermann, 2000).

Eine zweisprachige Erziehung gelingt ganz mühelos. Auch eine dreisprachige oder sogar viersprachige Erziehung kann gelingen. Alles hängt davon ab, wie und wieviel wir in welcher Sprache mit dem Kind sprechen und handeln. Es gibt durchaus Familien, denen es gelingt, Qualität, Menge und Zeit der Sprachen gleichmäßig zu verteilen. In diesem Fall kann das Kind in allen beteiligten Sprachen auf dem gleichen Entwicklungsstand sein. Oft lässt der Alltag eine solche gleiche Verteilung aber nicht zu, wenn es sich um viele Sprachen handelt. Das ist nicht schlimm. Die Sprachkompetenzen ändern sich mit zunehmendem Gebrauch. Das Kind braucht Möglichkeiten der Anwendung. Desto mehr Sprachen ins Spiel kommen, desto schwieriger wird es, dem Kind in allen Sprachen einen gleichwertigen Input zu bieten. Es liegt nicht daran, dass das Kind nicht fähig wäre, drei oder vier oder fünf Sprachen zu lernen. Aber es ist schwierig, für alle Sprachen gleich viel Zeit und Aktivität zu finden. Aus diesem Grund steht bei einer mehrsprachigen Erziehung an erster Stelle die Frage, welches Ziel Sie für Ihr Kind haben, was Sie erwarten und wie Sie Ihre Zeit so einteilen können, dass alle Sprachen berücksichtigt werden. Eine drei- oder viersprachige Erziehung ist komplexer als eine zweisprachige (Braun / Cline, 2014). Überlegen Sie sich für die Sprachen, die Ihr Kind lernen soll, eine vorläufige Rangordnung. Die ist ja nicht endgültig.

Welche Sprachen sind Ihnen wichtig? Wo sind Ihre Wurzeln? Wo wird Ihr Kind zur Schule gehen? Wie sieht Ihr Familienalltag aus? Soll ihr Kind die Sprachen gleichzeitig oder hintereinander lernen? Welche Möglichkeiten der Sprachförderung haben Sie außerhalb der Familie? Gibt es Großeltern, Betreuungspersonen, Kindergärten und Schulen, die Sie unterstützen können?

Haben Sie genügend Material (Bücher, Filme, Lieder, Geschichten, etc.)? Haben Sie die Möglichkeit in die Länder zu reisen, in denen man die Sprachen spricht? Gibt es authentische Kontakte? Was ist realistisch, wie können Sie die Sprachen zeitlich verteilen? Denken Sie auch daran, dass die Umgebungssprache (Deutsch) mit Eintritt in Kindergarten und Schule von außen dominant wird. Wie können Sie die anderen Sprachen dann unterstützen? Das Kind macht möglicherweise in den unterschiedlichen Sprachen verschiedene Erfahrungen. In einer Sprache besucht es die Schule, eine andere spricht es zu Hause. Erwarten Sie also nicht, dass es in der oder den Familiensprache(n) auch Schulthemen beherrscht, sofern es diese Themen nicht in beiden Sprachen erlebt. Ihre Ziele und ihr Aufwand müssen zusammenpassen (Steiner / Hayes, 2009). Vergessen Sie niemals, dass Ihr mehrsprachiges Kind in jedem Fall, auch wenn es eine Sprache „nur" versteht, erheblich „mehr" (nicht weniger!) als ein einsprachiges Kind kann. Setzen Sie Ihre Ziele deshalb zunächst eher niedriger als zu hoch an.

Sprachen entwickeln sich mit ihrem Gebrauch. Das bedeutet, sie können schwächer und stärker werden, je nachdem wie Kontakt, Erfahrung und auch Bildung sich im Laufe der Zeit und der Orte verändern. Es gibt Menschen, die in ihrer frühen Kindheit zweisprachig aufgewachsen sind, eine Sprache aber dann aufgrund mangelnden Gebrauchs verloren haben. Solche Menschen sind zwar natürlich nicht ausgeglichen mehrsprachig. Sie profitieren dennoch von den Vorteilen einer frühen mehrsprachigen Erziehung und können vielleicht einige Teile ihrer versunkenen Sprache schneller wieder hervorholen, als wenn sie diese Sprache erst komplett neu lernen müssten.

Es gibt verschiedene Wege, auf denen ein Kind multilingual werden kann. Wenn die Eltern jeweils unterschiedliche Sprachen mit dem Kind sprechen und es außerhalb der Familie, in Kindergarten und Schule eine weitere Sprache lernt, ist es dreisprachig. Eine viersprachige Erziehung ist z.B. denkbar, wenn die Mutter eine Sprache, der Vater eine andere, eine weitere Betreuungsperson eine dritte Sprache und die Umgebung die vierte Sprache spricht. Es gibt auch Familien, in denen die Eltern der Kinder bilingual mit jeweils anderen Sprachen sind und jeder Elternteil situationsgebunden zwei verschiedene Sprachen gebraucht. Das Kind kann dann vier- oder fünfsprachig werden, wenn in der Umgebung zusätzlich eine andere Sprache gesprochen wird. Dabei wird die Mehrheitssprache der Umgebung einen erheblichen Einfluss darauf nehmen, wie stark sich die Sprachen beim Kind entwickeln. In der Regel wird mit zunehmendem Alter die Umgebungssprache aufgrund des hohen Inputs und des hohen Prestiges die dominante Sprache der Kinder. Geschwister unterhalten sich untereinander meist in der wertgeschätzten Umgebungssprache.

Menschen, die drei, vier oder fünf Sprachen flüssig beherrschen und damit ausgeglichen mehrsprachig sind, haben oft die beteiligten Sprachen nicht alle zur selben Zeit gelernt. Dies ist, wie oben beschrieben, aufgrund der Strukturen im Alltag oft schwierig umzusetzen. Sehr erfolgreich kann eine kompetente Mehrsprachigkeit in vielen Sprachen gelingen, wenn die Sprachen sukzessiv hintereinander gelernt werden, z.B. kann ein Kind zu Hause Koreanisch lernen und später eine bilinguale, englisch – französischsprachige Schule besuchen, oder das Kind wächst zu Hause zweisprachig (Deutsch – Türkisch) auf, besucht später eine englischsprachige Schule, lernt dort auch Französisch als Fremdsprache und baut diese durch einen Auslandsaufenthalt weiter aus. Es gibt unzählige Möglichkeiten. Wenn wir daran denken, dass Kinder, die von Geburt an mit zwei oder drei Sprachen aufwachsen, später weitere Sprachen einfacher und schneller lernen, können gerade die mehrsprachigen Kinder später multilingual werden. Es müssen nicht alle Sprachen von Geburt an vermittelt werden. Das Potential hierzu erreicht man schon, wenn das Kind in den ersten drei Lebensjahren bilingual aufwächst.

Wenn viele Sprachen ins Spiel kommen, ist es enorm wichtig, dass das Kind zumindest in einer Sprache so viel Input bekommt, dass sich diese Sprache altersgerecht entwickeln kann. Mindestens in einer Sprache muss das Kind in der Lage sein, auch abstrakte und situationslosgelöste Kontexte zu verstehen und selbst anwenden zu können, es muss sich wenigstens in einer Sprache auch dekontextualisiert ausdrücken können und bildungssprachliche Aspekte lernen (s. hierzu Kapitel 10). In einer mehrsprachigen Erziehung, bei der das Kind tatsächlich mehr als zwei Sprachen erwirbt, müssen die Eltern und weitere Bezugspersonen wachsam und aufmerksam sein, dass nicht alle Sprachen nur ein wenig, sondern mindestens eine Sprache „richtig" gelernt wird. Man muss sich auch mehr Gedanken über die Struktur des Alltags und den damit verbundenen Sprachgebrauch machen. Hinzu kommt, dass Kinder Sprachen nicht einfach lernen, weil sie eine Sprache schön finden oder weil die Eltern das wollen. Kinder müssen für sich selbst einen Nutzen darin sehen, mit der Sprache etwas bewirken können. Als entscheidender Punkt beim Erwerb von Sprachen gilt der Wille zur Integration. Kinder möchten von ihren Eltern, Bezugspersonen und Spielkameraden akzeptiert werden. Sie wollen sich integrieren und ein Teil ihrer Bezugsgruppe bzw. der Gesellschaft sein. Motivationale Anlässe für alle Sprachen zu schaffen, ist daher eine unabdingbare Voraussetzung für eine multilinguale Erziehung. Noch wichtiger als alle Sprachen ist die Beziehung zu ihrem Kind. Sie steht immer an erster Stelle. Sprachen dienen nicht als Selbstzweck, sondern stehen immer in Relation zu Menschen und Handlungen.

- Es ist schwierig, für die Anzahl der Sprachen, mit denen ein Kind gleichzeitig oder auch nacheinander aufwachsen kann, eine Obergrenze anzugeben.
- Prinzipiell ist es möglich und auch genetisch angelegt, mehr als zwei Sprachen gleichzeitig zu lernen.
- In vielen Teilen der Welt wachsen Kinder mit drei, vier oder sogar fünf Sprachen auf.
- Der gesellschaftliche Status von Mehrsprachigkeit und unsere persönliche Einstellung begünstigen oder behindern den Erfolg einer mehrsprachigen Erziehung.
- Mehrsprachige haben nicht in allen Sprachen den exakt gleichen Stand. Sie setzen ihre Sprachen arbeitsteilig ein und verwenden sie in der Regel in bestimmten Situationen und Kontexten. Das kann sich je nach Gebrauch der Sprachen jederzeit ändern.

- Je mehr Sprachen ins Spiel kommen, desto schwieriger wird es, dem Kind in allen Sprachen einen gleichwertigen Input zu bieten. Man muss den sprachlichen Alltag stärker strukturieren und eher akzeptieren, dass die Sprachen für das Kind nicht absolut gleichwertig sind. Man muss akzeptieren, dass ein Kind z.B. eine Sprache „nur" versteht.
- Eltern sollten für die verschiedenen Sprachen zu Beginn des Spracherwerbs eine „Rangordnung" festlegen. Dabei sollte das Kind in mindestens einer Sprache die Möglichkeit haben, sich altersgemäß zu entwickeln. In mindestens dieser Sprache sollte es auch bildungssprachliche Aspekte lernen. So gelerntes Wissen kann das Kind auf weitere Sprachen übertragen.
- Kinder müssen Motivation für die Sprachen entwickeln und einen Nutzen darin sehen.
- Sprachen sind kein Selbstzweck.
- Viele multilinguale Menschen haben nicht alle Sprachen gleichzeitig gelernt, sondern sind „nur" mit ein bis vier Sprachen aufgewachsen. Sie haben die weiteren Sprachen später gelernt.

Kapitel 4: Welche Sprache soll ich mit meinem Kind sprechen?

Man sollte mit Kindern in einer Sprache sprechen, die man erstens selbst sehr gut und flüssig beherrscht und in der man sich zweitens auch emotional zu Hause fühlt. Für das Kind ist es wichtig, ein authentisches Sprachvorbild zu haben, von dem es die Sprache erwerben kann. Es muss sich aus dem Input allgemeingültige Regeln erschließen sowie auch „Fertigbausteine“ aufnehmen können. Das bedeutet aber nicht, dass eine andere Sprache, die wir auch gut beherrschen, im Gebrauch mit dem Kind verboten ist. Man muss nur darauf achten, dass das Kind den Hauptinput einer Sprache von sehr kompetenten Sprechern erhält. Das Kind sollte sich in zumindest einer Sprache altersentsprechend entwickeln können. Hier ein paar Fallbeispiele:

Beispiel 1: „Ich spreche Englisch mit meinem Kind, obwohl ich Deutsch bin“

Ich stand deutschen Eltern, die mit ihrem Kind Englisch sprechen, immer sehr skeptisch gegenüber. Ich hielt es für einen falsch verstandenen Bildungsbegriff und fand es unnatürlich, gekünstelt und schwülstig. Doch dann lernte ich Sam kennen. Sam war einsprachig Deutsch aufgewachsen und hatte Englisch zunächst auf klassischem Weg als Fremdsprache in der Schule gelernt. Ihre Lehrerin sagte ihr in der siebten Klasse, dass sie so gut sei, dass sie als Lehrerin ihr nichts mehr beibringen könne und sie lieber englische Bücher lesen sollte. Dieser kleine, geschickte Satz der Lehrerin war so motivierend, dass Sam bald nur noch englische Bücher las und englische Filme schaute. Aus reiner Freude las sie jedes Buch und sah jeden Film nicht nur einmal, sondern etliche Male, so dass sie sich nicht nur auf die Inhalte, sondern auch auf die sprachliche Form konzentrierte. Auf diese Weise eignete sie sich autodidaktisch ein hervorragendes Niveau an. Diese weitere Motivation führte Sam später zu einem Schüleraustausch nach England, wo sie dann zwei Jahre blieb und das englische Abitur machte. Sie nannte sich nicht mehr Samantha, sondern Sam. Heute lebt sie mit ihrem deutschen Mann in Deutschland und arbeitet für eine englische Firma, wo sie tagtäglich Englisch gebraucht. Wenn man Sam ansieht und ihr zuhört ist sie Britisch. Sie identifiziert sich zu 100% mit der Sprache und der Kultur. Sie hat keinen Akzent in der Sprache, macht keine erkennbaren Fehler und selbst ihre Gestik, ihre Kleidung, ihr Lächeln ist Britisch. In einem Seminar erzählte sie, dass man ihr überall mit Vorbehalten und Argwohn begegnet, weil sie mit ihrer Tochter Englisch spricht. Da sie daraufhin selbst angefangen hatte, an ihrer zweisprachigen Erziehung zu zweifeln, fragte sie, was sie tun solle. Ich schluckte, weil ich selbst mich bisher genauso vorurteilshaft gegenüber solchen Eltern verhalten hatte. Ich antwortete ihr dann, dass sie selbst immer schon sehr gut gewusst habe, was gut für sie ist und dass sie genau so weiter machen soll. Sie müsse anderen Leuten gegenüber keine Rechenschaft ablegen, warum, wieso, weshalb sie mit ihrem Kind Englisch spreche.

Sie müsse nicht jedermann ihre Lebensgeschichte erzählen und betonen, dass sie Deutsch sei. Sie solle einfach sagen, dass sie selbst bilingual sei, was ja stimmt. Der Pass sagt nichts über Sprachkenntnisse oder Identität aus. Sams Beispiel zeigt, dass es heikel ist, Pauschalurteile zu treffen. Man muss jeden Fall und jeden Menschen individuell betrachten.

Und doch gibt es auch die „Hermanns", bei denen man einen deutlichen deutschen Akzent hört und merkt, dass die Sätze in Englisch wörtlich aus dem Deutschen übersetzt sind. Sie haben selbst vielleicht ein Jahr in den USA oder England verbracht und finden ihre Sprachkenntnisse gut, was sie sicherlich auch sind. Doch ein Jahr in einem englischsprachigen Land ist nicht in jedem Fall eine Garantie, die Sprache tatsächlich auf muttersprachlichem Niveau mit all ihren Nuancen und Feinheiten zu können. Es kommt auf viele Faktoren an. Die „Hermann" - Eltern haben das Ziel, ihre Kinder zu bilden, ihnen Vorteile in der Schule und später im Beruf zu geben. Sie sagen, dass die Lehrer in der Schule ebenfalls keine Muttersprachler seien und dass ihr, wenn auch nicht perfektes Englisch, nicht schlechter sei als das der Lehrer. Sie können auf diese Weise ihrem Kind mehr beibringen als die Schule. Damit haben sie nicht ganz Unrecht. Leider dürfen nach dem deutschen Schulgesetz nur solche Lehrer arbeiten, die ein deutsches Staatsexamen absolviert haben und das sind in der Regel keine Muttersprachler. Dennoch besteht ein großer Unterschied zwischen Schule und Familie. Die Schule ist eine Institution, die Sprachen durch gesteuerten Unterricht vermittelt. Ob es hier bessere Wege des Sprachenlernens geben könnte, ist eine andere Frage. Die Familie ist ein zu Hause für das Kind. Hier geht es um Bindung, um Beziehung, um Vertrauen. Mit der Erstsprache eignet sich ein Kind auch Körpersprache, Gestik, Mimik, Sprechrhythmus, Intonation und viele andere körperliche Bewegungen an. Es lernt zu denken. Was passiert, wenn Sprache und Bewegung oder Wort und Konzept nicht zusammenpassen? Wenn ein deutschsprachiger Vater mit englischen Fremdsprachkenntnissen mit seinem Kind ausschließlich Englisch spricht und so tut, als könne er gar kein Deutsch, ist das eben nicht authentisch. Ich frage mich, warum er es ausschließlich tut. Der Fall ist anders als Sams, die sich englisch fühlt und Englisch auf muttersprachlichem Niveau beherrscht. Sicherlich will er das Beste für sein Kind. Aber welche Botschaft kommt beim Kind an? Sprache ist wichtiger als Inhalt und Beziehung? Man kann nur spekulieren. Zu solchen Fällen gibt es bislang noch keine wissenschaftlichen Untersuchungen.

Im Kapitel zu den Sprachtrennungsregeln stelle ich Ihnen Julia vor, die Deutsch als starke Sprache und Spanisch als schwache Sprache hat. Julia hatte die Personenstrategie übergeneralisiert und mit ihrem Kind ausschließlich Spanisch gesprochen, obwohl sie sich darin unwohl und unsicher fühlte. Das ist nicht der Sinn der Sache! Hier wird Mehrsprachigkeit gänzlich missverstanden. Julia kämpfte mit dem Bildungsanspruch und ihren eigenen Gefühlen und zerbrach daran. Glücklicherweise stand sie wieder auf und brachte Gefühl und Sprachen wieder in Einklang. Wenn Sie sich selbst in einer Sprache nicht hundertprozentig wohl fühlen, sollten Sie diese Sprache nicht ausschließlich mit Ihrem Kind sprechen, selbst dann nicht, wenn Sie objektiv gesehen, sehr gute Sprachkenntnisse besitzen. Authentizität, Echtheit und Verlässlichkeit sind für das Kind wichtigere Bildungsinhalte als pure Sprachvermittlung!

Das bedeutet aber nicht, dass Sie vor Ihrem Kind niemals eine andere Sprache in den Mund nehmen dürfen. Der Hauptanteil des sprachlichen Inputs sollte von Muttersprachlern bzw. von Sprechern mit sehr hohen Kompetenzen kommen. Es ist nicht verboten, in einer Sprache, die man auch ganz gut beherrscht, Lieder zu singen, Bücher vorzulesen oder Gespräche zu führen. Man muss jedoch sicherstellen, dass der Löwenanteil (und das sind deutlich über 50%) des Sprachinputs, der beim Kind ankommt, auf allen linguistischen Ebenen korrekt ist - und hierzu gehören neben Aussprache, Grammatik, Semantik, etc. eben auch Sprecherauthentizität und kulturelle Konventionen. Briten haben eine ganze eigene Form von Höflichkeit, die sich von der deutschen gänzlich unterscheidet. „Can I help you?" könnte bedeuten „Scher dich zum Teufel!" (s. Henkel, 2012).

Auch in der Grammatik schleichen sich bei Fremdsprachlern Fehler ein. Die Kompetenz in einer Fremdsprache ist nicht in jeder Situation gleich. Wenn man z.B. einen guten Tag hat, ausgeschlafen und konzentriert ist, sagt man vielleicht alles richtig. Am nächsten Tag, nach einer durchzechten Nacht ist man müde, findet nicht die richtigen Worte und macht Fehler. Gerade diese Willkür ist für den Spracherwerb von Kindern gefährlich. Kinder müssen sich ganz allein aus dem Sprachinput Regeln ableiten. Sage ich heute *die Flasche*, morgen *der Flasche* und übermorgen *das Flasche*, hat das Kind keine Chance, aus diesem Sprachangebot Regeln über den Genus der Wörter zu entziffern – hier die Regel, dass die meisten Wörter auf –e weiblich sind. Kann das Kind keine Regeln erschließen, dann bleibt nur die Möglichkeit, assoziativ und auswendig zu lernen. Es ist nicht schwierig, sich vorzustellen, dass man eine Sprache nicht allein durch memorieren lernen kann. Kinder, die nicht gelernt haben, Regeln zu erschließen, laufen Gefahr, eine Sprachstörung zu entwickeln.

Meiner Meinung nach entstehen solche übertriebenen und teilweise grotesken Sprachverhaltensweisen von Eltern wie die von „Hermann" und Anfangs-Julia aus dem Dogma der Personenstrategie. Jahrelang wurde uns eingeimpft, mehrsprachige Erziehung gelinge nur, wenn man in absoluter Konsequenz den Glaubenssatz „1 Person – 1 Sprache" anwende. Das ist nicht in jedem Fall richtig. Der deutsche Vater könnte beide Sprachen mit dem Kind sprechen, so wie Julia es später auch getan hat. Das vereint Sprachbildung mit Identität und Echtheit (s. hierzu das Kapitel 17). Gleichzeitig können Sie dafür sorgen, dass das Kind durch andere Personen und/oder (wie Sam) durch Bücher und Filme einen großen Brocken Sprachinput auf muttersprachlichem Niveau bekommt.

Beispiel 2: „Sprechen Sie Deutsch!"

Die Forderung der CSU im Dezember 2014, dass Migranten in Deutschland auch zu Hause Deutsch sprechen müssen, erntete zu Recht erheblichen Spott und deutliche Kritik. In welchem Jahrhundert leben wir? Das Sarkastische an der Sache ist, dass es genau diejenigen Folgen hätte, vor der die CSU ja so große Sorge hat: Würden alle Migranten nur noch Deutsch sprechen, würden ihre Kinder nie gutes Deutsch lernen, zumindest dann nicht, wenn die Eltern selbst nicht gut Deutsch beherrschen. Die Kinder übernehmen dann ihre Fehler in allen linguistischen Ebenen: Aussprache, Wort- und Satzbedeutung, Grammatik, Pragmatik, ...

Ihre Anzahl schrumpft, dennoch gibt es immer noch Erzieher, Grundschullehrer, Kinderärzte und sogar Logopäden, die den Anschluss ans einundzwanzigste Jahrhundert verpasst haben und Eltern den Tipp geben: „Sprechen Sie Deutsch mit Ihrem Kind". Daneben sagen es Menschen aus unserer näheren Umgebung: Nachbarn, Freunde, Familienangehörige. Vielleicht ist es eigentlich gut gemeint: Das Kind lebt in Deutschland und soll Deutsch lernen. Es soll später in der Schule gut klarkommen. Aber mehrsprachige Eltern fühlen sich dadurch missverstanden und ausgegrenzt. Abgewertet. Das Deutsche fungiert hier überall als Messlatte für den Entwicklungsstand des Kindes, ohne zu berücksichtigen, was es sonst alles kann. Die Fähigkeit des Kindes und der Eltern, mehrere Sprachen sprechen zu können wird nicht wertgeschätzt. Je nach dem Sprachprestige, das ihre Sprache in unserer Gesellschaft genießt, hören Eltern diesen Satz häufig oder selten.

Würden Eltern dem Tipp folgen, würden sie dem Kind die Möglichkeit nehmen, mehrsprachig zu werden. Es würde nur einsprachig. Es könnte sich in den Herkunftsländern nicht zurechtfinden. Mit einigen Familienangehörigen, mit Oma und Opa, Tante und Onkel, könnte das Kind gar nicht kommunizieren. Statt dem Kind eine Identität zu geben, wird ein Teil davon geraubt. Im schlimmsten Fall entwickelt es von sich selbst ein falsches, ein negatives Bild. In gewisser Weise wären die Eltern – eigentlich Vorbilder für die Kinder – nicht glaubwürdig und nicht authentisch. Sie würden dem Kind falsche Tatsachen vorgaukeln.

Wenn die Eltern selbst nicht einwandfrei Deutsch sprechen, ist es sogar gefährlich, mit dem Kind immer Deutsch zu sprechen. Viele Eltern lernen gerade Deutsch und sprechen mit ihren Kindern Deutsch, um die Sprache zu üben. Kinder brauchen jedoch selbst Sprachvorbilder, mit denen sie üben können, nicht umgekehrt. Das Kind übernimmt Fehler und falsche Strukturen vom Akzent über fehlerhafte Grammatik bis zur abwegigen Wortbedeutung. Erwachsene sollten hauptsächlich eine Sprache mit ihren Kindern sprechen, die sie selbst in muttersprachlicher Kompetenz beherrschen. Selbst wenn man eine Fremdsprache gut spricht, schleichen sich je nach Gemütszustand Fehler ein. Das Kind kann sich Regeln der Sprache dann nicht erschließen. Im Extremfall kommt es dann wirklich zu der allseits gefürchteten doppelten Halbsprachigkeit: Keine der Sprachen wird richtig beherrscht, weil das Kind nicht lernen kann, wie man Regeln bildet und wie man Sprache erwerben kann.

Zu einem solchen Semilingualismus kann es auch kommen, wenn die Erstsprache unterbrochen wird. Wenn Eltern in der ersten Zeit mit dem Kind ihre Erstsprache sprechen und dann plötzlich beginnen, mit dem Kind Deutsch zu sprechen, weil die CSU oder ein Kinderarzt dazu rät, kommt es nicht allein zu einem Bruch in der Beziehung und in der Identität, sondern auch im Denken. Denken und Sprache bilden eine Einheit. Wenn also das Denkvermögen eines Kindes unterbrochen wird, weil die Erstsprache plötzlich nicht mehr gebraucht wird, wirkt sich das zwangsläufig auch auf die Sprache aus. Die Familiensprache ist kein Hindernis für das Deutschlernen, sondern eine wesentliche Voraussetzung für Erst- und Zweitspracherwerb (s. Kapitel 17) .

Beispiel 3: Bilinguale ErzieherInnen: „Er is het verloren“

Vor kurzem erzählte mir eine Erzieherin in einem Lehrgang zur Fachkraft für U3 (Kinder unter drei) von ihrer niederländischen Kollegin. Diese ist sehr gut ausgebildet und hat einen überaus herzlichen und kompetenten Umgang mit Kindern. Deutsch ist für sie aber eine Lernersprache, die sie mit niederländischer Aussprache und Grammatik spricht. Sie wirft Artikel und Präpositionen durcheinander, verwechselt *wie* und *als*, spricht von „de Mädchens“, verwendet falsche Hilfsverben wie in „er is het verloren“ (*er ist etwas verloren statt er hat etwas verloren) und zahlreiche weitere „falsche Freunde“. „Ist das für die Entwicklung der Erstsprache unserer U3-Kinder bedenklich?“ fragte sie mich. Nun ja, was soll ich sagen? Förderlich ist es nicht. Jedenfalls dann nicht, wenn ihre Hauptaufgabe in der Kita Sprachbildung ist. Deutsch ist für sie eine Interimssprache, in der sie eine ganz eigene Systematik entwickelt hat. Wenn ich mir jetzt noch vorstelle, in dieser Einrichtung seien Kinder aus gerade angekommenen „Flüchtlingsfamilien“, die dem Rat der CSU folgen und zu Hause auf einem weiß-blauen Teppich ein anderes falsches Deutsch mit den Kindern sprechen, ist die Katastrophe vorprogrammiert.

Der Sprachinput der niederländischen Erzieherin kann aufgefangen werden, wenn die Kinder einen höheren Anteil an „richtigem“ Deutsch hören, z.B. in der Familie. Wenn das Kind nicht den ganzen Tag in der Kindertagesstätte ist und die Eltern kompetent Deutsch sprechen und es intensiv durch viele Sprachanlässe zu Hause anregen, dann ist das Deutsch der Erzieherin nicht so problematisch. Aber ist das bei jedem Kind in der Einrichtung gewährleistet? Gerade in den ersten drei Jahren, also bei den U-3 Kindern, ist die Sprachentwicklung das zentrale Thema. Hier müsste also in der Einrichtung ein Umdenken stattfinden. Kann man die Zeiten, in denen sich muttersprachliche und lernersprachliche ErzieherInnen den Kindern widmen anders organisieren? Wie kann das hohe fachliche und persönliche Potential der niederländischen Erzieherin genutzt werden? Was sind ihre Stärken? Vielleicht ist sie gut in Tanz und Musik? Ist Bewegungserziehung ihre Kompetenz? Malt oder bastelt sie gerne oder hat sie andere Erfahrungen, die sie in ihre Arbeit einbringen könnte? Andere muttersprachliche ErzieherInnen könnten dann den deutschen Erstspracherwerb stärker unterstützen und z.B. ihre Kollegin bei einigen Aktivitäten sprachlich begleiten. Oder vielleicht wäre es sogar denkbar, dass die niederländische Erzieherin einfach öfter Niederländisch singt und spricht?

Viele bilinguale ErzieherInnen sind ausgeglichen mehrsprachig, d.h. sie sprechen zwei Sprachen flüssig und machen nicht so viele Fehler wie die niederländische Erzieherin. Auch hier könnte dieses enorme Potential viel stärker in den Einrichtungen genutzt werden. Vor allem, wenn sie Sprachen der großen „Migrantengruppen“ sprechen, von denen viele Familien in den Einrichtungen sind, etwa Türkisch, Russisch oder Arabisch. Sie können den Erstspracherwerb bzw. den doppelten Erstspracherwerb der Kinder unglaublich unterstützen. Gerade in Übergangssituationen, z.B. wenn Kinder neu in die Kita kommen, können bilinguale ErzieherInnen sie durch die Erstsprache auffangen, ihnen einen Rückhalt geben, ihre Identität stärken und sie wertschätzen. Für die Familien sind sie ein großes Vorbild und für die Elternpartnerschaften sind bilinguale ErzieherInnen ein Geschenk des Himmels, weil sie Sprachrohr und interkulturelle Mittler sind. Einrichtungen, die das Glück bilingualer Mitarbeiter haben, könnten darüber nachdenken, zweisprachig zu werden. Das würde alle Kinder fördern und bilden: Die Erstsprachen der „Migranten" würden gestärkt und damit auch der Erwerb des Deutschen. Rein deutschsprachige Kinder hätten die Chance, zweisprachig zu werden und von den Vorteilen einer mehrsprachigen Erziehung zu profitieren. Gerade in den Migrantensprachen ist das sinnvoll, weil die Kinder in den Einrichtungen Bezugsgruppen und Freunde finden, authentische Sprecher, mit denen sie die Sprache auch anwenden können.

Beispiel 4: Die Eltern sprechen untereinander eine dritte Sprache: „Mein Mann und ich sprechen unterschiedliche Sprachen mit dem Kind (Portugiesisch und Deutsch). Miteinander sprechen wir aber Englisch, das vermutlich nicht hundertprozentig korrekt ist. Wie soll das Kind verstehen, dass die Eltern eine dritte Sprache sprechen? Und welche Auswirkungen hat das?"

Zunächst ist es für das Kind eine völlig normale Situation, zu einer solchen mehrsprachigen Familie zu gehören. Es wird in diese spezielle Familie hineingeboren und macht sich keine Gedanken darüber, warum das so ist. Es muss die Situation nicht verstehen oder gar hinterfragen. Sie ist halt so. Viele Familien leben nach diesem Sprachmuster. Schon Babys können die verschiedenen Sprachen anhand des Klangs unterscheiden, daher braucht man keine Angst haben, dass diese dreisprachige Situation das Kind verwirren könnte. Kinder lernen allerdings diejenigen Sprachen aktiv anzuwenden, in denen sie direkt angesprochen werden und in denen sie handeln müssen. Sie brauchen den direkten Dialog und Interaktion. Hört es eine dritte Sprache, die für das Kind selbst nicht von Belang ist, gibt es zunächst auch keine Motivation, sie zu lernen. Allerdings wird es dennoch gewisse Dinge aufschnappen, etwa die Melodie der Sprache, Laute usw. Je älter das Kind wird, desto mehr wird es sich auch dafür interessieren, worüber die Eltern sprechen. Es wird den Gesprächen Bedeutungen zuordnen. Zuerst hört das Kind nur einen Singsang und kann einzelne Worte noch nicht aus dem Redefluss segmentieren. Häufig werden aber auch ganz einfache Sätze in Verbindung mit einer Handlung gesprochen, z.B. bei Aufforderungen: Die Mutter sagt „gib mir einen Apfel", der Vater bringt einen Apfel und sagt: „Hier, bitte, dein Apfel". Dabei hört und sieht das Kind den Apfel und kann der Frucht jetzt ein Wort und eine Bedeutung zuordnen: *Apfel*. In den Andenstaaten sprechen z.B. viele Eltern untereinander Quechua, mit ihren Kindern sprechen sie häufig jedoch ausschließlich Spanisch, weil die indigene Sprache ein sehr geringes Prestige genießt und sie nicht wollen, dass die Kinder durch das Quechua gesellschaftliche Nachteile erleiden. Da Kinder in diesem Kulturraum bis zu einem relativ hohen Alter häufig im selben Raum mit den Eltern schlafen, hören sie über viele Jahre hinweg regelmäßig die abendlichen Gespräche der Eltern. Als Jugendliche und junge Erwachsene beherrschen sie Quechua. Sie verstehen fast alles und – mit etwas Mühe – können sie auch selbst Quechua sprechen, zwar nicht so flüssig wie Spanisch, aber immerhin haben sie sich eine Sprache angeeignet, die dem Spanischen vollkommen unterschiedlich ist, aus dem sie also nichts ableiten können. Das ist möglich. Es handelt sich in diesem Fall um funktionale Mehrsprachigkeit, nicht um ausgeglichene Mehrsprachigkeit, die aber ausgebaut werden kann. Juan, ein Junge aus Peru, erzählt, dass er als Kind immer seinen Vater auf die Baustelle begleiten musste und hier ein enormes Vokabular an Werkzeugen gelernt hat, obwohl ihn nie jemand direkt in Quechua angesprochen hat. Er hat es gelernt, weil die Bauarbeiter meist in einfacher Sprache nach Hammer, Schraubenzieher, usw. gefragt haben und Juan die Wörter gehört und die Gegenstände gesehen hat. Wenn man möchte, dass die Kinder etwas nicht verstehen sollen, muss man sehr vorsichtig sein. Vielleicht haben sie von der Elternsprache doch mehr aufgesaugt als gedacht. Kinder bekommen also auch in dieser Sprache eine kleine Basis mit auf den Weg, die es ihnen ermöglicht, sie später gut auszubauen. Man sollte Kinder nicht unterschätzen. Die vielen Sprachen schulen das Sprachgefühl und sorgen für äußerste Flexibilität. Kinder, welche die dritte Elternsprache oft hören, entwickeln passive Sprachkenntnisse.

Kinder akzeptieren die Sprachgewohnheiten ihrer Umgebung. Sprechen Eltern untereinander in selbstverständlicher Weise eine dritte Sprache, dulden Kinder das. Das Fallbeispiel unterscheidet sich insofern vom ersten Beispiel der „Hermann“-Eltern, als der Sprachgebrauch authentisch ist und aus einer Notwenigkeit und Gewohnheit natürlich gewachsen ist.

Dennoch könnten Familien überlegen, das Kind in die dritte Sprache stärker einzubeziehen und es damit weniger auszugrenzen. Es kommt darauf an, wie gut oder schlecht sie die Sprache tatsächlich beherrschen. Ist die Sprachkompetenz gut und flüssig, wenn auch nicht in allen Bereichen „perfekt“, kann die Familie bei einer dreisprachigen Erziehung ansetzen. Auch hier gilt also wieder, das Personenprinzip nicht zu streng anzuwenden, sondern verschiedene Trennungsstrategien miteinander zu kombinieren (s. Kapitel 6). Die o.g. Familie könnte in bestimmten Situationen mit dem Kind auch Englisch sprechen, z.B., wenn alle gemeinsam etwas unternehmen. Was die Befürchtung angeht, das Englisch der Eltern sei nicht korrekt, so muss daran erinnert werden, dass Sprachen auf der Welt nicht durchweg gleich gesprochen werden. Überall gibt es unterschiedliche Dialekte, Soziolekte und weitere Varietäten. Es ist nicht immer einfach, eine Sprache überhaupt zu definieren. Gerade bei Englisch gibt es eine Fülle von Varianten: Englisch in England, Schottland, Wales, Irland, Australien, Neuseeland, USA, Kanada, Antigua, Jamaica, Barbados, Nigeria, Tansania, Swasiland, Südafrika, Philippinen, Seychellen, Indien, Hongkong, Malaysia, Singapur, Katar, Kuweit, Libanon, Malta, etc. und in den jeweiligen Regionen wiederum andere linguistische Ausprägungen. Englisch als lingua franca wird zudem überall auf der Welt auch mit ihren „Fehlern“ und Einschränkungen akzeptiert und anerkannt. Die lingua franca ist kein Englisch der britischen Oberschicht. Natürlich wird das Kind in der oben genannten Familie kein Queens-Englisch lernen, zumindest nicht am Anfang (es könnte sich später dafür interessieren und anwenden lernen). Entscheidet sich die Familie für eine dreisprachige Erziehung, kann Englisch noch weiter gefördert werden, durch Musik, Bücher und Filme mit muttersprachlichen Sprechern sowie außerhalb der Familie durch Kontakte zu

Englischsprechern, bilinguale Kindergärten und Schulen. Gleichzeitig können auch die Eltern jederzeit an ihren Sprachkenntnissen arbeiten und sie verbessern.

Beispiel 5: „Ich spreche einen Dialekt. Ist das schädlich für das Kind?"

Nein! Dialekte sind eigene Sprachsysteme mit eigener Systematik. Daher lernt das Kind einen Dialekt auf die gleiche Weise wie die Standardsprache. Ein Dialekt ist keine Barriere für die Sprachentwicklung. Das Kind lernt mit dieser Sprachform zu denken, sich Regeln zu erschließen, die Welt zu beschreiben, es lernt zu kommunizieren und sich funktional angemessen zu verhalten. Wir vergessen oft, dass auch die Standardsprache ein Dialekt ist, der aber als lingua franca für alle Sprecher einer Sprache festgelegt ist, so dass Sprecher unterschiedlicher Dialekte sich untereinander verständigen können. Die deutsche Standardsprache stammt z.B. aus dem hannoverschen Raum. Sprachen entwickeln sich über einen langen Zeitraum in der Geschichte, verändern sich und bilden regionale Varianten aus. Einige Dialekte unterscheiden sich nicht so stark voneinander, so dass ein Dialektsprecher auch einen Sprecher mit anderem Dialekt verstehen kann und beide miteinander in Kontakt treten und kommunizieren können. Menschen, die einen Dialekt und die Standardsprache beherrschen sind zweisprachig, da sie zwei unterschiedliche Sprachsysteme beherrschen. Dialekt und Standardsprache sind gleichwertig, sie haben aber unterschiedliche Funktionen. Dialekte geben eine starke regionale Identität. Einige Dialekte genießen einen hohen Status, andere sind gesellschaftlich nicht gut angesehen. Im letzten Fall müssen sich die Eltern vielleicht darauf gefasst machen, ihre Werte gegen vorurteilsbelastete Einstellungen in der Umwelt durchzusetzen. Bei Dialekten gilt also dasselbe wie für Sprachen und daher betreffen alle Aussagen in diesem Buch auch Dialektsprecher.

- Man sollte mit Kindern hauptsächlich in einer Sprache sprechen, die man selbst auf sehr gutem Niveau beherrscht.
- Die Sprache, in der wir mit Kindern hauptsächlich sprechen, sollte für uns emotional bedeutsam sein.
- Eltern und andere Bezugspersonen müssen sich mit der Sprache, die sie mit Kindern sprechen, identifizieren.
- Nicht nur Aussprache und Grammatik sind relevant, sondern auch kulturelle Konventionen.
- Spricht man mit Kindern hauptsächlich in einer Sprache, in der man unterschiedliche Fehler macht, kann das Kind keine Regeln erschließen und es besteht die Gefahr einer Sprachentwicklungsstörung.
- Ein Bruch in der Sprachverwendung kann zu einem Bruch in der Sprachentwicklung und im Denken führen.
- Gute Kenntnisse der Erstsprache fördern Kenntnisse in der Zweitsprache.
- Vorsicht vor Pauschalurteilen. Jeder Fall ist individuell.
- Man muss nicht nur eine Sprache mit dem Kind sprechen.

- Fehlerhafte Sprache in geringem Umfang ist nicht so dramatisch, wenn es andere Muttersprachler gibt, die dem Kind zu einem größeren Anteil korrekte und authentische Sprache vermitteln.
- In Kindergärten sollte man das Potential von bilingualen ErzieherInnen stärker nutzen.
- Kinder lernen Sprachen aktiv, in denen sie direkt angesprochen werden und in denen sie handeln (müssen).
- Sprachen, welche Kinder „im Hintergrund" hören, werden meistens (nicht immer) passiv aufgesaugt.
- Dialekte sind Varietäten einer Sprache. Sie haben eine eigene Systematik. Menschen, die zwei Varietäten beherrschen, z.B. Dialekt und Standardsprache, sind zweisprachig.

Kapitel 5: Wenn beide Elternteile einsprachig sind, wie können wir dann eine bilinguale Erziehung umsetzen?

Es gibt viele Wege zur Mehrsprachigkeit. Selbst, wenn die Eltern einsprachig sind, können sie auf verschiedene Weise eine zweisprachige Erziehung in Gang setzen und fördern. Als besonders hilfreich ist es natürlich, wenn man eine Betreuungsperson hat, die sich um das Kind kümmert und in der für das Kind gewünschten Sprache spricht und handelt. Ich kenne viele Familien, die über Au-Pairs ihre Kinder erfolgreich bilingual erziehen. Die Schwestern Samantha und Alicia z.B. haben viele Jahre an einer spanischen Spielgruppe in dem Kölner Verein mehrSprache teilgenommen. Ihre Eltern sind einsprachig Deutsch. Da sie häufig ihre Ferien in Spanien verbringen, war es ihnen wichtig, den Kindern Spanisch mit auf den Weg zu geben. Alles, was Samantha und Alice mehr an Spanisch konnten, als sie selbst, fanden sie toll. Sie konnten gerade mal einen „café con leche“ bestellen. Da sie beide voll berufstätig waren, brauchten die Eltern eine Betreuungsperson für ihre Töchter. Was lag also näher, als ein spanischsprachiges Kindermädchen zu engagieren? Samantha und Alicia wuchsen mit Au-Pairs aus spanischsprachigen Ländern auf und waren in ihrer Kompetenz genauso gut wie Kinder aus der Spielgruppe, die spanischsprachige Eltern hatten. Die wechselnden Bezugspersonen waren für die Schwestern nie ein Problem. Von Anfang an war klar, dass jedes Jahr eine junge Frau kommen würde, die mit ihnen spannende Sachen machen würde, Sachen, die ihre Eltern nicht machten. Frauen, die Zeit für sie hatten. Dass diese Frauen immer Spanisch sprachen, wurde zur Normalität. Weil das Experiment so erfolgreich verlief, schickten die Eltern ihre „chicas“ später auf eine bilinguale Schule. Sie sollten ihre Kenntnisse auf keinen Fall verlieren, sondern weiter aufbauen.

Wenn man nicht die Möglichkeit hat, ein Au-Pair in die Familie zu holen, weil es vielleicht keinen Platz zu Hause gibt, dann gibt es mit Sicherheit in der Umgebung Menschen, die tagsüber für ein paar Stunden nach Hause kommen, um sich mit dem Kind zu beschäftigen und mit ihm in der zweiten Sprache etwas unternehmen: Babysitter, Schüler, Studenten, Tagesmütter, ErzieherInnen, Deutschlerner aus Integrationskursen, etc. Deutschlerner sind ja ihrerseits auch immer sehr interessiert an Kontakten zu deutschen Familien. Man könnte daher vereinbaren, dass sie mit dem Kind ihre Erstsprache sprechen, während die Eltern mit den Deutschlernern etwas Deutsch praktizieren. Von solchen „Tandem“-Situationen profitieren beide Seiten. Mit Sicherheit findet man in solchen Sprachkursen auch Sprecher von solchen Sprachen, die Sie bei ihrem Kind fördern müssen. Englisch z.B. wird ja bekanntlich nicht nur in England, sondern auch in vielen anderen Ländern der Welt (Afrika, Asien, etc.) gesprochen. Vielleicht gibt es sogar in der Nachbarschaft Familien mit Kindern, deren Erstsprache nicht Deutsch ist und mit denen man sich in der Betreuung der Kinder abwechseln kann. Das kostet nichts, hilft in der Organisation des Alltags und fördert ganz nebenbei Mehrsprachigkeit bei allen beteiligten Kindern. Wenn die Kinder bei Ihnen sind, lernen sie Deutsch, sind sie in der anderen Familie, lernen sie die andere Sprache. Das ist eine sehr authentische Situation, die die Kinder gerade deshalb sehr unterstützt. Die Kinder haben sowohl Erwachsene als auch Kinder als Bezugspersonen in dieser Sprache. Sie erleben Freundschaften und Beziehungen. Es ist keine künstliche Situation.

Eine weitere Möglichkeit ist, die Kinder in eine bilinguale Einrichtung zu geben: einen bilingualen Kindergarten, eine bilinguale Tagesmutter, eine bilinguale Schule. Sie können Spielgruppen in anderen Sprachen besuchen. Für etwas ältere Kinder bietet sich auch an, sie an Kursen oder Projekten teilnehmen zu lassen, die beispielsweise von Botschaften, Kulturinstituten, Vereinen oder Sprachschulen angeboten werden. Sie können in den Ferien Sprachcamps besuchen, ein Auslandsjahr absolvieren oder gemeinnützige Tätigkeiten entweder im Ausland oder bei einer Organisation im Inland durchführen.

Für welchen Weg auch immer Sie sich entscheiden, wichtig ist, dass Eltern ihre Ziele den tatsächlichen Angeboten anpassen. Besucht ein Kind beispielsweise nur einmal pro Woche eine nicht-deutsche Spielgruppe, so unterstützt das in jedem Fall eine mehrsprachige Entwicklung. Es kommt aber darauf an, was man erreichen möchte. Wenn ich fördern möchte, dass das Kind überhaupt lernt, dass es andere Sprachen gibt, dass es sein Lautrepertoire erweitert, dass es sich öffnet, seinen Horizont erweitert, Wörter, Sätze, Lieder in einer anderen Sprache verstehen und gebrauchen kann, dann ist eine Stunde pro Woche nicht verkehrt. Ich kann dann aber nicht erwarten, dass das Kind nach einem Jahr in dieser Sprache fließend spricht, versteht, liest und schreibt. Der Input ist dann nicht genug, um innerhalb kurzer Zeit tatsächlich in dieser Sprache flüssig zu werden. Eine flüssige Sprachkompetenz setzt voraus, dass das Kind häufig die andere Sprache hört, spricht und in ihr handelt. Häufig bedeutet mehrmals pro Woche mehrere Stunden, möglichst täglich. Das kann ich tatsächlich nur durch ein konstantes Sprachbad erreichen, also durch eine bilinguale Einrichtung oder durch eine Betreuungsperson.

Nicht nur für einsprachige Eltern, sondern generell für alle Familien, die ihre Kinder zwei- oder mehrsprachig erziehen möchten, ist es wichtig, zu überlegen, wie Ziele und Alltag zusammenpassen. Welche Aspekte sind für Sie wichtig? Was erwarten Sie von Ihrem Kind? Soll es in allen beteiligten Sprachen verstehen, sprechen, lesen und schreiben können oder reicht es Ihnen, wenn es eine Sprache „nur" versteht? Wenn Sie den Anspruch haben, dass Ihr Kind ausgeglichen mehrsprachig wird, also in allen Sprachen funktional flüssig ist, dann brauchen Sie für alle Sprachen auch den gleichen Zeitaufwand und die gleiche Intensität. Wenn Sie möchten, dass Ihr Kind in allen Sprachen auch lesen und schreiben lernt, brauchen Sie Mittel und Wege, es ihnen beizubringen.

Wenn Sie eine bilinguale Einrichtung oder eine Betreuungsperson gefunden haben ist es darüber hinaus wichtig, die bilinguale Erziehung jetzt nicht als „erledigt" abzutun. Es wäre fatal, zu glauben, es reiche aus, das Kind der bilingualen Situation auszusetzen. Man muss auch in der

Familie die Zweisprachigkeit unterstützen. Die Einstellung der Eltern, ihre Ermutigungen und Anregungen, ihr Interesse an der zweiten Sprache sind enorm wichtig für das Kind. Für sein Ego braucht das Kind Wertschätzung und Anerkennung (s. Baker, 2014). Wenn für die Eltern der Zweitspracherwerb wichtig ist, ist es das auch für das Kind. Kinder sind Spiegel unserer eigenen Ansichten und Wertvorstellungen. Sie müssen das Kind motivieren, ohne einen falsch verstandenen Bildungsanspruch zu haben und das Kind von einem Termin zum anderen zu hetzen. Man muss eine Balance finden zwischen Authentizität, Möglichkeiten, Umsetzung und Unterstützung. Zu Hause sollte man die zweite Sprache durch Medien, Bücher, DVDs, Musik, Satellitenfernsehen etc. unterstützen. Digitale Medien wie blogs, podcasts, Spiele, etc. bieten eine Fülle von Möglichkeiten, die zweite Sprache auf interessante Weise zu fördern. Selbst, wenn man die zweite Sprache nicht versteht, kann man sich vom Kind etwas vorsingen oder vorlesen lassen. Die zusätzliche Beschäftigung mit der Sprache ist Übung für das Kind, es kann stolz zeigen, was es kann und von seinen Eltern Bewunderung und Ermutigung bekommen. Auch sollte man dafür sorgen, zusätzlich zu dem sprachlichen Angebot, das man gefunden hat, weitere Kontakte aufzubauen und Kontexte zu gestalten, in denen das Kind die Sprache erlebt, dazu gehört, möglichst auch in das Land zu reisen, in dem die Sprache Umgebungssprache ist. Nicht zuletzt ist es wichtig, daran zu denken, wie es z.B. nach einem Au-Pair weitergeht. Betreuungspersonen sind ja nur bis zu einem gewissen Alter relevant. Danach sollte man sich dann vielleicht tatsächlich für eine bilinguale Schule entscheiden oder man hat im Laufe der Zeit andere Netzwerke gefunden.

- Zweisprachigkeit bei einsprachigen Eltern kann erreicht werden durch Betreuungspersonen oder
  - durch Teilnahme in bilingualen Einrichtungen,
  - durch Kontakte in der Nachbarschaft.
- Ziele und Alltag müssen zusammenpassen.
- Die Zweisprachigkeit sollte zu Hause unterstützt werden, auch wenn die Eltern diese Sprache nicht verstehen: z.B. durch Wertschätzung, Ermutigung, Interesse, Medien und Reisen.

Kapitel 6: Wie soll man die Sprachen trennen? Welche Sprachtrennungsregeln sind am effektivsten?

Das ist die häufigste Frage, die ich immer und immer wieder höre und gleichzeitig eine der umstrittensten Fragen zur mehrsprachigen Erziehung. In den meisten Ratgebern steht, dass eine mehrsprachige Erziehung scheitern würde, wenn man nicht die richtige Sprachtrennungsregel anwenden würde. Das stimmt nicht und ist auch nicht wissenschaftlich belegt.

Meiner Meinung nach wird um die Trennungsregeln viel zu viel Wirbel gemacht. Sicher, Regeln unterstützen die Erziehung, auch die mehrsprachige. Jedoch habe ich die Erfahrung gemacht, dass viele Eltern und Pädagogen die sogenannten Strategien der Sprachentrennung vor allem anderen setzen und sie so absolut nehmen, dass sie bis ins Groteske hinein praktiziert werden. Werden Sie kein Sklave von Sprachregeln. Denken Sie darüber nach, welche Strategie zu Ihrer Familie und Ihrem Alltag passt. Lassen Sie sich nicht einreden, es gebe nur eine einzige Strategie, die erfolgreich sei und dass Ihre gesamte mehrsprachige Erziehung von dieser Strategie abhängen würde.

Sprachtrennungsregeln wurden empfohlen, weil man Angst hatte, die Kinder würden durch viele Sprachen verwirrt. Es ist heute eindeutig bewiesen, dass mehrere Sprachen Kinder nicht verwirren. Kinder unterscheiden Sprachen anhand der Klänge. Das Kind hört, dass „Mama" und „mamá" andere Sprachen sind und zwar unabhängig davon, welche Person diese unterschiedlichen Wörter benutzt. „Saft" klingt nun mal anders als „juice", es bezieht sich aber immer auf dasselbe Ding: das fruchtige, süße, farbige, gut schmeckende Getränk. Sprachtrennungsregeln sind nicht sprachimmanent. Sie haben eine rein psychologische Wirkung (Tracy, 2007). Viele mehrsprachige Familien haben keine klaren Trennungsregeln. Sie wechseln Sprachen unbewusst durch einen bestimmten Auslöser. Kinder solcher Familien können genauso kompetent mehrsprachig sein, wie Kinder aus Familien, die sehr strikte Trennungsregeln einhalten. Eine Trennungsregel allein garantiert noch keinen Erfolg. Strategien der Sprachentrennung können Orientierung und Struktur geben, welche die Erziehung generell unterstützen. Sie helfen Ihnen, dafür zu sorgen, dass jede Sprache einen bestimmten zeitlichen Anteil erhält. Sie müssen jedoch nicht so pur eingehalten werden, dass man Lieder aus der deutschen Spielgruppe in die Sprache der Bezugsperson übersetzen muss oder dass Sie niemals ein deutsches Wort in den Mund nehmen dürfen.

Personenstrategie: 1 Person – 1 Sprache

Die bekannteste Strategie wurde 1913 durch Ronjat verbreitet, der sich bei der zweisprachigen Erziehung seines Sohnes an den Tipp seines Freundes M. Grammont hielt: Jeder Elternteil muss von Geburt an in seiner Muttersprache mit dem Kind sprechen und nie in der Sprache des anderen (Ronjat, 1913). Dies ist die einzige Trennungsregel, mit der sich die Forschung bislang überhaupt beschäftigt hat, weshalb sie überall angepriesen wird. Sie müssen es sich klar vor Augen halten: Die Strategie eine Person – eine Sprache ist die einzige, die überhaupt empirisch untersucht wurde. Meistens ist es nämlich so, dass Wissenschaftler ihre eigenen Kinder beobachten und die Schlüsse, die sie daraus ziehen, als allgemeingültig darstellen. So war es bei Leopold 1939–49; Porsché 1983; Taeschner 1983; Kielhöfer& Jonekeit 1983; Hoffmann 1985; Saunders 1988 und Kravin 1992 (zit. in Döpke, 1998) und eben auch bei dem Vorreiter Ronjat, der in einer binationalen Ehe lebte und seine Tagebuchaufzeichnungen veröffentlichte. Der französischsprachige Schweizer Ronjat war mit einer Deutschen verheiratet. Es lag daher auf der Hand, dass er mit dem Kind Französisch und die Mutter mit dem Kind Deutsch sprach. In Ronjats Familientyp funktionierte diese Methode gut. Das Ergebnis war erfolgreich. Der Sohn wurde zweisprachig, so wie auch die Kinder all der anderen Wissenschaftler. Bei der Strategie eine Person-eine Sprache erwartet man, dass das Kind Sprachen klar Personen zuordnen kann. Das ist sicherlich richtig. Wir können aber zusätzlich davon ausgehen, dass die Wissenschaftler auch wussten, wie sie mit ihrem Kind sprechen, dass sie schriftsprachliche Codes eingeführt haben und generell viel Wert auf Sprache gelegt haben. Sie haben immerhin alle einen akademischen Hintergrund. Forscher versuchen, Faktoren zu isolieren, die zum erfolgreichen Zwei- oder Mehrspracherwerb führen. Es gibt aber niemals nur einen einzigen Aspekt, der die mehrsprachige Erziehung entscheidet, sondern es ist immer ein Bündel vieler verschiedener Größen, die zusammenspielen und passen müssen (Fehlings de Acurio, 2014).

Häufig findet man das Argument, bei der Personenstrategie fände keine Sprachmischung statt. Tatsächlich werden aber innerhalb eines Gesprächs aller Familienangehörigen permanent verschiedene Sprachen gesprochen (Garlin, 2000). Während des Abendessens spricht der Vater Französisch und die Mutter Deutsch, das Kind mal Französisch, mal Deutsch. Ist das keine Sprachmischung? Nun, es ist sicherlich nicht schädlich für das Kind, denn die Fähigkeit, zwischen den Sprachen switchen zu können, ist ja gerade die herausragende Fähigkeit, die Mehrsprachige haben. Aber es ist falsch, zu behaupten, bei der Personenstrategie gäbe es keine Sprachmischung. Claras Mutter spricht Niederländisch, ihr Vater Italienisch. Wie sollte die Familie, ohne die Sprachen zu mischen, miteinander sprechen?

Die Personenstrategie ist keine notwendige Requisite für Mehrsprachigkeit. Tatsächlich nimmt die Sprache, die nicht Mehrheitssprache ist, bei der Personenstrategie einen sehr schwachen Stand ein. Wenn in einer binationalen Familie z.B. die Mutter Deutsch und der Vater Italienisch spricht und aus beruflichen Gründen die Mutter mehr Zeit mit dem Kind verbringt als der Vater, dann hat das Italienische einen schweren Stand. Es kommt erschwerend hinzu, dass Deutsch auch noch Umgebungssprache ist und das Kind Italienisch ausschließlich von seinem Vater mitbekommt. Das Kind hört und spricht in diesem Fall erheblich viel mehr Deutsch als Italienisch. Ich hatte einmal ein solches deutsch-italienisches Ehepaar in meinem Seminar. Sie stritten sich und machten sich gegenseitig Vorwürfe, weil das Kind nicht so gut Italienisch wie Deutsch konnte. Die Mutter behauptete, der Vater gebe sich nicht genügend Mühe und sei nicht konsequent genug. Der Vater argumentierte, dass die Mutter ihn nicht genügend unterstützen würde und er nicht die ganze Last der bilingualen Erziehung allein tragen könne.

Spricht ein Elternteil die Mehrheitssprache und der andere eine Minderheitensprache, dann ist die Minderheitensprache für das Kind quasi isoliert. Es hört diese Sprache ausschließlich von einem Elternteil, der wahrscheinlich auch die Mehrheitssprache beherrscht, so dass für das Kind kaum Anreize bestehen, diese Sprache anzuwenden. Für das Kind wirkt diese Sprache eher wie ein Tick seines Elternteils, dem zuliebe es die Sprache lernt, aber in der gesamten sonstigen Umwelt spricht diese Sprache niemand. Das Kind erfährt keine anderen Personen und keine anderen Interaktionen. Es kommt daher tatsächlich häufig vor, dass Kinder aus Familien, die das Prinzip eine Person - eine Sprache strikt befolgen, die nicht-Umgebungssprache „nur" verstehen, nicht aber sprechen, weil sie keinen Sinn darin sehen (vgl. hierzu auch das Kapitel „mein Kind spricht nur Deutsch"). Studien aus Wales haben das bestätigt: Kinder aus rein walisischsprachigen Familien mit englischer Umgebungssprache beherrschten beide Sprachen gut, während Kinder aus gemischten, walisisch-englischsprachigen Familien mit strikter Personenstrategie, Englisch sprachen und walisisch „nur" passiv beherrschten (Döpke, 1998). Kinder profitieren davon, wenn der zweite Elternteil die nicht-Umgebungssprache ebenfalls verwendet, da die Häufigkeit des Inputs beim Spracherwerb eine wichtige Rolle spielt (vgl. De Houwer 2009).

Bei einer strikten Anwendung der Personenstrategie muss sich die Familie deshalb zusätzliche Methoden überlegen und für ein zusätzliches Sprachangebot sorgen, sofern der Anspruch besteht, dass das Kind ausgeglichen mehrsprachig werden und Italienisch (fast) ebenso gut wie Deutsch beherrschen soll. Es ist notwendig, die nicht-Umgebungssprache auch außerhalb der Familie zu fördern, durch Kontakte zu weiteren Sprechern, z.B. Großeltern, Verwandten, Freunden, in italienischen Spielgruppen, durch Reisen in das Land, durch Bücher, Filme und weitere Medien. Die Umgebungssprache ist so dominant, dass meistens auch Geschwister untereinander in der Mehrheitssprache sprechen und nicht – wie Sie sich vielleicht wünschen – in der anderen Familiensprache.

Desto älter das Kind wird, desto schwieriger wird es, allein mit der Personenstrategie die bilinguale Erziehung voranzubringen. Ein älteres Kind verbringt weniger Zeit zu Hause mit seinen Eltern. Es orientiert sich an Gleichaltrigen und für den Elternteil, der seine nicht-Umgebungssprache vermitteln will, wird es als Einzelkämpfer immer schwieriger, dem Kind einen reichhaltigen Input zu bieten.

Ich will die Personenstrategie nicht verteufeln. Selbstredend kann sie gut funktionieren und ist in der Anwendung auch sehr einfach. Man spricht eben immer konsequent in seiner Sprache. Sie ist aber nicht zwingend notwendig. Sie passt nicht zu jeder Familie. Eine-Person-eine-Sprache passt dann hervorragend, wenn die Eltern binational sind und jeder eine andere Erstsprache hat. Im günstigsten Fall gibt es aber nicht nur einen Elternteil mit „Sprachtick", sondern ein Netzwerk von vielen weiteren Personen, die diese Sprache sprechen, sonst bleibt der Elternteil ein Einzelkämpfer.

In meiner eigenen Familie wenden wir diese Personenstrategie an. Mein spanischsprachiger Mann spricht fast immer Spanisch und ich fast immer Deutsch mit unserer Tochter. Die Personenstrategie passt zu uns. Allerdings haben wir die „schwache" Sprache Spanisch auf vielfache Weise unterstützt. Wir sind seit dem ersten Lebensjahr unserer Tochter mindestens einmal im Jahr nach Spanien oder Peru gefahren, wir haben zuerst spanische Spielgruppen und dann den Verein mehrSprache e.V. gegründet, um Kontakte zu anderen Spanischsprechern zu fördern. Unsere Tochter musste während der Grundschulzeit am spanischsprachigen Herkunftsunterricht teilnehmen, wofür wir einmal pro Woche quer durch ganz Köln gefahren sind. Später haben wir eine weiterführende Schule gesucht, die Spanisch für Muttersprachler anbietet. Wir haben unzählige Bücher auf Spanisch vorgelesen, Filme aus Spanien bestellt und spanische Musik gehört. Zwar ist unsere Tochter sicher funktional flüssig in beiden Sprachen, aber Deutsch ist - trotz all dieser Bemühungen - eindeutig ihre noch stärkere Sprache. Das ist ja auch in Ordnung. Wir haben unser Ziel erreicht. Sie kann sich in beiden Sprachen situationsangemessen verhalten und in beiden Sprachen auch regionale Varietäten verstehen, akzentfrei sprechen, lesen und schreiben. Und sie hat auch Englisch als Drittsprache auf einem ähnlich hohen Niveau, ohne Eltern, gelernt. Hätte ich vor 15 Jahren das Wissen von heute gehabt, hätte ich selbst aber sicherlich auch mehr Spanisch mit ihr gesprochen.

Familiensprache vs. Umgebungssprache / Ortsstrategie

Es gibt unzählige Familientypen, zu denen die eine-Person-eine-Sprache-Methode nicht passt. Sprechen beide Eltern dieselbe Sprache, ist es nicht authentisch, wenn ein Elternteil sich zwingt, eine andere Sprache zu sprechen. Wenn beide Elternteile dieselbe Sprache sprechen und diese Sprache nicht Umgebungssprache ist, z.B. eine polnischsprachige Familie in Deutschland, dann passt die Ortsstrategie besser. Der Ort der Sprache ist die Familie, das Zuhause, idealerweise auch das Netzwerk weiterer Polnischsprecher, während das Kind Deutsch „draußen" mit anderen Bezugspersonen spricht. Hier sollte der Ort nicht zu eng gesehen werden. Ursula, eine russischsprachige Mutter, wechselt immer dann ins Deutsche, wenn sie das Haus verlässt und ihren Fuß auf die deutsche Straße setzt, da der russische Ort das Haus und der deutsche Ort alles andere ist. Das ist möglich, letztendlich fördert es auf lange Sicht aber mehr Deutsch als Russisch. Günstiger wäre es, den Ort auf die Familie zu übertragen. Die Familie spricht immer

Russisch, das Kind muss mit anderen Bezugspersonen in der Spielgruppe, im Kindergarten, in der Schule, etc. Deutsch sprechen. Diese Strategie, Familiensprache versus Umgebungssprache, ist ebenfalls sehr effektiv. Allerdings ist es ratsam, die Kinder möglichst schon vor Eintritt in den Kindergarten mit Deutsch, bzw. mit der Mehrheitssprache in Kontakt zu bringen, da es für die Kinder eine sehr schwierige Situation ist, neu im Kindergarten zu sein UND nichts zu verstehen. Besuchen Sie vor dem Kindergarteneintritt deutschsprachige Angebote, wie Krabbelgruppen, Sportangebote, musikalische Früherziehung usw. Sie können die Umgebungssprache zu Hause durch Medien unterstützen: Fernsehen, Hörbücher, Musik. Später, wenn Deutsch in Kindergarten und Schule dominant wird, muss wieder stärker die nicht-Umgebungssprache gefördert werden. Auch bei dieser Strategie müssen beide Sprachen durch vielseitige Kontakte über Familie und Kindergarten / Schule hinaus unterstützt werden. Katharina, eine polnische Mutter, hat dafür gesorgt, dass ihr jugendlicher Sohn seine Ferien in Polen mit anderen Heranwachsenden verbringt, so dass er auch von Deutschland aus mit seinen polnischen Freunden über soziale Netzwerke Kontakt hält und motiviert bleibt, Polnisch zu gebrauchen. Mit Erfolg.

Sprachen können auch ohne Personen an bestimmte Orte gebunden werden. Die Familie kann in ihrer Wohnung bestimmte Sprachräume oder Sprachecken schaffen, in denen ausschließlich eine Sprache gesprochen wird (Montanari, 2002): Im Wintergarten Italienisch, auf der Couch im Wohnzimmer Niederländisch, in der Küche Deutsch... Ich stelle es mir allerdings schwierig vor, solche Sprachnischen auf lange Sicht aufrecht zu erhalten, da sie doch eher gekünstelt sind und ältere Kinder sich dieser Kunststrategie vermutlich ungern unterwerfen. Kinder, die gerade in einem Erzählstrom sind, wechseln nicht die Sprache, weil sie die Türschwelle überschreiten.

Zeitstrategie

Ähnliches gilt für die Zeitstrategie. Die Sprachentrennung findet dabei nach festgesetzten Zeiten statt, z.B. Wochensprache versus Wochenendsprache oder vormittags Niederländisch, nachmittags Italienisch. Eltern wenden diese Regel zuweilen an. Sie ist unproblematisch bei kleinen Kindern, wird aber mit zunehmendem Alter und Sozialisation außerhalb der Familie schwierig durchzuhalten, da sie dem Alltag widerspricht. Meistens ist man ja so in den Alltag eingebunden, dass man leicht vergisst, dass heute Italienisch-Abend ist. Kinder wechseln ihre Sprachen nicht automatisch, weil es jetzt 18:00 Uhr ist – sie haben sowieso noch kein ausgeprägtes Zeitgefühl.

Situations- oder Themastrategie

Die Situationsstrategie passt zu allen Familientypen. Die binationale Familie kann sich darauf einigen, sich in bestimmten Situationen in Französisch und in anderen Situationen in Deutsch zu unterhalten. Sie eignet sich sehr gut, um die nicht-Umgebungssprache zu unterstützen und der schwachen Sprache mehr Raum zu geben. Voraussetzung ist natürlich, dass beide Elternteile auch beide Sprachen sprechen.

Die Familie mit der nicht-Umgebungssprache kann bei bestimmten Themen in die Umgebungssprache wechseln. Die polnische Familie kann z.B. Hausaufgaben mit dem Kind in Deutsch machen.

Für Eltern, die selbst bilingual sind, ist die Situationsstrategie ideal. Wenn Sie selbst mehrsprachig sind, wollen Sie diese Vielfalt schließlich an Ihre Kinder weitergeben. Es wäre nicht authentisch, sich in diesem Fall strikt an die Personenstrategie zu halten. Ich kenne viele deutsch-türkische Familien, die sehr erfolgreich beide Sprachen situationsadäquat gebrauchen und ihren Kindern so den Nutzen beider Sprachen vermitteln.

Die Situationsstrategie ist sehr erfolgreich, allerdings in der Anwendung nicht so einfach, weil Sie überlegen müssen, in welcher Situation Sie welche Sprache gebrauchen. Wie immer ist die Menge an Zeit in einer Sprache und die Beziehung mit Personen in dieser Sprache wesentlich. Wenn Ihr Ziel eine ausgewogene Mehrsprachigkeit ist, müssen die Situationen, auf die sich die Sprachen verteilen, auch entsprechend proportioniert sein. Wenn Sie in jeder Situation in die Umgebungssprache wechseln, wird die mehrsprachige Erziehung schwierig. Viele Familien wechseln zum Beispiel immer dann ins Deutsche, wenn deutschsprachige Personen anwesend sind. Das ist authentisch und den Deutschsprachigen gegenüber auch sehr höflich, zumal sich Erwachsene ja oft ausgeschlossen fühlen, wenn sie die Sprache des anderen nicht verstehen. Andererseits müssen Sie sich vor Augen halten, was ein permanenter Wechsel in die Umgebungssprache dem Kind signalisiert: Sie ist wertvoller und nützlicher. Die anderen Sprachen haben dann für das Kind einen geringen Stellenwert. Denken Sie an die Kinder, die nur Deutsch sprechen wollen und ihre andere(n) Familiensprache(n) verweigern. Scheuen Sie sich nicht, auch in Anwesenheit von Deutschen Ihre Sprache zu sprechen. Damit zeigen Sie Ihrem Kind Ihre positive Einstellung zu Ihrer Sprache: Sie ist wichtig. Andere Kinder, z.B. deutschsprachige Freunde Ihres Kindes, haben im Übrigen auch kein Problem damit, wenn sie eine andere Sprache hören, sie interessieren sich dann dafür und möchten sie auch lernen. Es sind eher die Erwachsenen, die sich mokieren, wenn sie eine Sprache nicht verstehen, weil sie ständig Angst haben, man könne etwas Schlechtes über sie sprechen, sich lustig machen oder geheime Sachen besprechen. Übrigens funktioniert Ausgrenzung auch ohne Sprache. Möchte ich über jemanden lästern, kann ich das in jeder Sprache tun, auch in der Mehrheitssprache. Das ist eine Vertrauensfrage. Sie können diesen Erwachsenen erklären, warum Sie im Moment kein Deutsch sprechen: damit Ihr Kind mehrsprachig wird.

Wenn Sie sich in einer Situation befinden, in der die meisten Leute Deutsch sprechen, können Sie Themen, die alle angehen, auf Deutsch besprechen, wechseln aber dann, wenn Sie etwas ausschließlich zu Ihrem Kind sagen, in die andere Sprache. Hat Ihr Kind deutschsprachige Freunde nach Hause eingeladen, erklären Sie die Spielregeln für alle - auch für Ihr eigenes Kind - auf Deutsch. Sie müssen die Spielregeln nicht noch Mal extra übersetzen. Wenn Sie Ihr Kind aber fragen, ob es noch etwas trinken möchte, switchen Sie in die andere Sprache. Wenn Sie mit Ihrem Kind auf dem Spielplatz sind und es mit einem anderen Kind auf der Wippe sitzt, sprechen Sie Deutsch. Fragen Sie dann in Ihrer anderen Sprache, ob es jetzt rutschen möchte. Sie können also immer dann in die nicht-deutsche Sprache wechseln, wenn Sie direkt ihr Kind ansprechen. Wenn andere Kinder dann fragen, was Sie gesagt haben, kann Ihr Kind das erklären. Das tut ihm gut. Ihr Kind soll stolz sein, beide Sprachen (oder mehr) zu können. Es ist wichtig, den Kindern genügend echte Situationen in allen beteiligten Sprachen anzubieten.

Kombination von Strategien

Ich hatte einmal eine Teilnehmerin in ein einem Seminar, Julia, die selbst bilingual, Deutsch-Spanisch war. Da sie in Deutschland aufgewachsen ist, empfand sie Deutsch als ihre starke Sprache. Weil sie aber gehört hatte, man müsse die Personenstrategie anwenden, und wollte, dass Ihr Kind auch Spanisch lernte, zwang Julia sich, mit Ihrem Kind immer in Spanisch zu sprechen. Sie hatte dabei aber häufig ein schlechtes Gefühl und war sich oft unsicher, ob ihr Spanisch überhaupt korrekt war. Während des Seminars brach Julia weinend zusammen und „gestand", dass sie manchmal schweige, weil sie nicht wisse, wie sie es auf Spanisch sagen sollte. Soweit sollte es nicht kommen! Die Beziehung zum Kind hat Vorrang. Sie können Ihr Kind doch nicht anschweigen, weil Sie sich in einer Sprache unsicher sind! Wechseln Sie dann eben in die Sprache, in der Sie sicher sind, aber kommunizieren Sie in jedem Fall mit Ihrem Kind. Lassen Sie es nicht alleine im Regen stehen! Wählen Sie mindestens eine Sprache, in der Sie sicher und emotional stabil sind. Eine Sprache, in der Sie sich wohl fühlen. Julia hätte sehr effizient die Situationsstrategie anwenden können: Mal Deutsch, mal Spanisch. Sie hätte mit Ihrem Kind Spanisch vorlesen, singen, kochen, kuscheln, verstecken können und in Deutsch puzzeln, verkleiden, bauen, springen, erzählen...Nun, sie tut es seit dem Seminar. Julia hat Ihre Einstellung geändert und sich klare Ziele gesetzt: Deutsch soll ihr Kind als starke Sprache erwerben und alles, was es auf Spanisch mitbekommt, ist gut. Julias Kind beherrscht übrigens heute beide Sprachen flüssig. Julia hat sich darum bemüht, ihrem Kind ein reichhaltiges spanisches Angebot von weiteren Personen innerhalb und außerhalb der Familie zu bieten. Die Oma spricht Spanisch, so wie der Fußballfreund und eine Reihe von Julias Bekannten.

Unabhängig von der Strategie, die Sie benutzen oder nicht benutzen, vereinfacht es die Sache ungemein, wenn Sie ein großes Netzwerk von Personen haben, die jene Sprachen sprechen, die Ihr Kind beherrschen soll. In dieser Hinsicht haben Migrantengruppen, die in unserer Gesellschaft sehr stark vertreten sind, wie Türken und Russen, einen klaren Vorteil, der das geringe Sprachprestige teilweise kompensieren kann, sofern die Sprechergruppen selbstbewusst auftreten. Für das Kind ist es eine unglaublich wertvolle Erfahrung, zu erkennen, dass Deutsch nicht überall Mehrheitssprache ist, sondern dass die andere Sprache auch Umgebungssprache sein kann (s. Kapitel 6, 8).

Manche Eltern wechseln die Sprache in Situationen, in denen Sie vermuten, ihr Kind könne das in der anderen Sprache nicht verstehen. Das ist kontraproduktiv. Selbst wenn Ihr Kind nicht alles versteht, soll es die Sprache ja lernen. Bleiben Sie dann in jedem Fall bei der schwachen

Sprache. In einer Studie von Lanza (zit. in Göpke, 1998) untersuchte man den Sprachwechsel in zwei norwegisch-englischen Familien in Norwegen. Lanza hatte festgestellt, dass der kleine Tomas beide Sprachen verstand. Aber seine Eltern bezweifelten das. Die englische Mutter von Tomas wechselte immer in die Umgebungssprache Norwegisch, wenn sie Anweisungen gab oder wenn es um sprachlich schwierigere Kontexte ging, wie das Erzählen über Vergangenes oder wenn ein neues Thema eingeführt wurde. Setzt sich dieses Sprachverhalten als Muster fest, dann reduziert sich der Input in der Minderheitensprache Englisch immer nur auf Routinen und Situationen im Hier und Jetzt (Döpke, 1998). Dieses Sprachverhalten unterschätzt die Fähigkeit von Kindern, mehrere Sprachen verstehen und sprechen lernen zu können. Tomas Mutter hat Englisch nur in einem einfachen mündlichen Sprachstil (im BISC-Code) verwendet, während sie Kontexte, in denen es um Dekontextualisierung ging, um einen schriftsprachlichen, akademischen Stil (CALP), immer in der Umgebungssprache Norwegisch geäußert hat. Das Resultat? Tomas sprach gut Norwegisch und konnte bei Aufforderung ein paar Brocken Englisch. Siri aus der anderen Familie hatte beide Sprachen in BISC und CALP Code gehört (zu den Sprachcodes s. Kapitel 10 und 14). Sie kann sich in beiden Sprachen gut verständigen.

Eltern, die selbst mehrsprachig sind

Eltern, die selbst bilingual sind, berichten oft, dass sie sich in ihrer zweiten Sprache nicht so sicher sind und dass sie deshalb Angst haben, ihrem Kind Fehler beizubringen. Es ist richtig, dass Sie mit Ihrem Kind eine Sprache sprechen sollten, in der Sie selbst flüssig sind, eine Sprache, die Sie sehr gut beherrschen. Muttersprachliche Kompetenz bedeutet aber nicht, in allen Bereichen perfekt zu sein. Eine perfekte Sprachbeherrschung existiert nicht. Wir wissen, dass die meisten Mehrsprachigen eine starke und eine oder mehrere schwache Sprachen haben. Die schwächere Sprache kann dennoch flüssig sein. Bilinguale erklären Ihnen in einem völlig korrekten Spanisch, dass sie in Spanisch nicht sicher sind. Es ist paradox. Und doch wahr, denn sie fühlen sich, weil sie in Deutschland aufgewachsen sind und Deutsch häufiger und in mehreren Kontexten gebrauchen, in Deutsch sicherer. Trotzdem können sie mit ihrem Kind Spanisch sprechen, ohne dass es dem Kind schaden würde. Meistens machen sie keine strukturellen Sprachfehler. Schlecht ist es, wenn Sie heute korrekt *der Hund* sagen, morgen aber *das Hund*, weil sie müde sind, und an einem anderen Tag *die Hund*. Das Kind kann sich aus diesem Input keine Regeln ableiten (viele einsilbige Wörter sind im Deutschen maskulin: der Hund, der Stuhl, der Tisch, der Baum). Fehler solcher Art passieren flüssig Bilingualen aber eher nicht. Die Grammatik stimmt, hingegen fehlen oft Wörter und Redewendungen. Das passiert auch Einsprachigen. Das Wort liegt einem auf der Zunge, aber man kommt nicht darauf. Das ist nicht so fatal, wie eine falsche und vor allem variierende Grammatik, heute dies, morgen das. Fehlende Wörter kann man umschreiben. Statt „ich bin satt“ kann man sagen „ich habe keinen Hunger“. Am Wortschatz kann man arbeiten. Lesen Sie selbst viel in Ihrer schwachen Sprache, machen Sie es sich zur Aufgabe, täglich neue Wörter zu lernen. Sie können auch mit Ihrem Kind gemeinsam in einem Wörterbuch nachschlagen, sollte Ihnen ein wichtiges Wort, das Sie gerade unbedingt brauchen, im Gedächtnis nicht verfügbar sein. Das gemeinsame Suchen stärkt die Beziehung zwischen Ihnen, zeigt dem Kind, dass man Fehler machen darf, dass niemand perfekt ist und dass es aber trotzdem wichtig ist, die Sprache zu lernen und sich um geeignete Wörter zu bemühen. Wenn Sie selbst dennoch sehr unsicher in Bezug auf Ihre sprachlichen Fertigkeiten sind, fragen Sie andere Muttersprachler, wie diese Ihre Kompetenz einschätzen oder machen Sie ein anerkanntes Sprachenzertifikat, um zu sehen, wie sie darin abschneiden. Wenn Sie tatsächlich einige strukturelle Sprachfehler machen, können Sie trotzdem diese Sprache in einigen Situationen mit ihrem Kind sprechen, sorgen Sie dann aber dafür, dass es einen größeren Input von Sprechern mit muttersprachlicher Kompetenz erhält.

Es gibt auch einsprachige Eltern, die mit ihren Kindern nicht ihre Muttersprache sprechen, sondern die Umgebungssprache, um diese zu lernen. Ich kenne eine venezolanische Mutter, die gerade einen Deutschkurs besucht und mit ihren Kindern Deutsch spricht, damit sie ihre erlernten Kenntnisse anwenden kann. Das ist nicht der Sinn der Sache. Das Kind lernt die Sprache von Ihnen, nicht umgekehrt!

Sprachtrennungsregeln zur gleichmäßigen Verteilung

Sprachtrennungsregeln können dabei helfen, den Alltag so zu strukturieren, dass alle Sprachen berücksichtigt und Sprachangebote so gleichmäßig wie möglich verteilt werden. Idealerweise kombinieren Eltern mehrere Strategien miteinander, um die schwächeren Sprachen zu unterstützen. Sprachtrennungsregeln sind nicht allgemeingültig. Jede Familie muss eine für sich passende Regel finden. Strategien sind nicht absolut. Wir sollten eher versuchen zu verstehen, was eine bestimmte Regel beim Kind bewirkt, welche Reaktion löst ein Sprachwechsel aus? Das Kind merkt, ob ich meine Herkunftssprache mit Stolz und mit Lust spreche oder nur heimlich im stillen Kämmerlein. Wechsele ich immer und überall in die Mehrheitssprache, dann ist die natürliche Reaktion des Kindes, das auch zu tun.

- Kinder unterscheiden Sprachen anhand ihres Klanges.
- Sprachtrennungsregeln helfen, den Alltag sprachlich zu organisieren. Sie sind aber nicht zwingend notwendig.
- Die bekannte Strategie „eine-Person-eine Sprache“ ist günstig für binationale Eltern, passt aber nicht zu jedem Familientyp.
- Bei „Eine-Person - eine Sprache“ hat die nicht-Umgebungssprache oft einen schwierigen Stand und muss durch weitere Maßnahmen unterstützt werden.
- Familiensprache versus Umgebungssprache ist ebenfalls sehr effektiv.
- Die Situationsstrategie passt zu allen Familienkonstellationen, insbesondere zu Eltern, die selbst bilingual sind.
- Die Situationsstrategie kann dabei helfen, die schwache Sprache stärker zu unterstützen.

- Idealerweise kombinieren Eltern Strategien, damit sie in allen Sprachen ein ausgewogenes Sprachangebot bieten können.

Kapitel 7: Wie können wir die nicht-Umgebungssprache(n) stärker fördern?

Je älter das Kind wird, desto stärker wird der Einfluss der Umgebungssprache. Das Kind erfährt überall, im Kindergarten, in der Schule, im Sportverein, in der Musikschule etc., dass die Umgebungssprache die effektivste ist und es ist dieser Sprache auch permanent ausgesetzt, es hat hier also vielmehr Input. Daher ist es „normal", dass die Umgebungssprache sich zur starken Sprache des Kindes entwickelt. Auch Geschwister sprechen untereinander meistens die Umgebungssprache. Das muss man bis zu einem gewissen Grad akzeptieren. Für das Kind ist es ja auch wichtig, sich in zumindest einer Sprache zu Hause zu fühlen und mindestens eine Sprache auf sehr hohem Niveau, mit all ihren Nuancen, Redewendungen und Feinheiten zu beherrschen.

Wenn wir erreichen wollen, dass das Kind ausgeglichen mehrsprachig wird, also auch die nicht-Umgebungssprache flüssig beherrschen lernt, müssen die Eltern für sehr starke Anreize sorgen. Man muss sich überlegen, wie man dem Kind eine reichhaltige Spracherfahrung bieten kann, die über Routinesituationen wie Mahlzeiten und ins-Bett-bringen hinausgeht. Zum Ausbau eines umfangreichen Wortschatzes, einer angemessenen Grammatik und auch des Schriftspracherwerbs bedarf es einer Sprachverwendung in vielen verschiedenen Situationen. Es unterstützt die schwache Sprache, wenn die Familie selbst die nicht-Umgebungssprache in vielen unterschiedlichen Gegebenheiten gebraucht. Eine strikte Anwendung der Personenstrategie, bei der ein Elternteil die Umgebungssprache spricht, fördert nicht die schwache Sprache. Hier ist es günstig, mehr Situationen zu schaffen, in denen die Familie die nicht-Umgebungssprache spricht. Am effektivsten ist natürlich ein Kontakt zu authentischen Sprechern, unterschiedliche Personen, welche verschiedene Varietäten dieser Sprache mit unterschiedlicher Aussprache und teilweise unterschiedlichen Wörtern gebrauchen. Selbst kurze Reisen zu Verwandten oder in das Land, in dem die entsprechende Sprache Umgebungssprache ist, haben einen unglaublichen Effekt auf die schwache Sprache. Eine passive Sprache wird aktiv. Freundschaften unter Kindern oder zumindest in der Familie kann man steuern, um die Sprachisolation der nicht-Umgebungssprache zu überwinden. In der Nachbarschaft oder in der näheren Umgebung findet man sicher Familien, welche die gewünschte Sprache sprechen und diese Kontakte kann man regelmäßig pflegen und gezielt ausbauen. Bücher, CDs, DVDs und Ideen können ausgetauscht werden. Findet man tatsächlich keine Familien in der Umgebung kann man in sozialen Netzwerken oder in Blogs nach ihnen suchen. Es gibt Vereine, Kulturzentren und interkulturelle Zentren, in denen Gleichgesinnte zu finden sind. Der Verein mehrSprache in Köln ist ein Beispiel für eine gelungene Unterstützung mehrsprachiger Familien. Er bietet ihnen eine Gemeinschaft, es gibt Spiel- und Lerngruppen, Lese- und Filmaktionen, CD-Aufnahmen, Feste, Ausflüge und viele weitere attraktive Projekte in verschiedenen, nicht-deutschen Sprachen. Familien können hier Sprachpraxis sammeln, Freundschaften aufbauen, sich austauschen sowie sich über das Thema Mehrsprachigkeit und Erziehung allgemein auch von Fachleuten beraten lassen und informieren: www.mehrsprache.de. Solche Initiativen kann man notfalls auch selber gründen. Die Kleinfamilie kann es kaum schaffen, die nicht-Umgebungssprache ganz allein gegen den Rest der Welt zu fördern. Man braucht Hilfe von außen. Darüber hinaus ist es besser, andere mehrsprachige Familien zu finden, die andere nicht-Umgebungssprachen sprechen, als nur mit einsprachigen Familien der Mehrheitssprache in Kontakt zu sein, denn das vermittelt dem Kind immerhin eine Normalität seiner mehrsprachlichen Situation und kann es motivieren, die nicht-Umgebungssprache gebrauchen und lernen zu wollen.

Die Familie sollte Vorbild sein und die nicht-Umgebungssprache z.B. auch selbst über Satelliten-Fernsehen und in Zeitungen gebrauchen. Einerseits ist dann auch das Kind dieser Sprache ausgesetzt, andererseits merkt es auch, dass diese Sprache in den Medien einen Wert hat. Vielleicht interessiert ihn der Sportteil, der Wetterbericht oder ein Kindercomic aus der Zeitung? Man kann die Zeitung einfach auf dem Tisch liegen lassen und das Kind ganz nebenbei bitten, nachzusehen, wie das Wetter morgen wird oder wie das Fußballspiel X gegen Y ausgegangen ist. Moderne, digitale Medien nutzen Kinder ab einem gewissen Alter sowieso. Sie gehören zu unserem Zeitalter. Warum sie also nicht auch für die Spracherziehung nutzen? Ich kann meinem Kind über WhatsApp kleine Nachrichten schicken und dafür sorgen, dass auch andere, vielleicht weiter entfernt lebende Verwandte und Freunde über WhatsApp und Skype oder andere soziale Medien kommunizieren und sich regelmäßig E-Mails schicken. Computerspiele und Spiele auf dem Tablet oder Smartphone kann man in verschiedenen Sprachen finden. Buchreihen, die mehrere Bände umfassen, kann man in unterschiedlichen Sprachen vorlesen oder selbst lesen lassen, z.B. den ersten Band von „Harry Potter" oder dem „magischen Baumhaus" in Deutsch, den zweiten in Türkisch. Kinder finden dann auch Unterschiede in den verschiedenen Versionen, über die man sprechen kann. Vielen Kindern macht das Spaß. Bei Büchern und Fernsehsendungen geht es den Kindern allerdings in erster Linie um den Inhalt, nicht um die Sprache. Man kann es daher versuchen, sollte aber nicht die Sprachwahl als Selbstzweck ergreifen und über die Geschichten stellen. Literacy-Erfahrung ist für die gesamte Sprachentwicklung (und kognitive Entwicklung) so enorm wichtig, dass das Interesse an Büchern und Geschichten wichtiger ist als die Sprachwahl. Die gewonnenen Erkenntnisse z.B. darüber, wie Geschichten aufgebaut sind, wie sie sich entwickeln, wie Charaktere beschrieben werden oder wie die Reihenfolge aufgebaut und Rückblicke eingebaut werden, können auf andere Sprachen übertragen werden. Es muss daher nicht dasselbe Buch in verschiedenen Sprachen gelesen werden, aber es spricht nichts dagegen, auszuprobieren, wie das Kind darauf reagiert. Wenn es funktioniert, kann man es zur Gewohnheit werden lassen.

Familien sollten auch Traditionen aus den Herkunftsländern pflegen und dabei die Sprache gebrauchen, z.B. eine „tea-time" einführen, eine „Galette des rois" (einen französischen Kuchen mit verstecktem Figürchen) genießen, im März das persische Nouruz (Neujahrs-/ Frühlingsfest) feiern oder einmal pro Woche türkisches Rommé (Okey) spielen. Überhaupt macht es Spaß, einen Spieleabend einzuführen, der in der schwachen Sprache stattfindet oder an dem bestimmte Gesellschaftsspiele immer in einer bestimmten Sprache gespielt werden. Das kann sich so sehr festigen, dass auch Geschwister später dieses Spiel immer nur in dieser Sprache spielen, weil es zur Familientradition gehört. Fotos und Videos von Familienunternehmungen können in der schwachen Sprache kommentiert und dokumentiert werden.

Direkter Zwang oder Hausaufgaben in der Sprache können hemmend wirken, so dass der Schuss nach hinten los geht und das Kind die Sprache mit negativen Assoziationen belegt oder sich sogar vehement weigert, die Sprache zu gebrauchen. Ein Machtkampf sollte in jedem Fall vermieden werden. Besser als Drill ist Sprachpraxis, die mit Teilhabe und Wohlbefinden einhergeht. Andererseits gibt es auch Kinder, die gerne Hausaufgaben machen. Man kann daher nie pauschal sagen, welche Methode die richtige ist und man muss sich immer an den Interessen des Kindes orientieren und verschiedene Möglichkeiten ausprobieren. Ganz ohne (sanften) Zwang geht es nämlich leider auch nicht. Manchmal müssen wir die Kinder zu ihrem Glück zwingen. Wenn wir es nicht tun, werden sie uns später vorwerfen, ihnen die nicht-Umgebungssprache nicht besser beigebracht zu haben.

Daher ist es sehr günstig, relativ früh Routinen einzuführen, in denen das Kind die Sprache gebrauchen muss. Das muss nicht immer viel Zeit in Anspruch nehmen. Täglich 15 Minuten sind besser als Nichts und auch besser als ein stundenlanger Kampf um Praxiszeit. Wenn es sich als Routine eingeschliffen hat, täglich zu einer bestimmten Uhrzeit einen Text zu lesen oder Schreib-Übungen zu machen, wird es für das Kind zur „Normalität“. Vielleicht wird man bei Sprachförderprogrammen aus Kindergarten und Schule aus den Herkunftsländern fündig, die ja meistens auch sehr spielerisch vorgehen. Sie können eine Ideenquelle für tägliche „Sprachaufgaben“ sein. Gleichzeitig müssen Eltern auch gute Psychologen werden und sich Sprachanreize ausdenken, die für das Kind authentisch und motivierend sind. Es kann z.B. auch zur Gewohnheit werden, mit der Oma oder Tante jeden Samstagvormittag zu skypen. Wenn das Kind schon ein bisschen älter ist, kann man auch eine bestimmte Zeit vereinbaren, in der die Eltern das Haus für eine halbe Stunde oder eine Stunde verlassen, sich Zeit für sich nehmen und ein „Skype-Babysitter“ in der gewünschten Sprache mit dem Kind kommuniziert. Es muss dann die Webcam anlassen und mit der Person (einem Verwandten oder Freund der Familie) sprechen. Man kann sich zur Gewohnheit machen, Notizzettel für das Kind zu hinterlassen (aufs Kopfkissen: „hast du schon die Zähne geputzt?“, an den Kleiderschrank: „Zieh heute den blauen Pullover an!“ oder an den Fernseher kleben: „Heute darfst du die DVD ‚....‘ sehen. Du findest sie in der Schublade unter dem Bücherregal“). Für Kinder ist es auch besonders schön und wertschätzend, wenn sie von den Eltern und anderen Verwandten Briefe erhalten, die sie je nach Sprachstand selber lesen oder auch vorgelesen bekommen. In diesen Briefen kann man schreiben, was einem in dieser Woche / in diesem Monat besonders gut gefallen hat, wie das Kind sein Interesse an etwas gezeigt hat, wie es sich engagiert und Schwierigkeiten überwunden hat.

Wichtig ist, das Kind nicht einfach pauschal zu loben („das hast du toll gemacht"), sondern ihm mitzuteilen, was genau man gut fand. Auf diese Weise bietet man einerseits ein breites Vokabular an, gleichzeitig drückt man aber auch wirkliche Anerkennung aus. Generell ist es von Bedeutung, an den Stärken des Kindes anzusetzen. Ein Kind, das nicht gerne puzzelt, zwinge ich nicht, sich täglich vor ein großes Puzzle zu setzen. Hat ein Kind z.B. ein hohes mathematisches Interesse, kann man das sehr gut auch mit der Sprache verknüpfen, in dem man ihm kleine Rechenaufgaben (Textaufgaben) und Rätsel lösen lässt. Malt es gerne, kann man gemeinsam malen und darüber sprechen oder auch, um den Schriftspracherwerb zu unterstützen, Anweisungen und Wünsche aufschreiben, die das Kind umsetzen soll (oder besser: will).

Auf Teenager haben Eltern nicht mehr so großen Einfluss wie auf kleine Kinder. Sie suchen sich eigene Peergroups und gehen ihren eigenen Interessen nach. Man sollte deshalb möglichst schon vor dem Jugendalter eine solide Basis für die betreffenden Sprachen angelegt haben. Hierzu gehört auch eine gute und vertrauensvolle Beziehung, die den Stress während der Pubertät mildern kann. Es kommt vor, dass Teenager sich weigern, die nicht-Umgebungssprache zu sprechen. In diesem Fall sollte man, wie bei den kleinen Kindern, einfach weiter in dieser Sprache sprechen, auch dann, wenn der Teenager sich entscheidet nur in Deutsch zu antworten (s. Kapitel 8). Auf diese Weise hält man zumindest eine passive Kompetenz aufrecht. Viele sich verweigernde Teenager aktivieren als Erwachsene ihre Bilingualität wieder und werden ausgeglichen mehrsprachig, weil sie eine Basis erhalten haben, die sie ausbauen können, sobald sie den Wert erkennen.

Andererseits bietet das Teenagealter auch eine sehr gute Gelegenheit für einen Austausch, in dem es für ein Schuljahr in die Umgebung der schwachen Sprache taucht, die dann sehr schnell stark wird, weil es in dem Land, in dem die Sprache gesprochen wird, in einer Familie wohnt, zur Schule geht und neue Freundschaften aufbaut, die im günstigsten Fall auch noch nach dem Auslandsaufenthalt andauern. Es eignen sich auch kürzere Ferienfreizeiten, um die Sprache wieder in den Fokus zu rücken und Interesse und Motivation aufzubauen. Für gute Sprachkompetenzen in der Alltags- und Bildungssprache ist aber ein längerer Aufenthalt von mehreren Monaten unabdingbar. Ist das nicht möglich, kann die Familie auch selbst einen Austauschschüler aufnehmen. Vielleicht kann der Teenager sich ein Taschengeld verdienen und einem anderen Schüler Nachhilfe geben. Das kann in der Sprache selbst sein, sofern sie auch Schulfach ist, oder in einem anderen Fach, wenn der Nachhilfeschüler ebenfalls Sprecher der nicht-Umgebungssprache ist.

Letztendlich muss man immer wieder neue kreative Lösungen finden, um die Mehrsprachigkeit konstant aufzubauen und leider wird es mit zunehmendem Alter der Kinder nicht einfacher, sondern schwieriger. Viele gute Ideen zu diesem und weiteren Themen findet man auf http://www.bilingualfamilynewsletter.com/archives.php.

- Je älter das Kind wird, desto stärker wird der Einfluss der Umgebungssprache. Eltern müssen das akzeptieren, gleichzeitig aber auch für sehr starke Anreize sorgen, um die nicht-Umgebungssprache zu fördern.
- Reichhaltige Spracherfahrung bedarf einer Sprachverwendung in verschiedenen Situationen und Kontexten. Solche Situationen müssen immer wieder neu und für die entsprechende Altersklasse des Kindes / Jugendlichen interessant gestaltet werden.
- Ein einzelner Sprecher in der Familie steht isoliert da. Deshalb ist es notwendig, sich außerhalb der Familie Kontakte zu suchen.
- Die Familie sollte selbst Vorbild sein und z.B. Medien in der entsprechenden Sprache nutzen.
- Es sollten früh Routinen eingeführt werden, in denen das Kind die Sprache gebraucht.

Kapitel 8: Mein Kind spricht nur Deutsch. Es verweigert seine zweite Sprache. Was habe ich falsch gemacht? Was kann ich tun?

Es ist ein sehr typisches Verhalten von mehrsprachigen Kindern, in einer gewissen Phase nur die Umgebungssprache sprechen zu wollen, welches leider in den empirischen Untersuchungen zur Mehrsprachigkeit sehr vernachlässigt wird. Kinder reagieren damit auf familiäre und gesellschaftliche Prozesse. Sie möchten noch keine Individualisten sein, sondern genauso, wie alle anderen Kinder. Sie laufen Mainstream. Die Mehrheit hier spricht eben Deutsch. Den Wert, den Mehrsprachigkeit bringt, erkennen sie leider erst viel später. Wenn Eltern dem Kind jetzt nachgeben und ebenfalls nur noch die Umgebungssprache sprechen, wird es einsprachig und wird ihnen mit Sicherheit später vorwerfen, die Chance, ihm die andere Familiensprache zu vermitteln, nicht genutzt zu haben. Es ist keine gute Wahl, die Mehrsprachigkeit aufgrund einer „Laune“ des Kindes aufzugeben, denn das hat Langzeitfolgen. Verweigerung ist hingegen meist nur eine kurze Phase, eine vorübergehende Mode, die man als Eltern aushalten muss. Ich kenne viele Familien, die sich dem starken Druck der Umgebungssprache anpassen und ihr Kind nur noch einsprachig erziehen. Mehrsprachige Eltern sind oft hin- und hergerissen zwischen ihrem Ursprung und der Assimilation an die Mehrheitsgesellschaft. Doch alle bereuen es zu einem bestimmten Zeitpunkt, nachgegeben zu haben.

Eine Familie mit iranischem Ursprung wollte in ihrer neuen Heimat Deutschland alles richtig machen. Als die Tochter mit zwei Jahren begann, Persisch zu verweigern, sprachen auch die Eltern nur noch Deutsch mit ihr. Ohne Deutschkenntnisse auf muttersprachlichem Niveau hat man kaum eine Chance, in dieser Gesellschaft Fuß zu fassen. Sie sind ein essentieller Baustein, um in der Schule und später im Beruf überleben zu können. Insofern ist die Reaktion der Eltern durchaus verständlich. Die Tochter sollte ja Deutsch werden, hier ihre Zukunft aufbauen, studieren und Karriere machen. Als Jugendliche begann Rabia dann aber, sich für den Ursprung ihrer Eltern zu interessieren. Sie beschuldigte sie, ihr nicht Persisch beigebracht zu haben und lernte die Sprache autodidaktisch. Kaum war sie volljährig, ging sie zunächst für ein Jahr in den Iran, um das Land, in dem sie vorher nie gewesen war, kennenzulernen und ihre Sprachkenntnisse zu verbessern. Es gefiel ihr. Sie blieb dort, studierte Islamwissenschaften und machte tatsächlich Karriere – aber eben ganz anders als die Eltern ursprünglich geplant hatten. Heute haben sie nur noch wenig Kontakt zu Rabia, denn sie selbst können nicht in den Iran reisen und haben sich ja auch in Deutschland eine Existenz aufgebaut. Wenn sie noch einmal jung wären, würden sie alles anders machen. Das Ignorieren ihrer Herkunft hat Rabia geradezu in den Iran „getrieben".

In der Regel fangen Kinder an, die nicht-Umgebungssprache zu verweigern, wenn sie mehr und mehr außerhalb der Familie sozialisiert werden, wenn sie zu einer Tagesmutter, in den Kindergarten oder in die Schule kommen, und merken, dass es nicht „normal" ist, zwei- oder mehrsprachig zu sein. Gerade kleine Kinder haben ein sehr feines Gespür für Gruppenzugehörigkeiten. Ihre Motivation, sich der Mehrheit anzupassen ist extrem stark. Viele Kinder tun jetzt so, als könnten sie die Sprache ihrer Eltern nicht verstehen und viele Eltern fallen auf diesen Trick herein und sprechen ebenfalls nur noch Deutsch oder übersetzen ständig, weil sie denken, das Kind würde dann beide Sprachen aufnehmen. Es schmerzt die Eltern, ihr Kind leiden zu sehen. Geschwister und auch Freunde der Kinder, die mit den gleichen nicht-deutschen Familiensprachen aufwachsen, sprechen meist untereinander Deutsch, weil sie sich der Mehrheit angehörig fühlen (möchten). Das kann man nicht unterbinden. Man kann aber trotzdem immer und immer wieder mit den Kindern in der nicht-deutschen Sprache sprechen. Ein konsequentes Sprachangebot ist die richtige Wahl, auch wenn das Kind nur in Deutsch antwortet.

Wenn das Kind die nicht-Umgebungssprache von Geburt an gehört hat, ist es durchaus in der Lage, sie auch zu sprechen. Es will nur nicht. Der wichtigste Schritt ist jetzt, dem Kind den Leidensdruck zu nehmen. Es leidet unter seiner Mehrsprachigkeit, wenn es sich dadurch ausgegrenzt fühlt, an den Rand gedrängt, anders, eben „nicht normal". Dies mag keine objektive Realität sein. Vielleicht lebt das Kind in einem sehr offenen Umfeld, das Personal im Kindergarten scheint mehrsprachige Kinder nicht auszugrenzen, alle sind freundlich und nett. Wenn das Kind aber eine Sprache verweigert, zeigt es ja, wie es sich fühlt – ob Erwachsene das nun logisch finden oder nicht. Sorgen Sie dafür, dass Ihr Kind Mehrsprachigkeit als Normalität wahrnimmt. Bringen Sie es mit anderen mehrsprachigen Kindern und Familien in Kontakt. Suchen Sie Spielgruppen, sportliche, kulturelle und schulische Angebote, schauen Sie Filme, hören und singen Sie Musik in Ihren Sprachen, gehen Sie ins Museum, ins Restaurant und reisen Sie, wenn möglich, in das Land, in dem die nicht-deutsche Sprache als Umgebungssprache gesprochen wird. Das Kind merkt dann schnell, dass auch die andere Sprache „normal" ist und ihm Nutzen bringt.

In Familien, in denen ein Elternteil Deutsch und der andere Elternteil nicht Deutsch spricht, hat eben diese nicht-deutsche Sprache einen sehr schwierigen Stand. Ein Elternteil allein kann es kaum bewältigen, diese Sprache in einem deutschen Umfeld als „normal" darzustellen. Das Kind stempelt das Sprachverhalten schnell als Spleen seiner Mutter / seines Vaters ab. Sie oder er braucht Unterstützung. Für jede Sprache muss es zumindest zeitweise auch mehrere wichtige Bezugsgruppen geben, sonst ist es wenig authentisch und das Sprachangebot von einem einzigen Sprecher ist gezwungenermaßen auch zeitlich und qualitativ schwach.

Achten Sie auch darauf, wie in den Institutionen mit Mehrsprachigkeit umgegangen wird. Nett zu sein, bedeutet nicht, dass Mehrsprachigkeit wertgeschätzt wird. In vielen Einrichtungen werden die „Herkunftssprachen" verboten. Dahinter steckt der gutgemeinte Wille, dass die Kinder sich integrieren und gut Deutsch lernen sollen. Ist aber ein Teil meiner Identität verboten, wie kann ich mich dann geschätzt fühlen und teilhaben? Das ist ein Widerspruch in sich. Einrichtungen, in denen Mehrsprachigkeit wertgeschätzt wird, interessieren sich für die Sprachen ihrer Kinder und Familien. Sie haben mehrsprachige Aushänge, fragen die Kinder nach Wörtern, Sprichwörtern, Buchstaben, sie nutzen die mehrsprachigen Kinder als Paten, um anderen Kindern etwas von ihren Sprachen zu vermitteln. Sie singen Lieder in mehreren Sprachen und sagen den Kindern immer wieder, wie wertvoll und attraktiv es ist, dass sie mehrere Sprachen können. Wertschätzende Einrichtungen machen auch Angebote, damit sich alle Kinder „mischen" und sich keine Grüppchen extrem verfestigen. Sie schreiten ein, wenn Kinder Vorurteile äußern oder mit anderen nicht spielen wollen, weil sie z.B. eine andere Hautfarbe haben, eine Brille tragen oder Segelohren haben. Inklusion steckt im Detail.

Interessanterweise gibt es wenige Kinder, die Englisch oder Französisch verweigern. Das sind Weltsprachen, die unsere Gesellschaft als bedingungslos nützlich ansieht. Bilinguale Kinder mit diesen Prestigesprachen bekommen von ihrem Umfeld fast ausschließlich ein positives Feedback, werden bewundert und gefördert. Anders sieht es aus, wenn es um Türkisch, Russisch, Kurdisch, Urdu oder Lingala geht. Unbewusst unterstellt man diesen Sprachen einen geringen Nutzen. In der Gesellschaft besteht eher Angst, Mehrsprachigkeit mit diesen Sprachen könne die Kinder verwirren, ihnen schaden und den Erwerb des Deutschen behindern. Dabei profitieren alle mehrsprachigen Kinder, auch diejenigen mit sogenannten „Migrantensprachen" von sozialen und kognitiven Vorteilen. Für die Kognition ist es sogar noch förderlicher, mit Sprachen aufzuwachsen, die sich in ihrer Struktur stark unterscheiden, wie Deutsch und Türkisch. Die gesellschaftliche Wertung der Sprachen spielt in der mehrsprachigen Erziehung eine entscheidende Rolle. Gelingen oder Nicht-Gelingen hängt wesentlich mehr vom Prestige der Sprachen als von den familiären Sprachtrennungsstrategien ab.

Bezugspersonen vermitteln den Kindern ihre Einstellungen gewollt und ungewollt. In all den Jahren, die ich mit mehrsprachigen Familien gearbeitet habe, macht es mich immer wieder aufs Neue unglaublich traurig, wie viele Kinder versuchen, ihre Mehrsprachigkeit geheim zu halten. Seien Sie stolz auf Ihren Ursprung, auf Ihre Familiensprachen. Denken Sie daran, dass jede Sprache gut für Ihr Kind ist, egal ob es sich um Urdu, Lingala oder Englisch handelt. Erklären Sie Ihrem Kind immer wieder, weshalb es für Sie wichtig ist, dass es Ihre Sprachen spricht und welche enormen Vorteile es bringt, mehrere Sprachen zu beherrschen. Fragen Sie Ihr Kind nicht, ob es mehrsprachig werden möchte. Sagen Sie ihm, dass es mehrsprachig ist und erklären Sie ihm warum. Sie müssen Ihrem Kind die Vorteile einer mehrsprachigen Erziehung regelrecht „verkaufen" (Baker, 2014).

Die Verweigerung einer Sprache kann auch Ausdruck eines Machtkampfs zwischen Kind und Elternteil sein (Montanari, 2001). Ist ein Kind sauer auf einen Elternteil, kann es sich dort rächen, wo es die Mutter / den Vater am meisten schmerzt: In der Sprache. Die Beziehung zwischen Eltern und Kind ist das A und O auch für die mehrsprachige Erziehung. Manche Eltern versuchen, ihren Kindern krampfhaft Sprachen zu vermitteln. Sie wollen, dass sie Wörter nachsprechen beziehungsweise sie gebrauchen aus Unkenntnis viele weitere Verhaltensweisen, die die Sprechfreude von Kindern hemmen (s. Kapitel 10).

Konsequenz ist das Zaubermittel der mehrsprachigen Erziehung. Wenn Ihr Kind Sie etwas auf Deutsch fragt, antworten Sie in Ihrer Sprache. Wenn das Kind sagt: „Ich habe Durst", sagen Sie: „You are thirsty? What would you like to drink?". Auf diese Weise stellen Sie sicher, dass Ihr Kind ein regelmäßiges und reichhaltiges Sprachangebot bekommt. Es kann dann seine Kompetenz aufrechterhalten und weiter aufbauen, selbst dann, wenn es eisern weiter auf Deutsch spricht. Eine passive Kompetenz kann später sehr schnell zu einer aktiven Kompetenz werden. Meistens braucht es nur einen kleinen „trigger", einen Auslöser, um das mehrsprachige Potential und die aktive Sprache zu aktivieren.

Das Kind weiß genau, ob Sie selbst Deutsch verstehen. Es bringt nichts, dem Kind vorzugaukeln, man verstünde gar kein Deutsch, denn spätestens, wenn Sie mit der Erzieherin oder mit der Nachbarin sprechen, merkt es ja, dass sie es können. Sagen Sie dem Kind lieber klipp und klar, dass es mehrsprachig ist, weil Sie es sind und weil Sie das so wollen, ohne Wenn und Aber. Sie können das Kind nicht zwingen, die Sprache zu sprechen, aber Sie können ihm klar machen, dass Sie das möchten und erwarten. Versuchen Sie es auch mit Nachfragestrategien in Ihrer Sprache: „Was hast du gesagt?", „Was möchtest du, den blauen oder den roten...?".

Sprachwissenschaftler unterscheiden zwischen Kompetenz und Performanz (dem Sprechen). Es sind zwei völlig unterschiedliche Fähigkeiten, die nicht automatisch funktionieren. Kinder, die durch ein regelmäßiges Input im Gehirn Wörter und Strukturen abspeichern und so ihre Kompetenz entwickeln, sind prinzipiell auch in der Lage, sie mit etwas Übung anzuwenden. Sogar Kinder, die nie die andere Sprache, sondern immer nur Deutsch sprechen, können dann doch erstaunlich schnell flüssig sprechen, wenn es in einem authentischen Kontext notwendig wird, wenn sie z.B. mit Sprechern in Kontakt kommen, die Deutsch wirklich nicht verstehen, spätestens, wenn sie in dem Land sind, wo diese Sprache Umgebungssprache ist. Kinder akzeptieren Konsequenz und bewundern letztendlich Ihre Standhaftigkeit. Sie lernen dadurch auch, selbst beharrlich und ausdauernd zu werden und nicht bei jedem kleinen Hindernis sofort aufzugeben. Sobald sie eingesehen haben, dass auch die nicht-Mehrheitssprache(n) nützlich und wertvoll ist / sind, werden sie diese Sprache(n) auch sprechen.

Und nochmal: Fallen Sie nicht auf den Trick herein, das Kind verstünde Sie nicht. Es gibt Eltern, die mit ihrem Kind in Deutsch „normal" und in der anderen Sprache sehr vereinfacht sprechen, weil sie glauben, das Kind verstehe sie sonst nicht. Wenn ich aber immer nur Satzfetzen höre, kann niemand von mir erwarten, dass ich komplexe Sätze spreche. Natürlich muss man seine Sprache dem Stand des Kindes anpassen. Das bedeutet aber nicht, dass man für immer und ewig in einem Zweiwortstadium verharren muss. Es ist sehr wichtig, in allen beteiligten Sprachen auch einen „elaborierten Sprachcode" einzuführen (s. Kapitel 10).

Am wichtigsten ist, die Sprachen in Aktivitäten einzubetten, die dem Kind Spaß machen. Nichts motiviert das Kind mehr, etwas zu lernen, als wenn es Interesse daran hat und einen Nutzen daraus ziehen kann. Sie müssen als Person glaubwürdig sein, authentisch (Fehlings de Acurio 2014).

- Kinder passen sich der Umgebungssprache an, weil sie noch keine Individualisten sein möchten.
- Das Sprachprestige spielt eine entscheidende Rolle: Bekommt das Kind von innen (in der Familie) und von außen (in der Gesellschaft) ein positives Feedback? Wird seine Mehrsprachigkeit wertgeschätzt?
- Kinder müssen das Gefühl haben, Mehrsprachigkeit ist positiv und „normal".
- Ein einziger Sprecher hat einen schwierigen Stand. Das Kind braucht möglichst mehrere Bezugspersonen, welche die nicht-Umgebungssprache anwenden.
- Wenn Eltern konsequent mit dem Kind in der nicht-deutschen Sprache sprechen, baut das Kind Sprachkompetenzen auf, auch wenn es selbst nur in Deutsch antwortet.
- Eltern und andere erwachsene Bezugspersonen sollten keine sprachhemmenden Verhaltensweisen zeigen: direktes Verbessern, Nachsprechen oder Übersetzen lassen, Bloßstellen, Vorführen, Kontrollfragen, etc.
- In allen Sprachen sollte der Input zunehmend komplexer werden, nicht auf einer niedrigen Sprachstufe verharren.
- Gemeinsame Aktivitäten, die Spaß machen und authentisch sind, verhindern ein Verweigern oder können dieses lösen.

Kapitel 9: Wie sollte ich mich verhalten, wenn mein Kind Fehler macht?

Kinder machen keine Fehler. Sie befinden sich in einer Lernersprache (s. Kapitel 1), innerhalb derer sie Schritt für Schritt Regeln erwerben und immer wieder eine Stufe höher klettern, bis sie den Stand der Zielsprache erreicht haben. Die Schritte, die das Kind sprachlich geht, sind vorprogrammiert, sie sind quasi biologisch angelegt. Daher macht jedes Kind im Erstspracherwerb, egal ob ein- oder mehrsprachig, genau dieselben Schritte. Kinder unterscheiden sich lediglich in der Schnelligkeit, in der sie diese Schritte tun. Manche sind extrem schnell, andere lassen sich etwas mehr Zeit. Das ist individuell sehr unterschiedlich. Die Schnelligkeit des Spracherwerbs hat nichts damit zu tun, ob das Kind mit einer, zwei oder drei Sprachen aufwächst. Lange Zeit stand ja das Vorurteil im Raum, mehrsprachige Kinder würden später anfangen zu sprechen als einsprachige. Heute weiß man, dass das nicht stimmt. Keine wissenschaftliche Studie belegt einen späteren oder langsameren Spracherwerb von mehrsprachigen Kindern.

Es gibt zahlreiche Tabellen, die den Erwerbsverlauf von (einsprachigen) Kindern darstellen. Daran kann man überprüfen, ob das Kind sich altersentsprechend entwickelt. Allerdings sollte man solche Kontrollen immer in der starken Sprache des Kindes durchführen, denn der Entwicklungsstand kann in den verschiedenen Sprachen unterschiedlich sein. Ein niedriger Entwicklungsstand in der schwachen Sprache, der unterhalb der Norm von einsprachigen Kindern dieser Sprache liegt, ist kein Anzeichen für eine Sprachstörung. Er zeigt lediglich, dass das Kind in dieser Sprache mehr Input und Übung braucht, um die nächste Stufe zu erklimmen. Sprachstörungen sind - wenn sie vorkommen - immer in beiden, bzw. allen Sprachen vorhanden, die das Kind gebraucht (s. Kapitel 19). Auch im Zweitspracherwerb durchläuft das Kind bestimmte Entwicklungsschritte. Es muss erst bestimmte Aspekte gelernt haben, bevor der nächste Schritt angegangen werden kann. Ist die Erstsprache altersgerecht entwickelt, die Zweitsprache jedoch nicht, liegt keine Sprachstörung vor, sondern Förderbedarf.

Wichtig ist die Perspektive, die Sie als Eltern oder Erzieher auf das Kind einnehmen. Sehen Sie Ihr Kind, auch Ihr Baby, als kompetentes Wesen an. Wenn Kinder sprechen lernen, machen sie keine Fehler. Sie erkennen Regeln. Wenn Ihr Kind sagt, „hab getrinkt", dann hat es im Wesentlichen begriffen, wie die Vergangenheitsform gebildet wird: Hilfsverb *haben* + Präfix *ge* + Verbstamm *trink* + Endung *–t*, analog zu *gemacht*, *gesagt*, *ge*wohnt, *ge*kocht, *ge*badet. Regelmäßige Verben funktionieren im Perfekt genauso. Erstaunlich, wie wissenschaftlich Ihr Kind vorgeht, oder? Es gibt eine Reihe von trennbaren Verben, bei denen im Perfekt das *ge* in die Mitte rückt:

aus*ge*macht, an*ge*macht, fern*ge*guckt; es gibt untrennbare Verben, die gar kein *ge* in der Vergangenheitsform haben: *besiegt, verstanden, erreicht*. Und es gibt die fiesen unregelmäßigen Verben, bei denen sich der Vokal ändert und das Endungs *–t* zu einem Endungs *–en* wird: *ge*trunk*en*, *ge*schrieb*en*, *ge*sung*en*. Geben Sie Ihrem Kind etwas Zeit, um all diese Abweichungen zu erwerben. Es wird sie lernen, aber erst dann, wenn es bereit dazu ist. Zuerst kommen die regelmäßigen Regeln. Es nützt überhaupt nichts, wenn Sie Ihr Kind jetzt korrigieren: „Es heißt getrunken!". Das geht zum einen Ohr rein und zum anderen wieder heraus. Das Kind überprüft im Gespräch ständig selbst, ob die Regeln, die es erkannt hat, richtig sind, wenn es sich im entsprechenden Entwicklungsstadium befindet. Kinder zeigen uns, wie Sprache funktioniert. Sie haben Puppen, essen Bananen, füttern Enten und sitzen auf „Stuhlen". Sie haben zwei Omas, spielen mit Autos, mögen Kiwis und schaufeln Sand in „Eimers". Es ist unfassbar spannend, wie kreativ Kinder mit Sprache umgehen. Kinder spielen, kochen, rutschen, schaufeln und sie „musiken", „besen" und „winden". Genießen Sie diese Zeit und lassen Sie sich von Ihrem Kind offenbaren, welche Regeln es in Ihrer Sprache so gibt.

Was können Sie tun, wenn Ihr Kind „getrinkt" und nicht „getrunken" sagt? Sie wissen, dass es eine wichtige Regel bereits beherrscht, aber Sie möchten ja, dass es bald auch weitere Regeln erwirbt, dass es der Zielsprache immer näherkommt. Hierfür gibt es ein ganz einfaches Zaubermittel: Sie nehmen das vom Kind Gesagte auf und fügen fehlende Information hinzu, ohne den Inhalt zu verändern. Man nennt es korrektives Feedback oder Modellierung. Sie wiederholen viel und korrigieren das Kind indirekt:

K: „Hatte putt tetangen"
M: „Ja, das ist kaputt gegangen".
K: „und da kommt des alls ins Lastwagen".
M: „und das kommt jetzt alles in den Lastwagen."
K: „Ich bin des, ich Fuß brocht."
M: „Des bist du, als du den Fuß gebrochen hast".
(Beispiel aus Grimm, 2003)

Dieser korrigierenden Rückmeldung kommt eine hohe Lernqualität zu. Zwischen dem, was das Kind schon kann, und dem, was es noch nicht kann, besteht keine große Abweichung. Die neue formale Information wird prägnant. Natürlich kann man neben der Grammatik auch Wörter indirekt verbessern oder neu einführen. Es sollte jedoch nie zu viel Neues sein, sondern sich auf das beschränken, was das Kind tatsächlich sagt. Das können Sie gut in allen Sprachen machen, und zwar auch dann, wenn ihr Kind z.B. in Deutsch spricht und Sie in Italienisch antworten, weil sie möchten, dass das Kind mehr Italienisch lernt.

Der liebevolle und intensive Dialog mit dem Kind ist ein wesentlicher Baustein dafür, dass das Kind sprechen lernt. Er ist quasi eine spezifische Form des Sprachlehrangebots. Darüber hinaus ist er aber auch sozial, emotional und interessant (Grimm, 2003). Für das Kind besteht eine hohe Motivation zum Lernen. Es ist nicht allein. „Es muss nicht, auf sich selbst gestellt, einen ihm fremden und geheimnisvollen Code entschlüsseln“ (Herrmann, 1987).

Wenn wir einen solchen positiven Blick auf das Kind einnehmen, bedeutet das nicht, es für alles grundlos zu loben, es in rosarote Wolken zu hüllen, alles positiv zu sehen und auch für den letzten Platz im Wettkampf noch Medaillen auszuteilen. Es bedeutet vielmehr, dass wir darauf achten, welche Regeln das Kind schon erworben hat und welche es noch erwerben muss. Kinder, die genügend Input in den Sprachen erhalten, erschließen sich diese Regeln von selbst. Das einzige, was wir tun müssen, ist, ihnen dabei zu helfen, indem wir viel mit ihnen sprechen, mit ihnen etwas unternehmen, handeln und durch das korrektive Feedback die Regeln deutlich machen. Das muss uns in Fleisch und Blut übergehen.

Stark vereinfacht kann man sagen, dass das Kind einfache Strukturen früher lernt als komplizierte. Die Komplexität von Strukturen ist in den Sprachen unterschiedlich. In Englisch gibt es nur die Artikel *a* und *the*, in Deutsch gibt es *ein, eine, der, die, das* und zusätzlich die jeweiligen Artikel in den Fällen – *den, dem, der, des...* Es ist ziemlich kompliziert. Ein Kind hat vielleicht schon das Konzept von Mehrzahl erfasst und wendet es in Türkisch richtig an, indem es *–ler* oder *–lar* an das Wort hängt. Im Deutschen gibt es acht verschiedene Pluralendungen. Es braucht länger, um diese alle zu beherrschen.

Aus der Zweitspracherwerbsforschung wissen wir, dass es zum Beispiel auch bei den Fällen eine bestimmte Erwerbsreihenfolge gibt. Zuerst lernt das Kind den Nominativ, dann den Akkusativ, danach den Dativ und irgendwann sehr viel später den Genitiv. Wenn das Kind also sagt: „Ich sehe den Katze“, können wir himmelhoch jauchzen, denn das Kind hat ja schon erkannt, dass es im Satz Akkusativ gebraucht: *den*. Es muss jetzt nur noch lernen, dass *den* nicht immer passt, *den* passt nur bei männlichen Nomen im Singular. Die Katze ist jedoch weiblich und braucht den Artikel *die*, d.h. der Akkusativ ist schon erworben, aber die Differenzierung nach Geschlecht noch nicht. Wenn das Kind sagt: „Ich gehe zu den Hund“, können wir uns ebenfalls freuen, dass das Kind schon so viele Regeln beherrscht. Es weiß, dass es nach der Präposition *zu* einen Kasus benutzen muss. Da es bislang aber erst Nominativ und Akkusativ erworben hat, benutzt es Akkusativ, um zu markieren, dass etwas anderes als Nominativ (*der*) gebraucht wird. Der Dativartikel *dem* kommt erst später.

Das Prinzip von einfach zu schwierig gilt nicht nur für die Grammatik, sondern für alle Bereiche der Sprache. Es gibt Laute, die schwieriger auszusprechen sind als andere. Ein rollendes „r“ wird später beherrscht als ein „r“, das im Rachen gebildet wird; Konsonantenanhäufungen wie *Schw* in Schwester sind ziemlich schwierig.

Zu Hause in der Familie muss man also nur darauf achten, dass das Kind gerne und viel spricht und dass es durch das korrektive Feedback der Erwachsenen seine Regeln überprüfen kann.

In Kindergarten und Schule reicht allerdings oft das korrektive Feedback allein nicht aus, damit Kinder sich in kurzer Zeit so viele komplexe Regeln erschließen. Hier muss eine gezielte Förderung stattfinden. Bildungsinstitutionen haben eine Verantwortung für die jeweilige Landessprache als Zweitsprache. Zumindest für die Grundschulzeit wird von vielen Wissenschaftlern eine zweisprachige Erziehung gefordert, um einen scharfen Bruch zwischen Elternhaus und Schule zu vermeiden (List, 2007). Bilinguale Programme, wie sie z.B. die Europaschulen oder Schulen mit KOALA praktizieren, bieten hierfür das Denkmodell (s. Kapitel 15). Zwar gibt es Kinder, die allein durch das Baden in Sprache genügend lernen, um in der Schule mitzukommen, doch viele Kinder haben für das Sprachbad keine Zeit. Ein fünfjähriges Kind, das nächstes Jahr eingeschult wird, hat eben keine sechs Jahre mehr Zeit, um die Schulsprache zu erwerben, wenn die Schule monolingual ist. Die Sprachförderung für diese Kinder sollte viel stärker strukturiert werden. Der Input sollte stärker an die Erwerbsschritte der Kinder angepasst werden, damit sie nicht im Sprachbad untergehen. Hierzu gehört beispielsweise, dass man nicht alle Artikel bunt durcheinanderwirft, sondern in bestimmten Einheiten, in Spielen oder Geschichten den Kindern erst einmal zeigt, dass es weibliche und männliche Personen gibt, welche mit *die/eine* oder *der/ein* gekennzeichnet werden. Wenn sie das natürliche Geschlecht erworben haben, kann man sich an das grammatische Geschlecht wagen. Hier funktioniert das Deutsche z.B. mit phonologischen Regeln: viele Wörter auf *–e* sind weiblich: die Tasse, die Lampe, die Möhre, die Katze, die Mütze... Viele einsilbige Wörter sind männlich: der Baum, der Hund, der Tisch, der Stuhl... Man versucht, in den Spielen oder Geschichten solche Wörter und ihre Artikel sehr oft zu wiederholen, damit sich die Kinder die dahintersteckende Regel erschließen können.

Deutsch ist eine Sprache, die in einigen Bereichen als Fremd- oder Zweitsprache besonders schwierig zu erwerben ist. Hierzu gehören neben Artikeln und Pluralendungen auch die Präpositionen: warum gehe ich *zum* Arzt, bin dann aber *beim* Arzt und weshalb stehe ich *an* der Haltestelle? Was bewirken die vielen kleinen Vorsilben wie in *auf*schreiben, *um*schreiben, *ver*schreiben oder *hin*fallen, *um*fallen usw.? Was ist der Unterschied von waschen und spülen? Deutsche beurteilen Zweit- oder Fremdsprachler oft vorschnell als Taugenichtse, wenn ein Artikel nicht stimmt oder eine falsche Präposition benutzt wird, ohne sich wirklich im Klaren darüber zu sein, wie schwierig Deutsch ist und wie unterschiedlich Sprachen aufgebaut sind.

In der Förderung der Zweitsprache werden häufig kommunikative Methoden angewandt, welche auf die Bedeutung der Wörter eingehen und davon ausgehen, dass sich die Erschließung von Formen dann von selbst ergibt. Die Grammatikvermittlung spielt kaum eine Rolle. Entsprechend finden wir in den umfangreichen Fördermaterialien zu Deutsch als Zweitsprache zu Hauf solche Aufgaben, in denen die Kinder beispielsweise Obst oder Tiere benennen sollen. Das ist am Anfang sicherlich nicht verkehrt, kann aber langfristig nicht die gewünschten Erfolge bringen. Sich die Bedeutung von so einfachen Wörtern zu erschließen ist nicht sonderlich herausfordernd. Hinzu kommt, dass die Kinder dann assoziativ lernen, was bedeutet, sie lernen auswendig, ohne jedoch die dahinterstehenden Regeln erkannt zu haben. Regellernen ist aber essentiell. Sprachen sind zu umfangreich, als das man jedes Wort, jeden Artikel und jede

Satzstruktur auswendig lernen könnte. Ich muss wissen, warum es *die* Banane ist und nicht *der* oder *das* Banane. In der Schule erwartet man von den Kindern nicht nur Sprachfähigkeiten, anhand derer sich die Kinder in alltäglichen Handlungssituationen mitteilen können („Ich will jetzt Apfel, da"), sondern auch und vor allem schriftsprachliche Fähigkeiten im weiteren Sinn. Damit sind Gebrauchsweisen des Deutschen gemeint, die die typischen Merkmale geschriebener Sprache aufweisen: Monologischer Charakter, Loslösung vom Situationskontext, satzübergreifende Zusammenhänge und distanzsprachliche Ausdrucksweisen (s. Kapitel 10). Ihre Beherrschung ermöglicht es, den Sinn des Gesagten alleine aus der sprachlichen Äußerung selbst zu erschließen (Kaltenbacher / Klages, 2007). Damit sind Texte gemeint wie: „Unsere Mutter meint, dass wir viel Obst essen sollen, weil es sehr gesund ist. Deshalb haben wir vier Äpfel bekommen, von denen meine Schwester drei gegessen hat und ich einen. Ich mag nämlich nicht so gerne Äpfel und habe meine Schwester überredet, einen mehr zu essen." Mit einem solchen schriftsprachlichen Stil müssen Kinder schon vertraut sein, bevor sie tatsächlich schreiben lernen (s. Kapitel 10, 14).

Wir können festhalten, dass das Lernen beim Zweitspracherwerb auf eine andere Art als beim Erstspracherwerb erfolgt. Vielen Kindern gelingt es, sich die Zweitsprache sehr gut, „native-like", anzueignen. Es gibt aber auch Kinder, die es nicht schaffen, die Zweitsprache ausreichend gut zu lernen, um in der Schule mithalten zu können. Viele von ihnen rutschen in eine Negativspirale. Die Lernbedingungen bezüglich des sprachlichen Inputs sind bei diesen Kindern nicht ausreichend (vgl. Esser 2006). Hier muss eine gezielte Sprachförderung ansetzen, die den Kindern in einem zeitlich begrenzten Rahmen ein angemessenes Sprachangebot zur Verfügung stellt. Das Team des Projektes „Deutsch für den Schulstart" der Universität Heidelberg hat ein Sprachförderprogramm für Kindergarten und Grundschule entwickelt, das sich an eine natürliche Erwerbsreihenfolge hält und den Kindern in spielerischer Form strukturierten Input bietet, der genau die oben beschriebenen Schwierigkeiten berücksichtigt: Wortschatz, Grammatik, Text und phonologische Bewusstheit. Es kann sowohl für die additive als auch für die integrative Sprachförderung genutzt werden. Es sollte in keiner Einrichtung fehlen, in der es Kinder gibt, die Deutsch als Zweitsprache lernen: www.deutsch-fuer-den-schulstart.de.

- Kinder machen keine Fehler, sondern erschließen sich Regeln.
- Die Regeln erwerben sie in aufeinanderfolgenden Entwicklungsschritten
- Eine Äußerung wie „hab getringt" ist in diesem Sinne nicht falsch, sondern zeigt, dass das Kind bereits weiß, wie die regelmäßige Vergangenheit gebildet wird. Das Kind bildet Analogien, wie in „gemacht", gesagt", „getanzt", etc.
- Die Reihenfolge der Erwerbsschritte ist bei ein- und mehrsprachigen Kindern im Erstspracherwerb gleich.
- Korrektives Feedback hilft, die Kinder im Regelerwerb zu unterstützen.

- Im Zweitspracherwerb reicht die Zeit oft nicht aus, um durch ein reines Sprachbad und allein mit korrektivem Feedback genügend Regeln zu erwerben, um beispielsweise in der Schule mitkommen zu können.
- In diesem Fall müssen die Kinder systematisch gefördert werden. Sie brauchen mehr Struktur. Der Erwerbsverlauf sollte dabei stärker berücksichtigt werden, z.B. nicht alle Artikel auf einmal, sondern schrittweise vom natürlichen Geschlecht zu phonologischen Regeln.

Kapitel 10: Wie kann ich den Sprach(en)erwerb generell unterstützen?

Sprachlehr-/ und Lernstrategien

Es gibt eine Reihe von Verhaltensweisen seitens der Erwachsenen, welche die Sprechfreude von Kindern und damit den Spracherwerb eher unterstützen und solche, die den Spracherwerb eher hemmen. Um das Kind in seinen Selbstbildungspotentialen optimal zu unterstützen, muss man es mit seinen Denk- und Handlungsmöglichkeiten wahrnehmen, über die es von Geburt an verfügt. Kinder brauchen vielfältige kommunikative und interaktive Bedingungen, um die angeborene Fähigkeit zur Sprache zu stimulieren (Nitsch, 2007). Jedes Kind entwickelt eigene Strategien, um sich Sprachen anzueignen. Diese sollten wir respektieren, aber gleichzeitig durch unser Verhalten ankurbeln und stützen, denn negative Sprachlernerfahrungen sind besonders prägend. Hierzu gehört, individuell auf das Kind einzugehen, es zu verstehen, seine Stärken und Ressourcen zu erkennen und diese zu erweitern.

Manche Eltern versuchen, mit ihren Kindern Sprachen zu „üben" wie in der Schule. Das ist nicht notwendig, denn Kinder erwerben Sprachen im Erstspracherwerb vollkommen anders als im schulischen Fremdsprachenunterricht. Sie brauchen ausschließlich den Dialog mit ihren Bezugspersonen. Fragen wie in der Schule, bei denen Vokabeln abgefragt werden, sind deshalb nicht förderlich: „Was heißt Strumpfhose auf Französisch? Baustelle? Kennst du das Wort?" Das hat mit Respekt und Beziehung nichts zu tun, sondern mit Einpauken und Besserwisserei. Das Kind weigert sich dann, die Sprache zu sprechen. Es hat keine Lust dazu und auch keine Lust, überhaupt noch etwas mit Ihnen zusammen zu unternehmen, weil es dann ja immer „lernen" muss, wobei lernen dann leider einen negativen Beigeschmack bekommt. Das ist schädlich für das ganze weitere Leben. Viele Eltern stellen ihre Kinder bloß. Wenn Besuch da ist, sollen die Kinder etwas in der anderen Sprache sagen: „Sag doch mal was auf Italienisch! Du kannst es doch so gut." Einen Teufel werden sie tun. Auch wenn der deutsche Kinderarzt seine Spanischkenntnisse ausprobiert und fragt: „Como te llamas?" würden Kinder ihm lieber ins Gesicht spucken, als ihm zu antworten. Das ist weder authentisch, noch besteht wirkliches Interesse am Kind, es dient lediglich der Kontrolle. Kinder sind nicht dumm. Sie durchschauen das Spiel. Kinder widersetzen sich ebenso, etwas zu übersetzen, es sei denn, es besteht ehrlicher Bedarf. Zwingen Sie Ihr Kind nicht, etwas zu übersetzen, weil Sie Ihren Bekannten zeigen wollen, dass Ihr Kind das kann. Nehmen Sie in jedem Fall den Krampf aus der Sprache. Er funktioniert nicht. Er führt zu Machtkämpfen. Darin sind Kinder ziemlich gut, vielleicht besser als Erwachsene. Sie kennen Ihren wunden Punkt: Die Sprache. Auch permanentes Verbessern und Aufforderung zur Wiederholung und Nachsprechen hemmen Kinder in ihrer natürlichen Sprechfreude: „Sag mal Schwester" – „swesa" – „Es heißt Schwester, hör mal genau: Schwe-ster". Das ist entmutigend (s. Kapitel 8). Manche Eltern glauben, wenn sie so tun, als würden sie ihr Kind nicht verstehen, würde es sich mehr Mühe geben. Das Gegenteil ist der Fall. Das Kind braucht das Gefühl, verstanden zu werden, sonst ist es sehr frustrierend, zu sprechen und sich mitzuteilen. Andererseits muss man aber auch ehrlich sagen, wenn man das Kind tatsächlich nicht versteht. Nur mit „ja, ja" zu antworten, reicht dem Kind nicht. Es braucht einen echten Dialog.

Kleine Kinder verstehen auch noch keine Ironie oder Sarkasmus. Es irritiert sie, wenn wir sagen: „Das hast du ja wieder toll gemacht!", und damit das Gegenteil von dem meinen, was wir sagen. Kinder verstehen nur, dass irgendetwas nicht stimmt, sie verstehen aber nicht, was nicht stimmt. Sprechen Sie um Gottes Willen nicht mit anderen Personen über Ihr Kind, während es dabei ist, es sei denn, es ist etwas Positives. Erzählen Sie Ihrer Bekannten nicht vor Ihrem Kind, dass es noch in die Windeln macht oder dass es immer noch nicht laufen kann oder dass es „Kihe" statt „Kühe" sagt. Möchten Sie, dass Ihr Partner während eines Grillabends erzählt, dass Sie gestern ins Sofa gefurzt haben? Behandeln Sie Ihr Kind lieber so, wie Sie selbst gerne behandelt werden würden. Schauen Sie es an, wenn Sie mit ihm sprechen, gehen Sie auf Augenhöhe. Hören Sie Ihrem Kind zu. Nichts ist schlimmer, als immer unterbrochen zu werden, abgewürgt und überrollt. Ihr Kind hat etwas zu sagen. Wiederholen Sie selbst das Gesagte, um ihm zu zeigen, dass Sie interessiert daran sind, dass Sie verstanden haben und fragen Sie weiter, fragen Sie selbst so unerbittlich, wie Ihre Kinder es auch bei Ihnen tun. Halten Sie Gespräche am Laufen. Besonders bei kleinen Kindern ist es enorm wichtig, dass Sie alles, was Sie gerade tun, sprachlich begleiten, selbst wenn ihr Kind nur in Brumm- und Quietsch-Lauten antwortet.

Der Spracherwerb funktioniert einerseits über Regelerschließung, andererseits aber auch über das Lernen von Formeln, von Fertigbausteinen, die als Ganzes abgerufen, verstanden und gespeichert werden (z.B.: „Wie geht's denn?"; „Schön, dich zu sehen!"; „Wie spät isses denn?", „Kannst du mal ..."; „Gib mir doch mal ...") Solche „Chunks" kennzeichnen gerade native Sprecher, wer sie nicht beherrscht, wird schnell als Fremdsprachler „entlarvt". Besonders kleine Kinder entwickeln deshalb meist mehrere Strategien des Spracherwerbs: Einerseits möchten sie die einzelnen Benennungen für Gegenstände wissen und fragen uns gezielt danach, andererseits interessieren sie sich zudem für ganzheitliche Aspekte der Sprache, also nicht so sehr für einzelne Wörter, sondern für die Kommunikation, d.h. für eine zusammenhängende Äußerung. Sie versuchen, eine Aussage als Ganzes zu verstehen und auch selbst zu produzieren und bringen sich von Anfang an als „gesprächsfähig" mit ins Spiel: „Willst-du-den-ball?" – „nball"; „Guck-mal-hier!" –"umier" (List, 2007). Wenn Kinder solche Muster verstanden haben, wenden sie diese immer und immer wieder an: „Wo is Oma eigentlich...?", „Wo is Ball eigentlich...?" (Butzkamm, 2008). Deshalb ist der authentische Dialog so wichtig. Auch Reime, rhythmisches Sprechen, Klatschspiele, Silbenklatschen - all das macht Ihrem Kind nicht nur Spaß, sondern ist auch ungemein wichtig für den Spracherwerb. Sie fördern das Erlernen von Fertigbausteinen sowie den Regelerwerb und die phonologische Bewusstheit. Das Kind lernt, wie eine Satzmelodie funktioniert, es lernt feststehende Ausdrücke und es lernt, wie Wörter, Silben und einzelne

Laute aufgebaut sind. Die Lautstruktur zu erfassen, bedeutet auch, grammatische Regeln zu erkennen: Im Deutschen haben zweisilbige Wörter oft keine Pluralmarkierung: 1 Tiger - 2 Tiger, 1 Lehrer - 2 Lehrer, 1 Eimer - 2 Eimer, 1 Finger – 2 Finger. Einsilbige Wörter bilden den Plural meist auf *–e*, so dass ein neues Wort mit zwei Silben daraus entsteht: Hund-Hunde, Tisch – Tische, Stuhl – Stühle, Ball – Bälle. Wörter auf *–e* brauchen hingegen in der Mehrzahl ein *–n*: Banane – Bananen, Lampe – Lampen, Katze – Katzen. Dieser Laut *–e* ist essentiell für viele grammatische Phänomene. Wir sprechen ja kein geschriebenes *–e*, sondern eben einen sogenannten Schwa-Laut (unbetonter Vokal) wie in *Tomate*. Die Tatsache, dass Menschen seit Generationen mit kleinen Kindern Laute auf spielerische Weise üben, hat einen sehr sprachfördernden Sinn und wird später auch wichtig, wenn es darum geht, lesen und schreiben zu lernen. Das Kind muss dann Lauten Buchstaben zuordnen und für die Rechtschreibung muss es wissen, ob ein Vokal lang oder kurz ist: *wen* oder *wenn*, *kam* oder *Kamm*.

Es ist wichtig, sich stets dem Sprachniveau des Kindes anzupassen. Einem einjährigen Kind lesen Sie noch keine Märchen der Gebrüder Grimm vor. Darin sind viele schriftsprachliche Elemente, die das Kind noch nicht versteht: Lange, geschachtelte Nebensätze, unterschiedliche Zeiten, Wörter, die man in der Alltagssprache nicht verwendet, wie *zaudern*, *hadern*, *ein Tor sein*, etc. Die meisten Eltern helfen ihren Kindern intuitiv richtig. Es ist uns zum Beispiel angeboren, mit Babys in einer höheren Tonlage zu sprechen. Wenn wir ein Baby sehen, können wir gar nicht anders, als unsere Stimmlage zu erhöhen. Sogar ältere Kinder machen das, wenn sie mit Kleinstkindern sprechen. Es liegt daran, dass die Kleinen die Töne dann besser unterscheiden können. Wir betonen die einzelnen Wörter zusätzlich übertrieben deutlich. Eltern äußern kurze prägnante Sätze und helfen dem Kind, die Bedeutung der Wörter durch Zeigen auf Gegenstände zu verstehen. Zu Beginn des Spracherwerbs bleibt die Sprache im Hier und Jetzt. Das Sprechen bezieht sich zu Beginn des Spracherwerbs immer auf den konkreten Kontext, Erwachsene begleiten ihr Tun mit Sprache („Jetzt ziehen wir die Strümpfe an...“).

Außerdem ist Bewegung essentiell. Bewegung gehört zur Sprache wie der Topf auf den Deckel. „Sätze rollen, Wörter fliegen“ (Suhr, 2008). Be-greifen und er-fassen sind wörtlich zu nehmen. Überhaupt lernen kleine Kinder Sprachen über die Sinne. Um die volle Bedeutung des Wortes *Banane* richtig zu erfassen, muss ich diese sehen, anfassen, schälen, riechen, schmecken, den Laut „Banane“ hören und selbst sprechen. Erst dann weiß ich, dass eine Banane eine gelbe, krumme Frucht mit Schale ist, die süß schmeckt und satt macht.

Am wichtigsten ist, die Sprachen in Aktivitäten einzubetten, die dem Kind Spaß machen. Nichts motiviert Ihr Kind mehr, etwas zu lernen, als wenn es Interesse daran hat und einen Nutzen daraus ziehen kann. Wenn Hamid mit seinen Kindern am Bach einen Staudamm baut und alle zusammen im Dreck wühlen, Äste, Zweige und Steine über das Wasser werfen, Blätter und Erde zwischen die Lücken schieben, Würmer herausziehen und zusehen, wie sich das Wasser vor dem Damm staut und in sich kleinen Rinnsalen Wege unter und über dem Damm sucht, dann haben alle zusammen Spaß in der Natur. Gleichzeitig lernen die Kinder alle entsprechenden

Wörter und Sätze in Farsi, der Sprache, die Hamid mit seinen Kindern spricht. Sie essen Datteln und machen einen Wettbewerb, wer am weitesten Granatapfelkerne spucken kann. Hamid erzählt dann auch von seinem Großvater und dessen Schwierigkeiten als Bauer, wie er fluchend Vögel von den Feldern verscheuchte oder Schlangen köpfte oder Skorpionen den Schwanz mit einer Machete abschlug. Hamids Großvater setzte sich sogar in einen Ameisenhaufen und rieb sich mit den Viechern ein, nur um seinen Mitarbeitern zu zeigen, dass die ganz harmlos sind. Noch Tage später krabbelten die kleinen Tierchen an seinem Körper herum, in den Haaren, in der Nase, zwischen den Zehen... Mehr davon wollen die Kinder von solchen Geschichten hören, sie wollen öfter etwas mit ihrem Vater unternehmen. Sprache wird dann lebendig. Bedeutsam. Wichtig. Nützlich. Sie macht Spaß. An dem Beispiel von Hamid erkennen Sie auch, dass es ungeheuer wichtig ist, eine positive Beziehung zu den Kindern aufzubauen. Ohne Beziehung können Sie keine Sprache vermitteln. Sie ist das A und O. Sie müssen als Person glaubwürdig sein, authentisch.

Hier ist eine Liste von fördernden und hemmenden Verhaltensweisen (ergänzt nach Wendtlandt, 2010):

***dos*: förderndes Kommunikationsverhalten**	***Don'ts*: hemmendes Kommunikationsverhalten**
Aufmerksamkeit, Anerkennung	Nicht nachsprechen lassen
Beachtung, Interesse zeigen	Nicht beschimpfen
Aussprechen lassen	Nicht unterbrechen
Blickkontakt	Nicht bloßstellen
Korrektives Feedback / Spiegeln / Modellierung (s. Kapitel 8)	Nicht direkt korrigieren
Sprachvorbild sein	Nicht vorführen
Aktives Zuhören	Nicht so tun, als ob man zuhört (hm, ja,ja...) oder versteht, wenn es nicht wirklich der Fall ist.
Sich dem Sprachstand des Kindes anpassen	Nicht so tun, als verstehe man nicht, wenn man das Kind tatsächlich versteht
Das Tun sprachlich begleiten (bei kleinen Kindern)	Nicht ignorieren
Bei älteren Kindern die Gespräche mehr und mehr vom Kontext lösen	Bei älteren Kindern nicht nur einfache Alltagssprache und Anweisungen verwenden
Offene Fragen stellen	Nicht für das Kind sprechen / zu viel vorgeben
Beziehung aufbauen und erhalten	Die Sprachen nicht „beibringen“
Wertschätzendes Sprechen: Auf das Kind eingehen	Kein offener Zwang, kein Druck (aber starke Anreize bieten)

Dinge und Probleme benennen (z.B.: „Ich habe im Moment keine Zeit, weil...)	Keine Abstraktion, keine Ironie (bei kleinen Kindern unter sechs Jahren)
Selbst ehrlich und authentisch sein	Nicht negativ über das Kind sprechen, während es dabei ist
Vorlesen, Reime, Herausforderungen	Nicht übersetzen, es sei denn, es besteht tatsächlich Anlass, weil jemand die Sprache nicht versteht
Was das Kind mit Sprache bewirkt, anerkennen (Botschaft: Ich verstehe dich!)	Nicht die Sprache verbieten (Kinder müssen still sein), nicht ausschließen
Dem Kind Bewegung und Erforschung im Raum ermöglichen	Kein Negativdenken, Aussagen positiv, nicht negativ ausdrücken, z.B. nicht „nicht rennen!“, sondern „geh langsam“
Einen Bezug herstellen, auf Vorwissen aufbauen	Keine plötzlichen Gedankensprünge
Authentische Dialoge und Interaktionen mit „Fertigbausteinen“	

Differenziertes, dekontextualisiertes Sprechen

Sprachwissenschaftler haben immer wieder versucht, die verschiedenen Verwendungsweisen von Sprache und Sprechen zu kategorisieren. Es entspricht wohl unserem menschlichen Bedürfnis, Dinge einzuordnen und so plausibel und erklärbar zu machen. So hat Cummins 1979 im Rahmen von Erklärungstheorien zum Spracherwerb die Begriffe BICS und CALP als sogenannte Sprachcodes geprägt. Mit BICS (Basic Interpersonal Communicative Skills) meint er die Verwendung von Sprache im Hier und Jetzt. „Jetzt ziehe ich meine Schuhe an“. „Ich mache das Fenster zu“. „Ich spiele“. „Ich ziehe eine Puppe an“, usw.

CALP (Cognitive Academic Language Proficiency), bezeichnet einen „elaborierten“, „bildungssprachlichen“ Code. Die Wortwahl „elaborierte Bildungssprache“ enthält in sich schon eine Wertung und impliziert, dass nur bestimmte Kinder diesen Sprachcode erreichen können, weshalb der Begriff mit Vorsicht zu genießen ist. Zumindest sollte man sich der Vorurteile bewusst sein, die in diesem Begriff enthalten sind. Vorurteilsfreier könnte man CALP als Sprachverwendung bezeichnen, die aus dem Kontext losgelöst ist: Was habe ich gestern gemacht, am Wochenende, letztes Jahr oder als ich noch ganz klein war? Was passiert, wenn man einer Person, die gerade in Zimmer kommt, eine Keksdose zeigt, was vermutet sie darin? Was geschieht mit den Pflanzen im Herbst und wie sah die Welt aus, als es noch Dinosaurier gab? Was ist schön? Wie wird eine Raupe zum Schmetterling? Wohin gehen Menschen, wenn sie sterben? All das sind Fragen, die ich nicht aus der momentanen Situation erschließen kann. Wenn das Kind über diese Dinge spricht, muss es dekontextualisieren. Durch eine solche Dekontextualisierung lernt man z.B. auch, wie man Reihenfolgen bildet, wie man Zukunft, Vergangenheit und

Vorvergangenheit ausdrückt, wie man kontextverweisende Elemente einbaut, etc. Aktuelle sprachwissenschaftliche Richtungen gebrauchen auch den Begriff „konzeptionelle Schriftlichkeit“, da in einem „schriftsprachlichen Stil“ eher als in einem „mündlichen Stil“ vielfältigere und andere Sprachgestaltungen verwendet werden.

Prinzipiell bleibt die Trennung in Sprachcodes jedoch künstlich, denn auch wenn man über das Jetzt spricht, kann man Sätze elegant miteinander verbinden, Assoziationen bilden und in die Zukunft oder Vergangenheit ausschweifen, Erinnerungen einbauen oder philosophieren. Ich würde daher eher von differenziertem Sprachgebrauch sprechen wollen. Das bedeutet, es ist für die Sprachentwicklung förderlich, sowohl Wörter und die dahinterstehenden Bilder und Ideen als auch Grammatik und deren Möglichkeiten, Sätze und Texte unterschiedlich zu strukturieren und zu gestalten, vielfältig zu verwenden, so dass facettenreiche, detaillierte, subtile und konkrete Ausdrucksmöglichkeiten zur Verfügung stehen.

Um einen differenzierten Sprachgebrauch zu fördern eignen sich Bücher gut. Machen Sie es sich zur Routine, Ihrem Kind Geschichten vorzulesen. Kinder lieben Geschichten. Manchmal habe ich Teilnehmer in meinen Seminaren, die sagen: „Das ist ja alles schön und gut. Aber mein Kind mag keine Bücher. Ich habe alles versucht.“ Das stimmt so nicht. Es mag Jugendliche geben, die nicht gern lesen, weil sie den Kopf voll anderer Sachen haben - ihren eigenen Körper, der ihnen plötzlich fremd wird, das andere Geschlecht, das auf einmal wirklich anders ist, die Peer-Gruppe, zu der sie unbedingt dazugehören wollen, Statussymbole wie Smartphones und Tablet PCs oder Klamotten. Dabei würden gute Bücher - und die gibt es zu Hauf - gerade diesen Jugendlichen bei ihrer Suche nach sich selbst ungemein helfen. In Jugendbüchern geht es ja gerade um solche Themen der Selbstfindung, wie der Held für das Gute und gegen das Böse kämpft, wie er in Schwierigkeiten gerät und diese überwindet, was er unbedingt möchte und wie er es erreicht, welche Personen in seinem Umkreis wirklich Freunde sind und welche nicht. Jugendliche lesen, wenn sie in ihrer Kindheit die Magie der Geschichten erlebt haben.

Kinder lieben in jedem Fall Bücher. Es gibt kein einziges Kind, das keine Bücher mag. Vielleicht mag es nicht das Buch, das Sie mögen, das kann sein. Kennen Sie „Die kleine Raupe Nimmersatt“ von Eric Cale? Es ist der Kinderbuchklassiker schlechthin. Ich liebe dieses Buch und ich habe es meiner Tochter wieder und wieder vorgelesen. Vorlesen wollen, müsste ich sagen, denn meine Tochter hat es mir, als ich zum dritten Mal damit ankam, aus der Hand gerissen und aus dem Fenster geworfen. Sie hasste dieses Buch. Sie mochte es einfach nicht. Mein Fehler war, dass ich mich nicht ihrem Sprachstand angepasst hatte. Es war nicht der richtige Zeitpunkt für dieses Buch. „Die kleine Raupe Nimmersatt“ besteht aus ganz einfachen Hauptsätzen: „...aber satt war sie noch immer nicht“. Das konnte Johanna mit drei Jahren schon. Sie brauchte jetzt komplexere Satzstrukturen. Man lernt immer am besten, wenn das angebotene Niveau ein wenig über dem gerade bestehenden Niveau liegt. Kinder verweigern sich oder schalten dann ab, wenn sie entweder unterfordert oder überfordert sind. Wenn Ihr Kind keine Bücher mag, dann entspricht das Buch, das Sie ihm gerade vorlesen, nicht seinen momentanen

Kenntnissen. Kann Ihr Kind schon einfache Hauptsätze? Dann braucht es jetzt Nebensätze. Kann es schon Nebensätze? Dann braucht es jetzt schwierigere Geschichten mit unterschiedlichen Zeiten. Kann Ihr Kind schon mit unterschiedlichen Zeiten jonglieren? Dann braucht es jetzt komplizierte Geschichten mit mehreren Figuren, Haupt- und Nebenhandlungen: Während Harry Potter lernt, auf einem Besen zu fliegen, versucht sein Gegenspieler Malfoy ihn auszutricksen, Hermione verschanzt sich in der Bibliothek und paukt Zaubersprüche; Ron träumt derweil davon, ein Star im Quiddich zu werden, Professor Snape denkt sich Gemeinheiten für seine gehassten Schüler aus. Gleichzeitig kehrt von allen unbemerkt der Bösewicht Voldemort ins Leben zurück. Nur Ihr Kind sieht, wie all diese Dinge gleichzeitig geschehen und wie sie zusammenhängen - Ihr Kind und natürlich der smarte Hogwardsdirektor Dumbledore (Rowling, 2007).

Dialogisches Vorlesen

Andersherum lesen Sie Ihrem Baby natürlich noch kein Sherlock Holmes vor. Einem Kleinstkind lesen Sie am besten noch gar nicht vor, denn es beherrscht ja noch keinen schriftsprachlichen Stil. Mit einem Kind, das einzelne Wörter oder Mehrwortsätze spricht, sehen Sie sich gemeinsam ein Buch oder ein Bild an und sprechen darüber. Das neugierige Kind fragt von alleine, was es wissen will, Sie antworten ihm, geben korrektives Feedback und stellen wiederrum Fragen. In der Fachsprache nennt man dieses Vorgehen dialogisches Vorlesen. Sie benutzen noch einen mündlichen Sprachstil.

K: „Was ist das?"
E: „Das ist eine Raupe. Was macht sie denn?"
K: „Essen"
E: „Genau. Essen ist wichtig für eine Raupe. Die Raupe isst. Sie isst einen Apfel."
K: „Apfel und da Birne".
E: „Ja. Die Raupe ist ganz schön hungrig. Am Montag isst sie einen Apfel. Aber sie hat noch Hunger. Sie ist immer noch nicht satt."
K: „Noch Hunger. Birne."
E: „Sie hat noch Hunger. Also isst sie am Dienstag zwei Birnen".
K: „Da Pflaume"
E: „Am Mittwoch isst sie drei Pflaumen. Aber satt ist sie noch immer nicht. Sie hat immer noch Hunger."

Sie passen sich dem Sprachstand des Kindes an und verändern den Text im Buch. Im Beispiel lässt der Erwachsene die Vergangenheitsform noch weg und kommt erst dann zur nächsten Frucht, wenn das Kind sie anspricht und weiter gucken und sprechen will. Er erklärt schwierigere Wörter (satt) mit Wörtern, die das Kind schon kennt (noch Hunger).

Bücher in unterschiedlichen Sprachen vorlesen

Erst nach einer Phase des dialogischen Vorlesens lesen Sie Texte in Büchern wirklich vor. Dabei suchen Sie Bücher, deren Texte dem Niveau Ihres Kindes entsprechen, bzw. Texte, die ein klein wenig schwieriger sind, als das, was das Kind schon selbst sprechen kann. Das Kind darf Sie beim Vorlesen immer unterbrechen, Fragen stellen oder selbst etwas erzählen. Die Zeiten, in denen Kinder still sein mussten, wenn jemand ihnen etwas vorgelesen hat, sind vorbei. Ihr Kind darf immer und überall sprechen. Am besten suchen Sie Bücher in der Bibliothek, im Buchladen oder auch im Internet gemeinsam mit ihrem Kind aus. Kinder haben schon spezielle Interessen und wenn sie sich gerade für den Weltraum interessieren, ist es unpassend, ihnen ein Buch über den Wald vorzulesen. Kinder orientieren sich an der Umschlagsgestaltung und an den Bildern und wissen, was ihnen gerade gut tut.

Idealerweise lesen Sie ihrem Kind dialogisch oder „richtig" in all den Sprachen vor, die Ihr mehrsprachiges Kind lernen soll. Dabei muss es nicht dasselbe Buch sein, dass Sie erst in Niederländisch, dann in Deutsch und dann in Italienisch vorlesen. Es ist für ein Kind eher uninteressant, dasselbe Buch in verschiedenen Sprachen zu lesen, da es sich ja vordergründig für die Geschichte und nicht für die Sprache interessiert. Das bedeutet aber nicht, dass man nicht auch versuchen könnte, ein Buch in verschiedenen Sprachen zu lesen. Manche Kinder haben Spaß daran und widmen ihre Aufmerksamkeit nicht so sehr der Geschichte, die sie schon kennen, sondern den Wörtern und Strukturen. Wenn das Kind es aber ablehnt, ein Buch in verschiedenen Sprachen zu lesen, wählen Sie lieber für die unterschiedlichen Sprachen auch unterschiedliche Bücher aus. Meistens sagen die Kinder Ihnen, welches Buch sie heute lesen möchten. Kinder sind schlau. Sie wählen oft Bücher in ihrer Lieblingssprache. Dann sind Sie wieder als Sprachcoach gefragt und müssen die Buch- und Sprachenwahl so steuern, dass alle Sprachen drankommen. Möchte Ihr Kind jeden Tag `die Biene Maja´ lesen, dann sagen Sie: „Heute ist Spanisch dran. Entweder wir lesen die `Biene Maja´ auf Spanisch oder wir lesen das Buch von der Ameise „la Ormiga Miga". Das Kind hat dann sogar eine Wahl und lernt, für sich Entscheidungen zu treffen. Es wird in den Leseprozess mit einbezogen. Natürlich können Sie das Vorlesen auch auf unterschiedliche Personen und damit auf unterschiedliche Sprachen verteilen. Ihr Kind möchte mit Ihnen die `Biene Maja´ lesen? Pech gehabt. Heute ist „Papa-Tag" und der liest Türkisch. Das Kind muss sich ein türkisches Buch aussuchen. Wenn Sie ein Buch vorlesen, können Sie auch eine Sprache wählen, die Sie sonst nicht mit Ihrem Kind sprechen. Sie können in diesem Fall die Situationsstrategie anwenden (s. Kapitel 5).

Kinder möchten Bücher gerne mehrmals vorgelesen bekommen. Dabei handelt es sich um das gleiche Prinzip wie bei den Warum-Fragen. Das Kind kennt die Geschichte schon, aber es möchte sie wieder und wieder hören – es lernt dabei Wörter, Sätze, Zeiten und alles, was für die Sprache wichtig ist und überprüft seine eigenen Hypothesen über Regeln. Als Clara, ein dreisprachiges Mädchen, fünf Jahre alt war, liebte sie den „König der Löwen". Ihre Mutter hat es ihr tage- und wochenlang immer wieder (in Niederländisch) vorgelesen. Eines Tages hat Clara das Buch selbst vorgetragen und dabei die Seiten an genau der richtigen Stelle umgeblättert. Claras Eltern waren verblüfft. Im ersten Moment dachten sie, Clara könne schon lesen. Aber sie hatte das komplette Buch Wort für Wort auswendig gelernt.

Haben Sie das Stadium des dialogischen Vorlesens verlassen und lesen die Originaltexte vor, dann ist es wichtig, tatsächlich immer den genau gleichen Text zu lesen. Erst wenn das Kind die Geschichte gut kennt und teilweise auswendig kann, können Sie auch kleine „Fehler" einbauen: Statt „am Dienstag fraß die Raupe sich durch eine Orange" lesen Sie „am Dienstag fraß die Raupe sich durch einen Kuchen". Es macht Kindern ungeheuren Spaß, Sie dann zu korrigieren. Clara hatte ein Faible für das „Urmel" und ihre Mutter musste all die Sprachfehler der Tiere korrekt wiedergeben, sonst beschwerte sich ihre Tochter. Es war eine ziemliche Herausforderung, den Erzähltext und die Dialoge mit sechs Sprachfehlern immer gleich vorzulesen. In solchen Fällen helfen Hörbücher ungemein, in denen professionelle Sprecher den Text lesen. In Deutsch hat der legendäre Dirk Bach „das Urmel" genial vorgelesen. Hörbücher sind aber kein ewiger Ersatz für Ihr Vorlesen, da ja neben dem Lesen auch die Beziehung zwischen Ihnen und dem Kind wichtig ist. Das Kind kann den Vorleser in einem Hörbuch nicht unterbrechen oder ihn etwas fragen oder ihm erzählen, wie das Urmel aus dem Ei kam. Ähnliches gilt für das Fernsehen. Der Fernseher ist kein pädagogisches Teufelswerk, sondern kann sehr hilfreich sein. Gerade bei der mehrsprachigen Erziehung sind Filme eine unentbehrliche Stütze. Allerdings sind Fernseher und DVD-Player keine Babysitter. Sehen Sie sich Filme deshalb gemeinsam mit Ihrem Kind an und sprechen Sie während des Sehens und nach dem Sehen über die Geschichte. Kinder unter zwei Jahren sollten allerdings noch nicht fernsehen, weil sie die vielen Punkte, aus denen sich die Bilder zusammensetzen, noch nicht verarbeiten können.

Übergeordneter Wissensspeicher: allgemeines Sprachvermögen

Wie ich weiter oben schon angedeutet habe, beginnen Sie natürlich, über momentane Situationen zu sprechen, bevor Sie ans Dekontextualisierte gehen. Wofür interessiert sich Ihr Kind gerade? Für Legosteine? O.K. Zuerst bauen wir eine Basis. Dafür nehmen wir die große Platte. Dann bauen wir darauf eine Mauer aus Steinen. Anschließend bauen wir ein Dach. Schließlich setzen wir das Dach auf die Mauer. Am Ende haben wir eine schöne Burg. Ganz nebenbei haben Sie Ihrem Kind sprachliche Verknüpfungselemente vermittelt. Interessiert sich Ihr Kind eher für Puppen? Zuerst ziehen wir ihr das Unterhemd an, danach den Pullover und schließlich eine Jacke. Am Ende können wir ihr auch noch Schuhe anziehen. Es klingt banal, aber Sie haben Ihr Kind gerade durch etwa die Reihenfolge der Handlungen mathematische Vorläuferfähigkeiten beigebracht und ihm zusätzlich die dafür notwendigen sprachlichen Verknüpfungswörter zur Verfügung gestellt. Sie haben so Ihr Kind in einem differenzierten Sprachgebrauch gefördert. Dabei ist es zunächst egal, in welcher Sprache Sie mit dem Kind sprechen. Wichtig ist, dass das Kind lernt, wie man überhaupt eine Reihenfolge erkennt und ausdrückt und dass es dafür bestimmte Wörter gibt. Cummins nennt diese Fähigkeit, kognitive Konzepte zu erfassen, CUP (Common Underlying Proficiency). Er meint damit einen übergeordneten Wissensspeicher bzw.

ein allgemeines Denkvermögen, das über mehrere Sprachen gleichzeitig gespeist und entwickelt werden kann. Im Deutschen werden hierfür die Begriffe „sprachübergreifendes kognitives Potenzial" oder auch „allgemeine sprachliche Kompetenz" verwendet. Wenn ein Kind also ein Konzept von einer Reihenfolge hat, kann es später diese Erkenntnis von einer Sprache auf die andere übertragen. Sprachen verhalten sich zueinander wie Dominosteine. Sie beeinflussen sich gegenseitig. Auch aktuelle Studien bestätigen immer wieder diesen zuerst von Cummins beobachteten übergeordneten Wissensspeicher (Braun/ Cline, 2014).

Ihre Familiensprache ist nicht Deutsch? Das ist kein Problem. Wenn das Kind die Burg in Italienisch bauen kann, kann es das prinzipiell auch in Deutsch. Die passenden Wörter hierfür kann es sich in Kindergarten und Schule schnell erschließen, denn es weiß ja schon, wie es funktioniert. Schwierig wird es, wenn das Kind überhaupt nicht weiß, wie man einen Ablauf versprachlicht. Das „Wolfskind" Genie (s. Kapitel 13) konnte nur Wörter aneinanderreihen und wir mussten uns die Reihenfolge denken. „Father take piece wood. Hit. Cry." Das können wir, weil wir wissen, wie Geschichten funktionieren: Zuerst nahm der Vater ein Holzstück. Dann schlug er Genie damit. Am Ende weinte sie.

Zwar können Kinder Wissen von einer Sprache auf die andere übertragen, aber Sie sollten dennoch aufpassen, in allen beteiligten Sprachen auch die unterschiedlichen Sprachcodes zu berücksichtigen. Es gibt Familien, die glauben, Ihr Kind könne schwierige Aussagen in der schwachen Sprache nicht verstehen und reduzieren diese Sprache dann immer nur auf Routinen und sehr einfache Sätze im Jetzt. Das Kind braucht aber komplexe Sätze und Texte in allen Sprachen, um wirklich kompetent mehrsprachig zu werden. Achten Sie einmal darauf, ob Sie tatsächlich auch CALP in allen Sprachen gebrauchen, oder ob Sie in einer Sprache ausschließlich BISC sprechen. Hamid hatte in dem Beispiel oben beide Sprachcodes verwendet. BISC während des Dattelessens und Granatapfelkernweitspuckens, teilweise auch beim Staudammbau. Hier sind aber auch schon viele CALP-Elemente vorhanden: zuerst Äste, Zweige und Steine über das Wasser werfen, dann Blätter und Erde zwischen die Lücken schieben, danach Würmer herausziehen und schließlich zusehen, wie sich das Wasser vor dem Damm staut und sich am Ende in kleinen Rinnsalen Wege unter und über dem Damm sucht... CALP ist natürlich, wenn Hamid von seinem Großvater erzählt. Hierbei verwendet er Dekontextualisierung und einen schriftsprachlichen Stil.

Wenn Eltern selbst beide Sprachen, die das mehrsprachige Kind erwirbt, beherrschen, können sie mit dem Kind auch ganz bewusst die Sprachen vergleichen. Das fördert die Sprachbewusstheit (Language Awareness) und ist eine gängige Sprachlernstrategie, welche das Kind sowieso vornimmt. Der Vergleich macht dem Kind bewusst, dass es mehrere Möglichkeiten gibt, Wörter zu bilden, Zeiten auszudrücken oder Fragen zu formulieren (Luchtenberg, 2014). In Deutsch gebraucht man beispielsweise in der Vergangenheit Perfekt in der mündlichen Sprache, Präteritum im schriftsprachlichen Stil. Das ist in anderen Sprachen völlig anders. Hier geht es oft um die Dauer einer Handlung, ob sie schon abgeschlossen ist, oder ob das Ereignis in der

Vergangenheit noch einen Bezug zur Gegenwart hat (z.B. in Englisch oder Spanisch). Der Vergleich zwischen den Sprachen verwirrt das Kind nicht, sondern führt zu einer deutlich erhöhten Sprachaufmerksamkeit.

Die Art und Weise, wie Erwachsene mit Kindern sprechen und wie sie Kinder behandeln, wirkt sich auf die Sprechfreude und Motivation der Kinder aus, eine und / oder mehrere Sprachen zu erwerben.

- Dos und Don'ts im Kommunikationsverhalten
- Erwachsene Bezugspersonen sollten sich dem Sprachstand des Kindes anpassen. Ihr Input sollte immer ein klein wenig über dem aktuellen Sprachstand des Kindes liegen.
- Bauen Sie eine Beziehung zu Ihrem Kind auf und unternehmen gemeinsam mit Ihrem Kind Aktivitäten, die ihm Spaß machen.
- Achten Sie auf eine immer differenzierter werdende Sprachverwendung in allen Sprachen. Bleiben Sie auf keinen Fall in einer Sprache auf einem bestimmten Stand stehen.
- Bei sehr kleinen Kindern sprechen Sie im Hier und Jetzt, später entfernen Sie sich mehr und mehr von konkreten Situationen und dekontextualisieren Ihre Sprache.
- Gut geförderte Kinder verfügen über ein allgemeines Sprachvermögen, welches sie von Sprache zu Sprache übertragen können.
- Schaffen Sie eine Atmosphäre für Bücher. Damit fördern Sie den schriftsprachlichen Stil und Fähigkeiten, die das Kind später in der Schule braucht. Am Anfang lesen Sie noch nicht vor, sondern betreiben dialogisches Vorlesen. Später lesen Sie Texte vor, die Texte werden mit der Zeit immer länger und komplizierter.
- Vergleichen Sie die unterschiedlichen Sprachen. Das schafft eine besondere Aufmerksamkeit und Bewusstheit für die Sprachen.

Kapitel 11: Unterstützen Babysprache sowie Gesten und Babyzeichen eine mehrsprachige Erziehung oder sind sie eher schädlich?

Sehr kleine Kinder lieben lautmalerische Wörter wie „Wauwau", weil sie schön klingen, sehr einfach zu sprechen und auch sehr konkret sind. Die Katze macht „Miau" und man hört es so. Interessanterweise sind diese Wörter in unterschiedlichen Sprachen anders, weil die Tierlaute anders wahrgenommen werden. In Deutsch macht der Hahn „Kikeriki", in Spanisch „Kukuruku". Daher kann man diesen Spaß gut in der mehrsprachigen Erziehung nutzen. Allerdings sollten Sie Ihrem Kind zu jedem Baby-Wort gleichzeitig das „richtige" Wort mitgeben und dieses Wort in einen sinnvollen Kontext betten. Bleiben Sie nicht beim „Duziduzi". Wenn das Kind „Wauwau" sagt, sagen Sie: „Ja, da ist ein Hund. Der macht Wauwau" (Wendlandt, 2010). Lassen Sie es nicht soweit kommen, dass Sie eine gänzlich neue Sprache erfinden, wie der Komiker Atze Schröder so treffend beschreibt: „Mach die Mäh mal Ei".

Für den Spracherwerb ist entscheidend, wie viel und wie gewählt Eltern mit ihren Babys und Kleinkindern sprechen. Natürlich muss man sich dem Sprachstand des Kindes anpassen. Mit einem Baby sprechen wir noch keine langen, verschachtelten Sätze in verschiedenen Zeiten. Andersherum müssen Babys aber nicht nur einzelne Wörter lernen, sondern sie in einen Zusammenhang stellen, damit sie im Gehirn entsprechende Verbindungen speichern. Sie müssen auch Strategien entwickeln, wie sie sich beispielsweise unbekannte Wörter erschließen können und wie die Grammatik gebraucht wird. In einem Satz wie „der Bär ist unter der Bettdecke" können Kinder, die das Wort „Bär" kennen, sich ein neues Wort „Bettdecke" aus dem Kontext erschließen. Sie erkennen aus dem Kontext auch die Bedeutung von „unter". Auf diese Weise wird Wortschatz aufgebaut und sinnvoll mit Grammatik verknüpft. Fehlen solche Begriffe, kennt das Kind also überhaupt keines der Wörter, dann rauscht auch der Rest des Satzes an ihm vorbei und es kann nichts hinzulernen. Echtes Lernen stellt sich ein, wenn das Kind direkt angesprochen wird. Bei kleinen Kindern sollte sich das Gesprochene noch auf das Hier und Jetzt beziehen, so dass das Kind Unbekanntes aus dem Kontext ermitteln kann.

Das Gleiche gilt für Gesten. Gerade im Moment ist es sehr modern, Bedeutungen durch sogenannte Babyzeichen zu unterstützen. Babys sollen dann über die Gesten Bedeutungen lernen: mit der Hand heranwinken bedeutet „komm her", die Fäuste öffnen, als ob jede Hand etwas nach unten wirft, drückt „fertig" aus. Die Mode stammt aus den USA, wo in den 1980er Jahren Linda Acredolo und Susan Goodwyn das „Baby Signing" begründeten. Es gibt unzählige Bücher, die Ihnen ein unfassbares Repertoire an Gesten vermitteln, und Sie können Kurse besuchen, in denen Sie 75 bis 100 Zeichen lernen können, um diese dann Ihrem Kind beizubringen. Ich persönlich halte nichts davon. Sicherlich ist es zu Beginn des Spracherwerbs zweckmäßig, Wörter mit Mimik und Gesten zu unterstützen. Bei „komm her“ macht es gewiss Sinn. Es ist aber aus meiner Sicht völlig übertrieben, extra Hunderte von Gebärden zu lernen, die Sie normalerweise nicht benutzen. Das bedeutet ja, ihrem Kind ein völlig neues Symbolsystem zu vermitteln, welches es außerhalb der Familie dann gar nicht gebrauchen kann, denn wer weiß schon, dass an die Nase tippen „viel Spaß“ bedeutet? Viele dieser Gesten gehen am Lebensalltag eines Babys vorbei: Die Hände waagerecht an die Mundspitzen führen und die Hand dann mit gespreizten Fingern vom Gesicht weg streifen ist das Zeichen für „Tiger“, es soll wohl die Barthaare der Großkatze symbolisieren.

Auch hier gilt also wieder die Devise: Seien Sie authentisch. Benutzen Sie Gesten, die Sie sowieso benutzen, aber lernen Sie nicht extra eine neue Sprache hinzu, um die ursprüngliche zu unterstützen. Zum Abschied winken ist o.k., aber die Hand vor die Nase zu halten, um ein „Schwein“ zu zeigen, ist übertrieben. Zur Babyzeichensprache existieren keine gesicherten Forschungserkenntnisse. Zwar ist Sprache sicherlich eng mit Körpererfahrungen verbunden, aber Zeichen allein sind noch keine ausgereifte Sprache. Mit Gesten ist es schwierig eine Frage zu stellen oder Missfallen oder Erstaunen auszudrücken, was normalerweise über die Stimme vermittelt wird. Im Spracherwerb geht es nicht nur darum, Objekten ein Etikett zu verpassen. Das Kind hat innere Beweggründe und will bei seinem Gesprächspartner etwas erreichen. Kleine Kinder sagen „Auto“ nicht nur, um ein Objekt zu benennen. „Auto“ kann auch heißen: „Ich will das Auto haben“, „das Auto fährt schnell“, „es gefällt mir“ oder „Mama hat genauso ein Auto“.

Die Babysigns oder Babyzeichen sind nicht zu verwechseln mit Gebärdensprachen für Gehörlose. Die Macher der Babyzeichen haben willkürlich Gebärden für einzelne Wörter erfunden, die niemand außer ihnen und denen, die ihre Kurse besuchen, kennen. Demgegenüber sind Gebärdensprachen „echte“, anerkannte Sprachen, die in den Sprachgemeinschaften wie jede Lautsprache natürlich gewachsen sind. Es handelt sich um komplexe Sprachsysteme mit eigener Grammatik und sogar Phonetik. Der Erwerb von Gebärdensprachen erfolgt analog zum Erwerb von Lautsprachen, die Kinder durchlaufen dieselben Entwicklungsphasen (Hänel-Faulhaber, 2014). Natürlich sind ihre Wörter dabei in einen Kontext gebunden (s. Kapitel 20).

Babyzeichen sind umständlich und behindern „den subtilen Austausch von Informationen, wie er zwischen Bezugspersonen in diesem Alter stattfindet“ (Schleich, 2008). Auch der Experte für frühe Kindheit, Prof. Wassilios Fthenakis, findet die Babyzeichensprache völlig überflüssig: „Das Kind muss erfahren, dass die Umwelt es versteht und mit natürlichen Signalen reagiert“ (Fthenakis zit. im Stern, 2008).

Was mich zum Schmunzeln bringt, ist die Tatsache, dass Kursanbieter und gebärdende Eltern stolz darauf sind, dass ihre Kinder in der Regel mit zehn oder zwölf Monaten die ersten, seit Monaten mühselig antrainierten Gesten, endlich von selbst anwenden. Nun, das ist genau das

Alter, in dem Kinder von ihrer Entwicklung her dazu bereit sind, Sprache anzuwenden und sie beginnen, von sich aus Gesten zu benutzen, die ihnen niemand antrainiert hat: Sie zeigen mit dem Finger auf Dinge, um sich mitzuteilen: „Gib mir den Ball", oder „Schau mal, ein Auto" oder „Wie heißt das?" Nach diesem kognitiven Entwicklungsschritt beginnen Kinder sowieso, ihre ersten Wörter zu sprechen und sie brauchen dann keine zusätzlichen Zeichen. Ohnehin nutzen die wenigsten Babys die Zeichen intensiv, bevor sie sprechen können. Wozu sollte man seinem Kind Zeichen antrainieren, die es kurz darauf aussprechen kann?

Ärgerlich finde ich, dass die Babyzeichensprache gerade Eltern angepriesen wird, die ihre Kinder zweisprachig erziehen. Das Verkaufsargument für solche Kurse lautet, dass die Geste eine Brücke zwischen den Sprachen bilde. Das ist ein sehr defizitärer Ansatz, der davon ausgeht, Mehrsprachigkeit verwirre die Kinder. Es ist mittlerweile eindeutig bewiesen, dass das nicht der Fall ist. Einer Brücke aus Gesten bedarf es nicht. Was Babys brauchen, egal ob ein- oder mehrsprachig, ist einfühlsame Aufmerksamkeit. Eltern, die sich bemühen, ihrem Kind Gesten beizubringen, schenken ihrem Kind gewiss Aufmerksamkeit und in diesem Sinne können die Babyzeichen positiv bewertet werden. Man kann das allerdings auf vielen unkomplizierteren und natürlicheren Wegen erreichen, durch Zuhören, Spiegeln, Kuscheln, Lachen...

Wissenschaftler bezweifeln, dass Babys im ersten Lebensjahr Handzeichen überhaupt wie Worte benutzen können. Sie müssen zuerst grundlegende Kommunikationsmuster verstehen, z.B. dass die Dialogpartner sich abwechseln. Wenn der eine etwas sagt, hört der andere zu und reagiert anschließend darauf. Das Kind lernt dann, dass es mit seinem Verhalten die Wahrnehmung, das Denken und Handeln des anderen beeinflussen kann. „Babysigns" suggerieren, dass es zwischen Eltern und Säuglingen einen Notstand in der Kommunikation gebe. Das ist aber nicht der Fall. Schon vom ersten Lebenstag an kommunizieren Kinder in vielfältiger Weise mit ihrer Umgebung. Eltern interpretieren das Verhalten ihrer Babys und reagieren. Sie lernen unterschiedliche Schreie zu deuten: Hat das Baby Hunger, ist ihm langweilig, will es auf den Arm genommen werden? Gerade diese Interpretation ist für das Kind wichtig. Wenn der Säugling brabbelt, „dei da da tata", erwägen Eltern die Situation und legen aus, was das Kind mitteilen könnte. Dann spiegeln sie es ihm in einem korrekten Satz zurück: „Ja genau, da ist der Papa". Das Kind muss das Gefühl haben, verstanden zu werden und gleichzeitig die richtige sprachliche Form angeboten bekommen. Das geschieht lange bevor es die ersten vermittelten Babyzeichen nutzen kann. Es kommuniziert, wenn es seine Augen schließt, um zu sagen, dass es jetzt Ruhe braucht, wenn es sich anschmiegt oder lächelt, um zu sagen, dass es ihm gut geht oder wenn es den Blick auf etwas Bestimmtes richtet, um mitzuteilen, dass es das spannend findet und hierfür das entsprechende Wort hören möchte.

- Der Gebrauch von Babysprache und Babyzeichen an sich ist nicht schädlich.
- Man sollte es jedoch nicht übertreiben.
- Das Kind braucht für jedes Wort in Babysprache das entsprechende „richtige" Wort, welches dann in einen Kontext eingebunden wird.

- Extra gelernte Babyzeichen sind nicht erforderlich.
- Dem Kind Zeichen vermitteln, die normalerweise nicht gebraucht werden, bedeutet, dem Kind ein völlig neues Symbolsystem zu vermitteln, welches es außerhalb der Familie nicht gebrauchen kann.
- Zwar ist Sprache eng mit Körpererfahrungen verbunden, aber Zeichen allein sind noch keine ausgereifte Sprache. Mit Gesten ist es schwierig eine Frage zu stellen oder Missfallen oder Erstaunen auszudrücken.
- Kinder beginnen die angelernten Gesten zu benutzen, wenn sie sowieso bereit sind, zu sprechen.
- Die Methode der Babysigns hat einen defizitären Blick auf die Kommunikation zwischen Eltern und Kindern sowie auf eine mehrsprachige Erziehung.
- Das Kind muss das Gefühl haben, verstanden zu werden und gleichzeitig die richtige sprachliche Form angeboten bekommen.
- Babyzeichen sind nicht schädlich, aber überflüssig.

Kapitel 12: Ist es schlimm, wenn Kinder die Sprachen mischen? Warum mischen sie und wie sollte man sich verhalten, wenn sie es tun?

Es ist normal, dass kleine Kinder, die mehrsprachig aufwachsen, Sprachen mischen. Es gehört zum Spracherwerbsprozess. Heute wird das Sprachmischen nicht mehr als etwas Schlechtes angesehen, sondern als ganz besondere Fähigkeit, die einsprachige Menschen nicht haben. Zweisprachigkeit ist etwas anderes als doppelte Einsprachigkeit, ein zweisprachiger Mensch setzt sich nicht aus zwei einsprachigen zusammen. Ein zwei- oder mehrsprachiger Mensch ist und hat etwas Eigenes. Er oder sie verfügt über eine ganz spezielle Form von Bildung.

Wir wissen nicht genau, warum Kinder Sprachen mischen. Es gibt jedenfalls nicht nur einen einzigen Grund, der für jedes Kind in jeder Situation erklärt, weshalb es mischt. Fakt ist, dass verschiedene Forscher unterschiedliche Kinder beobachtet haben und dabei sehr verschiedene Daten über diese Kinder gesammelt haben. Jeder Forscher ging dabei zunächst davon aus, seine beobachteten Kinder seien der Normalfall und man könne die Schlussfolgerungen, die sie aus dem Mischen gezogen haben, generalisieren. Die Forscher stellten aufgrund ihrer verschiedenen Beobachtungen widersprüchliche Thesen auf und stritten sich lange darüber. Heute wissen wir, dass Kinder sich in Bezug auf das Mischen der Sprachen sehr heterogen verhalten. Manche mischen sehr viel, andere mischen kaum oder gar nicht. Dies geschieht unabhängig davon, ob die Eltern als Sprachvorbild selbst Sprachen mengen oder nicht. Daher lassen sich keine allgemeingültigen Aussagen treffen. Es scheint in der Persönlichkeit des Kindes zu liegen, ob und wie viel es mischt. Darüber hinaus spielt auch das Sprachangebot eine gewisse Rolle, also wie häufig und intensiv das Kind eine Sprache hört und gebraucht. Ebenso ist für das Kind bedeutsam, mit wem es spricht. Weiß das Kind, dass die Person, mit der es spricht, beide Sprachen versteht, neigt es eher zum Mischen bzw. dazu, von einer Sprache in die andere zu wechseln, als wenn die Person einsprachig ist und die andere Sprache nicht versteht (vgl. Baker, 2011).

Zunächst will ich etwas Klarheit in die Begrifflichkeiten bringen, die in Zusammenhang von Sprachmischung übrigens nicht klar getrennt, sondern oft gemischt gebraucht werden:

Sprachmischung ist ein Oberbegriff für alle Fälle, in denen Elemente von zwei oder mehr Sprachen nebeneinander auftreten. Sie kann angemessen sein, wenn der Gesprächspartner die beteiligten Sprachen und damit die Sprachmischung, versteht. Sie ist unangemessen, wenn der Gesprächspartner einsprachig ist und die Elemente der anderen Sprache(n) nicht versteht. In diesem Fall spricht man auch von Code-Mixing.

Code-Mixing wird vom Sprecher nicht bewusst eingesetzt, sondern geschieht, weil es z.B. einen bestimmten „trigger" gibt, einen Auslöser, das kann passieren, wenn ein Wort in beiden Sprachen ähnlich klingt, wie „weil" (Deutsch) und „while" (Englisch) oder wenn es in beiden Sprachen ähnliche Strukturen gibt.

Code-Switching ist demgegenüber ein bewusster Wechsel zwischen den Sprache(n), die gerade innerhalb eines Gesprächs gebraucht werden. Code-Switching ist ein wichtiger Teil sprachlichen Handelns, bei dem das gesamte Sprachenrepertoire genutzt wird. Gründe für einen Sprachwechsel können neue Situationen oder Themen sein, die in das Gespräch einfließen. Kinder und Jugendliche wechseln z.B. häufig in die Schulsprache, wenn sie sich über Schulfächer unterhalten. Die häufigste Form von Code-Switching ist, wenn der Sprecher jemanden zitiert und den Inhalt in der Sprache wiedergibt, in der das Gespräch ursprünglich stattgefunden hat: „önce birisi geldi **wolln sie in die bahn soll isch sie tragn** dedi isch so nee diyorum **isch wart hier nur**" [‚Zuerst kam einer „wolln sie in die bahn, soll isch sie tragn" hat er gesagt, isch so „nee", sage ich, „isch wart hier nur"'] (Türkischsprachige Frau im Rollstuhl an Straßenbahnhaltestelle; Zitat aus Riehl, 2014).

„Sehr viele Untersuchungen gehen davon aus, dass Code-Switching zwischen zwei Sprachen einem Wechsel zwischen einem *we-code* und einem *they-code* gleichkommt und dass daher beim Code-Switching verschiedene soziale Identitäten der Sprecher aktiviert werden." (Riehl, 2014). Voraussetzung für code-switching ist, dass beide Sprachen gut beherrscht werden. Es handelt sich deshalb nicht um eine fehlerhafte Anwendung der Sprachen, wie bei Interferenzen (s. Kapitel 17).

Interferenz ist ein „negativer Transfer", bei dem Strukturen der einen Sprache auf die andere übertragen werden. Das geschieht z.B., wenn bestimmte Laute nicht beherrscht werden und man beispielsweise Englisch „the" entsprechend seiner Erstsprache „se" oder „de" ausspricht. Interferenzen können auf allen sprachlichen Ebenen auftauchen. Sehr häufig findet man Interferenzen im Satzbau bei Menschen, die Deutsch als Zweitsprache lernen. Sie setzen das Verb nicht auf die zweite Position, sondern benutzen einen Satzbau aus ihrer Erstsprache: *"Gestern ich habe gegessen Spaghetti". Es kommt auch vor, dass z.B. die Verlaufsform, die in vielen Sprachen typisch ist, die es jedoch im Standarddeutsch nicht gibt, auf das Deutsche übertragen wird: *"Ich bin essen Spaghetti" oder *"ich mach essen Spaghetti" (statt „ich esse gerade Spaghetti", analog zu Englisch: „I am eating..." oder Spanisch: „estoy comiendo...". Diese Form gibt es auch in deutschen Dialekten wie in der Rheinischen Verlaufsform: „Isch bin am esse".

In Bezug auf das kindliche Sprachmischen ging man lange davon aus, dass sie nur Code-mixing betreiben, also ungewollt die Sprachen mischen oder Interferenzen zeigen. Man hatte einen defizitären Blick auf die mischenden Kinder. Früher dachte man, das Sprachmischen der Kinder sei ein Anzeichen dafür, dass sie die verschiedenen Sprachen nicht trennen können (Ein-System-Hypothese). Heute geht man davon aus, dass Kinder von Anfang an fähig sind, die

Sprachen zu trennen (Zwei-System-Hypothese). Schon im Mutterleib können Babys den Klang und Rhythmus verschiedener Sprachen unterscheiden. Man weiß heute, dass schon kleine Kinder auch code-switching bewusst einsetzen. Bei Kindern wie bei Erwachsenen gibt es eine Reihe von unterschiedlichen Gründen, weshalb sie bewusst und unbewusst Sprachen mischen. Bei kleinen Kindern kommen Sprachmischungen dennoch häufiger vor, als bei älteren Kindern. Das bedeutet aber nicht, dass sie die Sprachen nicht auseinanderhalten könnten, sondern dass sie sich im Sprachwechsel noch mehr üben müssen.

Wie oben gesagt, verhalten sich die Kinder sehr unterschiedlich. Es gibt Kinder, die Wörter in einer Sprache bevorzugen, weil sie ein Wort z.B. einfach lieber mögen oder weil es das Wort in der anderen Sprache so nicht gibt, z.B. gibt es in Deutsch kein Wort dafür, dass man nicht mehr durstig ist. Ist man nicht hungrig, ist man satt, aber was sagt man, wenn man keinen Durst hat? Vielleicht lässt sich ein Wort leichter aussprechen oder es ist aufgrund seines Klanges im Gehirn in der Nähe des Wortes in der anderen Sprache abgespeichert, welches das Kind gerade benutzt hat. Es gibt möglicherweise Kontexte, in denen das Kind eher in der einen Sprache kommuniziert. Solche Situationen können dann dazu führen, dass ein Kind in die andere Sprache wechselt.

Es kann sein, dass das Kind im Verlauf seines Spracherwerbs ein Wort noch nicht kennt und dann eben auf sein Repertoire zurückgreift und die Sprache wählt, in der es das Wort kennt. Zeitlich gesehen entwickeln sich die Sprachen, mit denen das Kind aufwächst, nicht immer gleichmäßig, weil z.B. eine Sprache im Familienalltag nicht so häufig verwendet wird, wie die andere Sprache. Die Sprache, in der das Kind einen höheren Input erhält, entwickelt sich schneller als die Sprache, in der das Kind weniger hört und spricht. In solchen Fällen kann die schwächere Sprache von der stärkeren Sprache profitieren. Sprachmischung ist dann eine Strategie, die in der Fachsprache „bilingual bootstrapping“ (Gawlitzek-Maiwald und Tracy, 1996) genannt wird. Die schneller entwickelte Sprache wird quasi mit ins Boot geholt, sie unterstützt die Kinder darin, sich mitzuteilen, obwohl sie bestimmte Wörter oder Strukturen in der anderen Sprache noch nicht beherrschen: „Ich hab gevisto la sedia“ - Ich habe den Stuhl gesehen (Beispiel aus Müller u.a., 2011). Sprachmischung kann insofern ein Hinweis darauf sein, welche Sprache für das Kind dominant ist. Kinder mit unausgewogener Sprachentwicklung mischen mehr, wenn sie ihre schwache Sprache benutzen. Andererseits kann es durchaus auch vorkommen, dass von der schwachen in die starke Sprache gemischt wird. Das Mischen findet also nicht nur in eine Richtung statt (Müller u.a., 2011).

Interessanterweise verletzen die Mischungen der Kinder weder die grammatischen Regeln der einen, noch der anderen Sprache. So ist im obigen Beispiel die richtige Vergangenheitsform von Deutsch und Italienisch kombiniert: *ge*- in „*ge*visto“, analog zur deutschen Perfektbildung wie in *ge*sehen, *ge*macht, *ge*kocht, etc. und „visto“ parallel zum Italienischen Perfekt, dem `passato prossimo´ wie in vist*o*, andat*o*, fatt*o*, lavorat*o*, etc. Die Sprachmischungen sind also nicht falsch, sondern zielsprachig korrekt. Zwei oder mehr Sprachen in einem Satz richtig anzuwenden ist deshalb eine ganz erstaunliche Leistung!

Das Vorhandensein einer stärkeren und einer oder mehrerer schwächeren Sprachen kann ein Grund für das Mischen sein, muss aber nicht. Wie gesagt, gibt es Kinder, die kaum mischen, obwohl sie eine dominante Sprache haben und es gibt Kinder, die mischen, obwohl sie in beiden Sprachen auf etwa demselben Entwicklungsstand stehen.

Manche Kinder verwenden zu Beginn ihres Spracherwerbs keine Äquivalente, d.h. sie gebrauchen für dieselbe Sache nicht verschiedene Wörter. Sie gebrauchen nur ein Wort, entweder aus der einen oder der anderen Sprache. Die Oma ist dann z.B. immer die russische „baba" und nicht Deutsch „Oma", der Hund ist Englisch „dog", nicht Deutsch „Hund". Sie entscheiden sich offenbar für Wörter, die sie leichter aussprechen können, oder die sie in bestimmten Situationen öfter hören. Auch einsprachige Kinder vermeiden im frühen Sprachgebrauch Synonyme, sie sagen nicht „Oma" und „Großmutter". Viele Kinder kennen die jeweiligen Äquivalente in beiden Sprachen, aber es kann vorkommen, dass ein Wort im Moment einfach nicht so schnell verfügbar ist und weil es für das Kind viel wichtiger ist, sich überhaupt mittzuteilen, als die Sprachen sauber zu trennen, es benutzt dann eben das entsprechende Wort, das gerade zugänglich und greifbar ist.

Übrigens mischen auch einsprachige Kinder, es ist uns nur meistens nicht ganz bewusst. Kleine Kinder erfassen noch nicht die gesamte Bedeutung eines Wortes. Sie müssen sich die Gesamtheit aller Bedeutungsmerkmale Schritt für Schritt erarbeiten und sie tun das durch Erfahrung. Viele Kinder, ein- und mehrsprachige, sagen zu jedem Fahrzeug „Auto". Sie sehen einen PKW – „Auto", einen LKW – „Auto", einen Bagger – „Auto", einen Traktor – „Auto", einen Bus – „Auto", einen Zug – „Auto": Alles, was fährt, ist ein Auto. Die Tatsache, dass das Wortfeld der Fahrzeuge anhand von Größe und Funktion bestimmt wird, müssen sie erst noch lernen. Auch ein einsprachiges Kind, das einen Bus mit „Auto" benennt, mischt also Bedeutungen. Kleinkinder sagen oft zu jeder weiblichen Person „Mama", zu jedem Tier „Wauwau" oder sie gebrauchen einfach ein Wort, das sie kennen, egal, ob es gerade Sinn macht oder nicht, einfach weil sie kommunizieren wollen. Was für den Wortschatz gilt, gilt auch für alle anderen linguistischen Ebenen. Mehrsprachige Kinder übertragen manchmal die Grammatik der einen Sprache auf die andere. Auch einsprachige Kinder brauchen ca. 4-6 Jahre, um die Grammatik ihrer einzigen Sprache fließend zu beherrschen. Kleine Kinder sagen „getrinkt", „gewascht", „gebest". Das sind keine Fehler. Solche Äußerungen zeigen, welche Regeln ein Kind schon erworben hat und welche anderen es noch erwerben muss. Bei mehrsprachigen Kindern ist es genauso. Sie schöpfen aus dem großen Repertoire, das sie haben. Sprachmischung bei mehrsprachigen Kindern ist kein Defizit. Heutzutage sieht man darin einen Ausdruck von linguistischer und sozialer Kreativität (Braun / Cline, 2014).

Kleine Kinder haben in der Regel noch wenig Routine im sogenannten monolingualen Modus. Mehrsprachige Menschen haben ja immer alle Sprachen im Kopf, je nach Gesprächspartner müssen sie sich aber für den Moment des Gesprächs auf eine Sprache konzentrieren und die andere(n) Sprache(n) blockieren. Das Gehirn läuft quasi permanent auf einem Mehrprogrammbetrieb. Aber wenn sie mit jemandem sprechen, der nur eine Sprache versteht, müssen die Mehrsprachigen ihre Aufmerksamkeit eben dieser einen Sprache widmen. Mehrsprachige aller Altersklassen haben einen klaren Vorteil gegenüber einsprachigen Menschen: Sie können besser irrelevante oder täuschende Informationen blockieren und kommen deshalb schneller und effizienter zu Problemlösungen. Daher sind sie ja auch besser in Multitasking (s. Kapitel 16).

Kleine Kinder müssen diesen Wechsel, das Umschalten von einer auf die andere Sprache, üben. Das Gehirn entwickelt sich mit den Erfahrungen. Aus diesem Grund ist es in der mehrsprachigen Erziehung wichtig, dass die Kinder einen ausreichenden Kontakt mit einsprachigen Sprechern aller Sprachen, die das Kind erwirbt, haben. Wenn das Kind stets darauf bauen kann, dass die Gesprächspartner auch gemischte Äußerungen verstehen, besteht kaum ein Bedarf, ausschließlich in einer Sprache zu sprechen (Anstatt / Dieser, 2007).

Was kann man also tun, wenn das Kind Sprachen mischt? Zu allererst ist es wichtig, das Verhalten nicht als Defizit, sondern als spezielle Fähigkeit anzusehen. Das Kind spürt dann die Wertschätzung, die darin liegt und hat weiterhin Freude am Sprechen. Wichtiger als jeder Sprachpurismus ist immer die Beziehung zum Kind, das Interesse und der Wille, sich auszudrücken. Sie helfen Ihrem Kind, wenn Sie selbst nicht innerhalb eines Satzes oder Gesprächs die Sprachen mischen. Sprachregeln helfen, den sprachlichen Alltag zu bewältigen. Dabei muss eine Sprache nicht unbedingt an eine Person gebunden sein. Es reicht, wenn man nach Situationen trennt, oder eben versucht, innerhalb eines Gesprächs in einer Sprache zu bleiben. Wenn das Kind innerhalb eines Satzes zwei oder mehr Sprachen benutzt, wiederholen Sie das vom Kind Gesagte in der Sprache, in der das Gespräch geführt wird. Betreiben Sie korrektives Feedback als Lehr- und Lernstrategie also auch bei Sprachmischungen (s. Kapitel 9).

Andererseits haben wir oben gesehen, dass code-switching nicht nur eine besondere Fähigkeit, sondern auch eine bestimmte Diskursstrategie ist, derer sich Mehrsprachige bedienen können, z.B. wenn sie in einer anderen Sprache zitieren. Wenn die Eltern selbst bilingual sind, gehört es daher oft zum familiären Alltag, permanent Sprachen zu mischen. Wenn alle anwesenden Personen bilingual sind, ist es in einer solchen Umgebung absolut akzeptabel, denn alle Sprecher verstehen alles. Sobald die Mehrsprachigen es aber mit einsprachigen Menschen zu tun haben, bleiben sie bei der Sprache dieses Menschen. Mehrsprachige können und tun das, wenn sie genügend Kontakte zu einsprachigen Personen haben, die Sprachmischungen nicht verstehen. Was ein Kind, das Sprachen mischt, braucht, sind also Zeit, Sprachtrennungsregeln in der Familie und viele Kontakte zu einsprachigen Personen, die Mischungen nicht verstehen. Da das System in Deutschland sowieso einsprachig ist und die Kinder in Kindergarten und Schule deshalb hauptsächlich mit einsprachigen Menschen zu tun haben, entwickelt sich ein monolingualer

Modus von selbst. Vertrauen Sie darauf, dass Ihr Kind sich genauso situationsadäquat verhalten wird, wie andere mehrsprachige Personen es tun. Die meisten Kinder verhalten sich sprachlich ab ca. 10 bis 12 Jahren wie ein Erwachsener und passen sich spätestens dann dem jeweiligen Sprachkontext an. Viele Kinder tun es allerdings schon viel früher (ab 4 Jahren) und einige von Anfang an.

- Sprachmischungen sind besondere Fähigkeiten
- Kinder können unterschiedliche Sprachen von Anfang an trennen
- Sprachmischungen sind Teil des Spracherwerbsprozesses
- Kinder nutzen Sprachmischungen als Strategien, um sich auszudrücken
- Auch einsprachige Kinder mischen
- Die Gründe für das Mischen sind unterschiedlich:
    - Persönlichkeit des Kindes
    - Stärkere Sprache unterstützt die schwächere Sprache
    - Gesprächspartner versteht Mischungen
- Situationen oder Themen werden lieber in einer bestimmten Sprache besprochen
- Code-switching aktiviert bestimmte soziale Identitäten (Ingroup) oder bezieht sich auf die Sprache, in der eine Handlung stattgefunden hat.
- Durch korrektives Feedback zeigt man den Kindern, welche Sprache gerade gewünscht ist und wie es das ausdrücken kann.
- Kinder brauchen Übung im einsprachigen Modus, entweder durch Sprachtrennungsregeln in der Familie und/oder durch häufige Kontakte zu Einsprachigen, die nicht beide Sprachen verstehen.
- Dadurch, dass Kinder lernen, eine Sprache nach Situation und Kontext oder Sprecher zu aktivieren und die andere(n) Sprache(n) auszublenden, haben sie einen kognitiven Vorteil in Aufgaben, die eine Aufmerksamkeitskontrolle erfordern. Sie gewöhnen sich quasi daran, irrelevante Informationen zu ignorieren.

Kapitel 13: Gibt es Zeitfenster für den Erwerb von Sprachen?

Für den Erstspracherwerb gibt es zweifellos ein Zeitfenster. Ist es geschlossen, ist es nicht mehr möglich, überhaupt noch Sprache erwerben zu können. Die Existenz von Zeitfenstern, auch kritische Periode oder sensible Phasen genannt, ist für den Zweitspracherwerb in der Forschung jedoch umstritten (Dimroth / Haberzettl, 2008). Sicherlich lässt sich generell sagen, dass Kinder besser lernen als Erwachsene und dass es sehr günstig ist, zwei oder mehrere Sprachen so früh wie möglich zu erwerben. Andererseits gibt es auch Erwachsene, die eine weitere Sprache noch sehr gut lernen und sogar ein muttersprachliches Niveau erreichen können.

Ursprünglich kommt die Idee, dass Lernen nur in einem bestimmten Zeitfenster stattfinden kann, aus der Biologie: Wir alle kennen das Blitzlernen von Küken, die aus ihren Eiern schlüpfen und binnen Minuten lernen, ihrer Mutter zu folgen. Ist die Gänsemutter aber in diesen alles entscheidenden Minuten nicht anwesend, folgen die Küken für ihr weiteres Leben z.B. auch einem Fußball oder dem „Vater der Graugänse“, dem Verhaltensforscher Konrad Lorenz, der dieses Phänomen der Prägung bekannt machte. Die Prägung kann nicht wieder rückgängig gemacht werden. Bezogen auf den Spracherwerb gehen die Befürworter von CPH (Critical Period Hypothesis, Begriff von Lenneberg, 1967) - grob gesprochen - davon aus, dass die Reifung des Gehirns nach der Pubertät abgeschlossen ist, die graue Substanz nimmt ab und das Lernen von Sprachen wird schwieriger.

Zeitfenster für den Erstspracherwerb

Zunächst müssen wir aber klarstellen, um welchen Spracherwerb es sich handelt. Beim Erstspracherwerb gibt es tatsächlich zweifellos ein Zeitfenster, das sich schließt, wenn bis zu einem bestimmten Alter überhaupt keine Sprache erworben wurde. Von den herzzerreißenden Fällen der sogenannten „Wolfskinder“, die ohne Sprache aufwachsen wie das Mädchen Genie, das 12 Jahre lang ohne Kommunikation eingesperrt lebte, wissen wir, dass sie nicht mehr fließend sprechen lernen können. Das Fenster ist zu (s. http://www.ruhr-uni-bochum.de/sprachwerk/mam/content/12_wolfskinder.pdf).

Genie konnte nach ihrer Befreiung aus ihrem einsamen Gefängnis zwar Wörter lernen und sich auf diese Weise wie ein Kleinstkind mitteilen, aber sie konnte nicht mehr lernen, Sätze zu bilden. Trotz langjähriger und intensiver Sprachtherapie kam sie über das Mehrwortstadium nicht hinaus: „Father take piece wood. Hit. Cry.“ (zit. in Butzkamm, 2008) (s. Kapitel 10). Gott sei Dank konnte Genie noch lernen, überhaupt zu kommunizieren und uns so ihre Geschichte vermitteln. Aber ihre Sprache bleibt fast ohne Grammatik. Es ist unglaublich traurig, denn grammatisches Sprechen ist etwas, das uns Menschen von Tieren unterscheidet. Auch Tiere können kommunizieren, Wale, Ameisen, Bienen, Vögel – sie alle haben ein ausgetüfteltes Kommunikationssystem. Katzen und Hunde „sprechen" mit ihren Besitzern. Affen können einen enormen Wortschatz verstehen lernen und Wörter Bildern zuordnen. Aber Tiere können keine Sätze oder gar zusammenhängende Texte sprechen.

Im Menschen ist es zwar genetisch angelegt, sprechen lernen zu können, doch um diese Anlage auch zu entfalten, brauchen Kinder eben Kontakt, Liebe, Akzeptanz, Teilhabe und Sprache. Genies Vater schlug seine Tochter, wenn sie Laute von sich gab. Diese emotionale Schädigung war dauerhaft, so dass Genie auch später nur ungern Laute äußerte und eher bereit war, Wörter zu lesen als zu sprechen. Der Fall von Genie und anderen isolierten Kindern ist sehr speziell. Es ist schwierig zu sagen, ob ihre mangelnde Sprachfähigkeit tatsächlich in der Hirnreifung oder in emotionalen Faktoren begründet ist. Vermutlich gibt es – wie immer – nicht nur eine Wahrheit, sondern ein komplexes Bündel von Faktoren, die zu ihrem eingeschränkten Spracherwerb führen. Für Wissenschaftler aber war Genie ein Geschenk des Himmels. Sie untersuchten nicht nur ihre Fähigkeit, Sprache überhaupt noch lernen zu können, sondern auch, wie sich ihre Sprache im Gehirn lateralisiert, also wie sich die Gehirnhälften spezialisieren. Susan Curtiss, die ihre Doktorarbeit (Curtiss, 1977) unter der Leitung von Victoria Fromkin über Genie schrieb, bemerkte einen Widerspruch zwischen Genies kognitiver und sprachlicher Entwicklung. Genie konnte kategorisieren, Farben, Ober- und Unterbegriffe, Mehrzahl und jede Frage, auch offene W-Fragen verstehen, aber gleichzeitig konnte sie bestimmte Laute oder grammatische Aspekte, wie Pluralendungen oder Possessivpronomen nicht selbst produzieren und sie formulierte niemals auch nur eine einzige Frage (Curtiss / Fromkin u.a., 2015 // 1975). Wie konnte das sein? Eine Gehirnuntersuchung lieferte des Rätsels Lösung: Die Art, wie die Gehirnhälften sich normalerweise entwickeln, war bei Genie durch das Fehlen sprachlichen Inputs in der frühen Kindheit gestört. Ihre rechte Hirnseite war gut ausgebildet. Aufgaben der rechten Hirnhälfte, wie Gestalt - Wahrnehmung oder auch Erinnerung an Orte und Gesichter, konnte Genie gut bewältigen. Ihre linke Gehirnhälfte, die Sprachseite, war hingegen extrem unterentwickelt. Aus diesem Grund musste sie, als sie mit 13 Jahren begann, Sprache zu erwerben, die Sprache in der rechten Gehirnhälfte verarbeiten (Curtiss / Fromkin u.a., ebd). So konnte Genie zwar Sprache verstehen, aber nicht analysieren und Grammatik benutzen. Übrigens haben Patienten mit Hirnverletzungen oder nach einem Schlaganfall mit Schädigungen der linken Hirnhälfte ganz ähnliche Merkmale: Sie können noch ganz gut verstehen, aber sie sprechen ohne Grammatik.

Wissenschaftler gehen davon aus, dass es für die Lateralisierung, für die Aufgabenteilung der Hirnhälften, ein Zeitfenster gibt, welches mit zwei Jahren beginnt und ab 5 – 6 Jahren anfängt, sich zu schließen. Besonders die Fähigkeiten der linken Hemisphäre (Sprache, analytischer Zugriff) bilden sich während der Kindheit aus.

Da die Einzelfälle der Wolfskinder wenig empirische Aussagekraft haben, versuchte man, das Phänomen an Gehörlosen zu erforschen. Man untersuchte Gehörlose, die in unterschiedlichen Altersstufen Gebärdensprache gelernt hatten, solche, die kurz nach der Geburt, mit 5, 9, 14 oder erst als Erwachsene mit Sprache in Kontakt kamen (Untersuchungen von Mayberry und Fischer, 1989). Der Fachbegriff für den Altersfaktor im Spracherwerb ist AoA: Age of Aquirement (Erwerbsalter). Es bestätigte sich, dass der späte Spracherwerb nur sehr eingeschränkt möglich ist und das Zeitfenster wurde sogar deutlich herabgesetzt, auf 6 Jahre. Bis zu diesem Alter ist es noch möglich, Sprache mit ihren lautlichen, grammatischen und semantischen Feinheiten zu erwerben. Danach wird es immer schwieriger und nach der Pubertät ist es tatsächlich nur noch in rudimentärer Form möglich, Sprache zu erwerben.

Menschen, die in ihren ersten Lebensjahren hören und damit Sprache aufnehmen konnten und erst später taub wurden, hatten keine Probleme, die Gebärdensprache mit ihrer sehr unterschiedlichen Grammatik zu gesprochenen Sprachen zu lernen. Sie hatten eine Erstsprache erworben und lernten die Gebärdensprache quasi als Zweitsprache. Das zeigt, dass ihre Spracherfahrung ihnen half, eine weitere Sprache zu lernen (s. Kapitel 20).

Es ist unbestreitbar, dass es für den Erstspracherwerb eine kritische Periode gibt. Das Gehirn muss in den ersten Lebensjahren Sprache aufnehmen und verarbeiten, um sich normal entwickeln zu können (Shouten, 2009).

Zeitfenster für mehrfachen Erstspracherwerb

Wie sieht es mit „normalen" Kindern aus, die in den ersten Jahren Sprachinput bekommen und zwar sogar von zwei oder mehr Sprachen?

Es ist ein Unterschied, ob ein Kind von Geburt an mehrsprachig aufwächst oder zuerst nur eine und später weitere Sprachen hinzulernt. Neuere Forschungen zeigen, dass die Sprachareale im Gehirn von Mehrsprachigen, die von Geburt an mit zwei oder mehr Sprachen aufgewachsen sind, sehr dicht beieinander liegen. Die Sprachbereiche im Gehirn überlappen sich weitgehend und sind auch fester und dichter. Dadurch müssen die Mehrsprachigen, wenn sie unterschiedliche Sprachen benutzen, weniger Gehirnsubstanz aktivieren, als diejenigen, die erst später, ab ca. vier Jahren eine weitere Sprache lernen (s. Riehl, 2006, 2007, 2014). Bei frühen Mehrsprachigen ist der Aufwand, die Sprachen zu lernen und zu gebrauchen, infolgedessen sehr gering. Je älter man wird, desto weiter rücken die Sprachlappen auseinander und es wird zwar nicht unmöglich, aber aufwendiger und anstrengender, Sprachen zu erwerben. Die Aktivierungen im Broca-Areal überlappen sich nur teilweise. Im Gehirn sind bestimmte Areale für bestimmte Zwecke reserviert. Werden sie nicht in der frühen Kindheit angelegt, kann das später nicht mehr geändert werden und man muss dann benachbarte Zonen benutzen. „Deswegen können nur frühe Mehrsprachige, die die zweite Sprache noch vor diesem kritischen Alter erworben haben, das gleiche Areal für ihre Sprachen verwenden" (Riehl, 2014). Außerdem aktivieren Kinder, die früh mehrsprachig aufwachsen andere Bereiche im Gehirn als diejenigen, die später Sprachen lernen. Sie haben also unterschiedliche Sprachverarbeitungssysteme: Die Früh-Mehrsprachigen nutzen hauptsächlich frontale und präfrontale Netzwerke, unter Einschluss des Brocca Areals. Das sind Orte für Problemlösungen und des Arbeitsgedächtnisses und hier sitzen auch kognitive Kontrollprozesse wie selektive Aufmerksamkeit und Flexibilität. Die Spät-Mehrsprachigen aktivieren eher posteriore Regionen, v.a. das Wernicke- Areal, Orte, die für die Bearbeitung von Bedeutung ausgerichtet sind (Wattendorf u.a., 2001, Riehl, 2014, Bialystok, 2014). Kinder, die von Geburt an oder noch vor dem 3. Lebensjahr zwei oder mehr Sprachen erwerben, haben deshalb auch kognitive Vorteile. Außerdem können sie spätere Sprachen an die Areale der Erstsprachen direkt andocken (Riehl, 2014). Sie lernen weitere Sprachen schneller und einfacher als Einsprachige und können dadurch multilingual werden. Das zeigen zahlreiche Studien, u.a. eine Studie von Wattendorf u.a. (2001): Früh-Mehrsprachige haben ein sprachverarbeitendes neuronales Netzwerk aufgebaut, welches mehrere, einschließlich spät erlernter Sprachen, integrieren kann. Die Spät-Mehrsprachigen haben hingegen ein Netzwerk für jede einzelne Sprache aufgebaut.

In der oder den Erstsprachen erwerben die Kinder Sprachen außerdem intuitiv. Es ist besonders förderlich, so früh wie möglich, am besten von Geburt an, mit der mehrsprachigen Erziehung zu beginnen. Die früheren Befürchtungen, Kinder könnten überfordert werden, wenn sie mit mehreren Sprachen gleichzeitig aufwachsen, sind heute eindeutig widerlegt. Ebenso die These, der Erwerb einer Sprache müsse zuerst abgeschlossen sein, bevor eine weitere Sprache hinzukommt.

Kinder, die von Geburt an mehrsprachig aufwachsen, durchlaufen die gleiche Erwerbsreihenfolge wie einsprachige Kinder. Kinder, die nach dem 4. bis 6. Lebensjahr eine Zweitsprache lernen, zeigen andere Zwischenschritte (Meisel, 2007, 2011, Pagonis, 2009). Auch die kognitive Entwicklung von Früh-Mehrsprachigen verläuft anders (s. Kapitel 16).

Zeitfenster für Zweitspracherwerb

Kommt eine weitere Sprache ab dem Alter von ca. vier Jahren hinzu, handelt es sich schon nicht mehr um einen Muttersprach- bzw. Erstspracherwerb, sondern um einen Zweitspracherwerb. Der Lernaufwand für das Gehirn ist dann schon höher. Es muss sich umstrukturieren und neue Erfahrungen einbauen (s. Kapitel 1). In der Erstsprache erwerben Kinder intuitiv Sprache, in der Zweitsprache lernen Kinder oder auch Erwachsene Sprache. In der Forschung ist die Annahme einer kritischen Periode aber für den Zweitspracherwerb deshalb umstritten, weil es 1. jederzeit möglich ist, weitere Sprachen hervorragend zu lernen, sofern ein Erstspracherwerb stattgefunden hat, und 2. mehr Faktoren als allein die Hirnreifung für das Sprachenlernen eine Rolle spielen.

Natürlich gibt es Menschen, die als Erwachsene eine Fremdsprache lernen und diese hervorragend und akzentfrei beherrschen. Neuere Studien zeigen das (Gass, 2013). Es kostet sie allerdings Mühe und sie sind vermutlich ziemlich sprachbegabt. Ein Baby spezialisiert sich schon im ersten Lebensjahr auf die Laute seiner Erstsprache(n). Mit ca. acht Monaten lallt es Silben: dadada...bababa....daba. Es produziert dabei nur noch solche Laute, die es regelmäßig hört. Ein chinesisches Kind lallt anders als ein deutsches. Ein chinesisch-deutsches Kind lallt Laute aus beiden Sprachen, aber eben keine ungarischen oder finnischen. Es ist deshalb nicht verwunderlich, dass es immer schwieriger wird, Laute zu erzeugen, die es in der oder den Erstsprache(n) nicht gibt, je älter man wird. Kleinen Kindern fällt es wesentlich leichter, fremde Laute zu unterscheiden. In der Forschung herrscht deshalb Konsens darüber, dass es bezogen auf die Aussprache eine kritische Periode gibt. Einige meinen, nur in der Aussprache gebe es eine CHP, weil die phonologische Produktion der einzige Aspekt von Sprache ist, der eine neuromuskuläre Basis hat. Als Erwachsener eine Fremdsprache akzentfrei beherrschen zu lernen, ist so außergewöhnlich, dass nur einer von 1000 es schafft (vgl. Shouten, 2009). Mit besonderer Begabung ist es aber dennoch möglich.

Doch auch in den anderen sprachlichen Bereichen sind Kinder in der Regel eher in der Lage, muttersprachliche Kompetenzen zu erreichen als Jugendliche und Erwachsene. In der Forschung spricht man von frühem (ab 6 Jahre) und sehr frühem (ab 3 Jahre) Zweitspracherwerb, um den Altersgrenzen gerecht zu werden. Bei 6-8 Jahren gibt es wieder ein Zeitfenster. Lernt ein Kind die Zweitsprache erst nach dem 8. Lebensjahr, gleicht der Erwerbsverlauf eher dem eines erwachsenen Lerners, die Reihenfolge der Zwischenschritte ist gleich. Bei den älteren Lernern werden die Sprachen eben in unterschiedlichen und weit auseinanderliegenden Gehirnarealen verarbeitet (Meisel, 2011). In den vielen empirischen Untersuchungen zum Altersfaktor konnte allerdings keine prinzipielle Überlegenheit der Kinder gegenüber erwachsenen Lernern bewiesen werden. Manchmal konnten sogar die Erwachsenen eine Zweitsprache schneller und effizienter lernen als die Kinder. Fest steht, dass sie anders lernen, in anderen Zwischenschritten, und dass ihre individuellen Fähigkeiten eine immer größere Rolle spielen. Sie lernen bewusster. Gerade diese Sprachbewusstheit kann bei sehr hoher Motivation aber eben auch ein Vorteil gegenüber dem jungen Alter sein.

Bei den älteren Lernern hat die Erstsprache einen entscheidenden Einfluss auf den Erwerb der Zweitsprache. Es fällt ihnen schwer, sich von Strukturen der Erstsprache zu lösen. Diese sind so verfestigt, dass sie sich im Unterbewusstsein befinden und kaum kontrolliert werden können. Hierzu gehört im Deutschen beispielsweise die Verbzweitstellung. Ein Satz wie „heute gehe ich in den Zoo“ will vielen älteren Deutschlernern einfach nicht in den Kopf gehen. Für sie ist es von ihrer Erstsprache her logischer, „*heute ich gehe in den Zoo“ zu sagen, weil sie gewohnt sind, das Subjekt vor das Verb zu setzen. Um das noch verändern zu können, muss ein Lerner sich von Automatismen lösen und Neues wahrnehmen lernen. „Es geht hier nicht lediglich um die Überwindung von Stereotypen und Denkfaulheit, sondern es geht um das physiologische

Problem, feste Bestandteile einer prozeduralen Kompetenz wieder beweglich zu machen. Diese Flexibilität haben offenbar nur relativ wenige." (Lehmann, 2015).

Die meisten Forscher sind sich darin einig, dass das Niveau der Zweitsprache vom Niveau der Erstsprache abhängig ist. Ein Kind, das gute Kompetenzen und Strategien in der Erstsprache entwickelt hat, kann eben diese für die Zweitsprache nutzen. Die Chancen für einen sehr erfolgreichen Zweitspracherwerb stehen äußerst günstig. Ausgeprägte verbale Fähigkeiten und ein hohes Sprachbewusstsein bei älteren Kindern und Erwachsenen führen durchaus zu einer „native-like" Sprachkompetenz. Der Verlust des impliziten Lernens in der frühen Kindheit wird quasi durch einen Mechanismus des expliziten, bewussten Lernens ausgeglichen (deKeyser, 2000). Andersherum gilt, dass es für einen Menschen, dessen Erstsprache schlecht entwickelt ist, z.B. weil er sprachlich zu wenig angeregt wurde, schwierig ist, die Zweitsprache besser zu entwickeln. Genie zum Beispiel hätte auch in einer Zweitsprache nicht lernen können, komplette Sätze zu bilden. Sind die Kompetenzen in Erst- und Zweitsprache gering, können die Kinder auch keine guten Lernerfolge im schulischen Fremdsprachenunterricht erzielen (Rohde, 2013). Die Sprachkompetenzen beeinflussen sich gegenseitig wie Dominosteine. Das sollte uns jedoch nicht davon abhalten, etwa in Kindergarten und Schule die Zweitsprache von Kindern gezielt zu fördern. Niemals können wir uns von der Verantwortung freisprechen, Kinder in ihrem Zweitspracherwerb bestmöglich zu unterstützen, auch dann nicht, wenn es um Kinder geht, die ihre Erstsprache schlecht entwickelt haben, z.B. weil sie aus „bildungsfernen" Familien stammen und hier wenig Sprachanregung erhalten haben. Es ist keine Entschuldigung dafür, aufzugeben, weil es sowieso nichts nutze. Wir müssen vielmehr davon ausgehen, dass eine gezielte Förderung der Zweitsprache die Kinder auch darin unterstützt, allgemeine, „grundlegende alltagssprachliche Fähigkeiten" zu entwickeln (Kaltenbacher, 2011), so dass wiederum ein positiver Einfluss auch auf die Erstsprache gegeben ist.

Die Frage nach Zeitfenstern ist für die Praxis eigentlich nur relevant, wenn man die Option hat, sein Kind von Beginn an oder später mehrsprachig zu erziehen. In diesem Fall sollte man sich für die erste Alternative entscheiden. Im Umgang mit Zweitsprachlernen ist es wichtig zu verstehen, dass sie andere Strategien entwickeln und es zu Stagnationen kommen kann, aber nicht muss.

- Für den Erstspracherwerb gibt es eine kritische Periode bei 6 Jahren.
- Wer bis zur Pubertät keine Sprache erworben hat, kann nicht mehr lernen, grammatisch, in ganzen und komplexen Sätzen zu sprechen.
- Beim Erwerb einer zweiten und dritten Sprache spielt das Alter nicht per se die wichtigste Rolle.
- Beim Zweitspracherwerb ist es nur in der Aussprache schwierig, diese noch akzentfrei zu beherrschen, wenn man erst nach der Pubertät begonnen hat, die Sprache zu lernen.
- Kleine Kinder lernen Sprachen auf eine andere Art als ältere Kinder und Erwachsene.

- Die Erstsprache beeinflusst bei älteren Lernern den Erwerb der Zweitsprache.
- Eine gut entwickelte Erstsprache fördert den Erwerb einer Zweitsprache. Schlecht entwickelte Erstsprachen können dennoch durch sehr gute Förderung in der Zweitsprache verbessert werden.

Kapitel 14: Wie kann man lesen und schreiben in mehreren Sprachen fördern? Ist es besser gleichzeitig oder hintereinander?

Der Schriftspracherwerb gehört zweifelsfrei zu einer ausgeglichenen Mehrsprachigkeit. Ohne Schrift hat man keinen Zugang zu vielen Systemen, zur Bildung, zur Literatur sowie zu modernen Kommunikationsformen und sozialen Medien wie WhatsApp, Facebook, etc. Mehrsprachige mit Schriftsprachkompetenzen haben einen enormen Vorteil in der heutigen Berufs- und Arbeitswelt. Zur Mehrschriftlichkeit gehört einerseits die Beherrschung unterschiedlicher Schriftsysteme und Orthografieregeln, andererseits die schriftliche Ausdrucksfähigkeit und Textkompetenz in mehreren Sprachen (Riehl, 2014).

Kinder sind in der Lage unterschiedliche Schriftsysteme gleichzeitig zu lernen. Es überfordert sie nicht und es verzögert auch nicht den Schriftspracherwerb. Das Prinzip gleicht dem des Erwerbs des Sprechens. Kinder können die unterschiedlichen Sprachen unterscheiden. Schon Dreijährige sind in der Lage, unterschiedliche Schriften zu erkennen, die in ihrem Umfeld vorkommen, z.B. Deutsch und Arabisch. Sie können gleichzeitig in mehreren Sprachen lesen und schreiben lernen oder auch hintereinander. Das Tempo ist wie beim Sprecherwerb individuell unterschiedlich. Manche Kinder sind schneller als andere. Langsamlerner sind nicht deshalb langsam, weil sie mehrsprachig sind! Auch Ursachen für eine Lese-Rechtschreibschwäche liegen nicht in der Mehrsprachigkeit begründet. Kinder hätten sie sowieso, ob ein- oder mehrsprachig.

In Indien und Bangladesch lernen viele Kinder bis zum 8. Lebensjahr drei Schriftsprachen in drei unterschiedlichen Schriftsystemen. Das ist möglich. Von einer Sprache auf die andere kann ein Transfer geleistet werden, selbst dann, wenn die Schriftzeichen unterschiedlich sind. Ein Kind, das in einer Sprache lesen gelernt hat, beginnt beim Lesen in einer anderen Sprache nicht bei null. Das Prinzip ist ja identisch und man braucht gleiche oder ähnliche Strategien. Hier gilt wieder das Prinzip des übergeordneten Wissensspeichers (CUP, vgl. Kapitel 10). Das Wissen, wie man liest, ist nicht an eine Sprache gebunden. Ein Text ist in Wörter gegliedert, die durch Leerzeichen / Pausen voneinander getrennt sind. Diese Wörter tragen eine Bedeutung. Kenne ich die Bedeutung nicht, kann ich sie mir aus dem Kontext der anderen Wörter erschließen. Lesekompetenzen in einer Sprache übertragen sich also auf die andere. So wie Kinder zwei, drei, vier oder mehr Sprachen sprechen lernen können, so können sie diese auch schreiben lernen.

Wissenschaftler haben festgestellt, dass mehrsprachige Kinder besser Buchstaben mit Lauten verbinden können, als einsprachige Kinder (Steiner / Hayes, 2009), vermutlich, weil sie von

Anfang an ständig intensiv Laute unterscheiden. Haben die Sprachen ein unterschiedliches Alphabet, dann verhält sich der Erwerb ähnlich zu dem des Sprechens von Sprachen, die strukturell sehr unterschiedlich sind. Kinder können parallel das lateinische und das kyrillische Alphabet erwerben. In einigen Fällen lernen sie sogar unterschiedliche Schrifttypen, z.B. eine Alphabetschrift und eine logographische Schrift (Bilderschrift) wie Chinesisch oder eine Silbenschrift wie Koreanisch und Japanisch, in denen ein Zeichen jeweils eine Konsonant-Vokal-Kombination symbolisiert (Bialystok, 2007).

Einige Kinder lernen alleine lesen, aber die meisten Kinder brauchen, wie auch die einsprachigen, didaktische Anleitungen zum Lesen- und Schreibenlernen. Häufig hört man das Argument, mehrsprachige Kinder würden durch die unterschiedlichen Schriftzeichen verwirrt und sie könnten dann erst viel später eine korrekte Rechtschreibung anwenden. Kommt Ihnen das bekannt vor? Das Argument ist analog zu dem, mehrsprachige Kinder würden später zu sprechen beginnen. Ebenso gibt es beim Schriftspracherwerb keine empirische Untersuchung, die beweisen würde, dass mehrsprachige Kinder später schreiben lernen oder mehr Rechtschreibfehler machen als einsprachige. Auch einsprachig deutsche Kinder erwerben die korrekte Rechtschreibung relativ spät. Das hat zum Teil mit pädagogischen Moden zu tun, wie Kindern die Orthographie vermittelt wird.

In der neueren Forschung besteht Einigkeit darüber, dass Schriftspracherwerb in mehreren Sprachen generell nicht negativ, sondern positiv ist, eben weil die Kinder dadurch ihre Strategien übertragen und erweitern können. Natürlich kann es auch in der Schrift zu Sprachmischungen kommen, z.B. kann ein Kind ein deutsches Wort mit französischer Aussprache lesen. Mit der Zeit lernt das Kind, dass eine ähnliche Rechtschreibung unterschiedlich ausgesprochen werden kann. Lesen ist ein langer Prozess, der viele Jahre andauert. Wenn das Alphabet in den Sprachen gleich ist, können viele Kinder selbst Texte in der anderen Sprache entschlüsseln, in der sie nicht explizit lesen und schreiben gelernt haben. Durch den Transfer von einer Sprache auf eine andere kann das Kind schriftliche Texte in einer anderen Spreche dekodieren, wenn es das schon in einer Sprache gelernt hat. Unterschiedliche Laut-Buchstaben-Verbindungen können dem Kind sehr einfach klar gemacht werden: Italienisch „chi" und Englisch „key" haben zum Beispiel sehr ähnliche Laute, werden aber vollkommen unterschiedlich geschrieben. Das Schulkind ist schon in der Lage, Regeln zu verstehen und man kann die Unterschiede klar fokussieren. Ist der Schriftspracherwerb allerdings ungesteuert, lernt das Kind also die Regeln nicht explizit, dann werden die Laut-Buchstaben Kombinationen von der einen Sprache auf die andere übertragen. Grapheme, die es in der einen Sprache nicht gibt, sind dann auch in der anderen nicht bekannt, wie z.B. das „ß" im Deutschen oder das „ñ" im Spanischen. Kinder, die in Deutsch schreiben lernen, werden dann z.B. auch die Großschreibung der Nomen auf die andere Sprache übertragen oder Wörter mit „k" statt mit „c" schreiben. Deshalb ist es dringend erforderlich, den Schriftspracherwerb gezielt zu steuern. Kinder können dann die jeweiligen Beziehungen zwischen den Schriftzeichen und ihre Bedeutung in verschiedenen Sprachen sehr schnell entdecken (Riehl, 2014).

Haben die Schriften verschiedene Alphabete, dann können natürlich weniger Analogien gefunden werden. Die Laute werden unterschiedlich verschriftet und diese muss das Kind als neue Symbole auch neu lernen. Eventuell muss das Kind auch lernen, in eine andere Richtung zu lesen und schreiben, von links nach rechts, von rechts nach links oder von oben nach unten. In jedem Fall gibt es aber auch hier Parallelen, die das Kind nutzen wird. Gerade unterschiedliche Schriftzeichen können eine enorme Motivation für das Kind bedeuten und bewirken, dass es nicht von Ähnlichkeiten ausgeht, die tatsächlich gar nicht vorhanden sind. Strukturell ähnliche Sprachen sind zwar einerseits einfacher miteinander in Beziehung zu setzen, andererseits gibt es aber immer auch „falsche Freunde". Sprachliche Realisierungen wirken gleich, sind aber anders. Wie soll ein Kind, das zu Hause Italienisch und Englisch spricht, in der Schule das deutsche Wort „Kind" schreiben? *Kent, chint* oder *kint*?

Ein Vorteil von einem simultanen Schriftspracherwerb in zwei Sprachen ist, dass Kinder dann offenbar bessere visuelle Fähigkeiten entwickeln und damit z.B. gezielt nach visuellen Unterschieden suchen (Baker, 2014). Zwei Sprachen gleichzeitig lesen und schreiben zu lernen ist günstig, wenn beide Sprachen schon vor dem Schriftspracherwerb einigermaßen ausgeglichen sind, die Kinder also in beiden Sprachen flüssig sprechen. Ist eine Sprache sehr viel stärker als die andere, mag es sinnvoll sein, zuerst in der starken Sprache mit dem Schriftspracherwerb zu beginnen. Das Kind kann dann höher motiviert sein, lesen und schreiben lernen zu wollen. Viele Kinder sind allerdings gezwungen, zuerst in ihrer schwächeren Zweitsprache Schrift zu erwerben, weil sie eine Schule besuchen, welche die Erstsprache der Kinder nicht anbietet. Das hat keine negativen Auswirkungen auf den Schriftspracherwerb der Erstsprache. Die Kenntnisse und Strategien, die ein Kind sich angeeignet hat, kann es immer auf weitere Sprachen übertragen. Für Kinder, die keine literale Erfahrung haben, die also nicht über eine konzeptionelle Schriftlichkeit verfügen, kann der Einstieg in die Schrift über die schwache Sprache allerdings schwierig sein. Es ist in diesem Fall günstiger, über die starke Sprache einzusteigen. Es könnte hilfreich sein, das Kind schon vor Schulbeginn mit dem Lesen und Schreiben in der starken Sprache vertraut zu machen, sofern das Kind daran Interesse zeigt und kognitiv in der Lage dazu ist. In vielen Ländern wird bereits vor dem sechsten Lebensjahr mit dem Schriftspracherwerb begonnen, daher ist es nicht so außergewöhnlich, dies schon mit Fünfjährigen zu tun. Kinder mit Lese-Rechtschreibschwäche profitieren davon, wenn sie zuerst in derjenigen Sprache lesen lernen, die wenig Ausnahmen hat, die also tatsächlich so geschrieben, wie gesprochen wird. Deutsch, Englisch und Französisch sind sehr irreguläre Schriftsprachen, Italienisch ist eher regelmäßig. Leider ist es aber im Schulalltag nicht immer möglich, Kindern diese Option anzubieten.

Die Frage, ob es besser ist, gleichzeitig oder hintereinander Schrift zu erwerben hängt – wie beim Sprechen – jedoch nicht so sehr von den Fähigkeiten der Kinder ab (die sie in der Regel haben), sondern von den Möglichkeiten, die einem zur Verfügung stehen. Je mehr Sprachen ins Spiel kommen, desto mehr Zeit benötigen Sie als Bezugsperson. Auch hier muss man also wieder eine Balance finden und sich überlegen, wie man das Lernen auf interessante Weise in den

Alltag integrieren kann. Wenn Ihr Kind in mehr als zwei Sprachen lesen und schreiben lernen soll, ist es u.U. ratsam, die dritte und vierte Sprache tatsächlich später zu vermitteln, einfach weil Sie es zeitlich kaum schaffen werden, alle Schriftsysteme auf einmal zu vermitteln. Wenn die Sprachen dasselbe Alphabet haben, können Sie ruhig versuchen, Ihrem Kind einfache Texte in der 3. oder 4. Sprache zum Lesen anzubieten und sehen, ob es das selbst dekodieren kann. Mit dem „monolingualen Habitus" (Gogolin, 1994) der meisten Schulen lernen die Kinder hierzulande ja nur in Deutsch lesen und schreiben. Weitere Sprachen muss man deshalb entweder zu Hause fördern oder durch den Besuch einer mehrsprachigen Schule (s. Kapitel 15).

Für Sprachen der großen Migrantengruppen gibt es aber auch herkunftssprachlichen Unterricht, da Kinder und ihre Familien ein Recht auf Schriftspracherwerb in ihren Herkunftssprachen haben. Dabei haben Schüler einmal pro Woche 90 Min. Unterricht in dieser Sprache. Hintergrund ist, dass ein gutes Niveau in der Erstsprache für den Zweitspracherwerb (Deutsch) von großer Bedeutung ist. Wenn man Pech hat, findet dieser herkunftssprachliche Unterricht aber nicht an der Schule statt, an der das Kind angemeldet ist und man muss sein Kind eventuell nachmittags zu einer weiter entfernten Schule bringen. Positiv ist, dass die Kinder mit anderen Kindern derselben Erstsprache zusammenkommen und dass sie in der Regel einen muttersprachlichen Lehrer haben. Wenn auch eineinhalb Stunden pro Woche sicherlich herzlich wenig Zeit für die kompetente Beherrschung einer Sprache sind, und der Aufwand, das Kind dorthin zu bringen, unter Umständen hoch ist, so unterstützt es auf jeden Fall den Wert, der dieser Sprache und ihrer Schrift beigemessen wird. Die Gruppen im herkunftssprachlichen Unterricht sind nicht homogen. Sie haben zwar die gleiche Herkunftssprache. Als Herkunftssprache wird eine Sprache anerkannt, die mindestens ein Elternteil spricht (oder sprach). Natürlich sagt das nichts darüber aus, ob das Kind tatsächlich mit dieser Sprache aufgewachsen ist. Insofern sitzen im herkunftssprachlichen Unterricht Kinder mit ganz unterschiedlichen Erfahrungen und Fähigkeiten in dieser Sprache. Für manche ist es tatsächlich die dominante Sprache, für andere ist es eigentlich eine Fremdsprache.

Die Entwicklung von basalen Lese- und Schreibkompetenzen ist ein Prozess, der in bestimmten Entwicklungsschritten verläuft, bzw. für den man sich bestimmte Strategien aneignen muss (Schindler / Siebert-Ott, 2014). Auch hier machen Kinder, wie beim Erwerb des Sprechens, keine „Fehler", sondern erschließen sich Regeln (s. Kapitel 9). Abweichungen von der Norm deuten darauf hin, wie Kinder Buchstaben, Wörter und Texte wahrnehmen. Dabei stehen mehrsprachige Kinder nicht vor einer schwierigeren Erwerbsaufgabe als einsprachige Kinder. Ob und wie der Schriftspracherwerb gemeistert wird, hängt vielmehr von sozialen Faktoren und einer frühkindlichen Erfahrung von Schriftlichkeit ab. Mehrsprachige Kinder aus bildungsnahen Familien sind logischerweise und erwiesenermaßen erfolgreicher als einsprachige Kinder aus bildungsfernen Familien (Siebert-Ott / Anselm / Jansa, 2011). Kinder, die vor Schulbeginn noch wenig Erfahrung mit dekontextualisiertem Sprechen, Literalität und / oder keine phonologische Bewusstheit entwickelt haben, haben Nachteile. Zur phonologischen Bewusstheit gehört z.B., dass Kinder Reime verstehen und selbst produzieren können, dass sie gesprochene

Sprache in kleinere Einheiten – Wörter, Silben, Einzellaute – gliedern können und dass sie einen bestimmten Laut in einem vorgesprochenen Wort erkennen können.

Lesen und Schreiben beginnt daher nicht erst in der Schule, sondern schon im ersten Lebensjahr (Baker, 2014). Das dialogische Vorlesen, das eigentliche Vorlesen und die Freude des Kindes an Büchern und Geschichten muss sorgfältig und nachhaltig herbeigeführt werden. Es kommt nicht von alleine (vgl. Kapitel 10). Bei den Geschichten sollte man sich am Sprachstand und an den Interessen des Kindes orientieren. Lesen um des Lesens Willen macht keinen Spaß. Kinder müssen Neugier entwickeln und den Sinn einer Geschichte verstehen wollen. Die Texte haben außerdem den Zweck, die Identität des Kindes zu stärken. Charaktere und Kontexte sollen also das Kind, seine Familie und Freunde widerspiegeln und an seinen Erfahrungen anknüpfen. Sie müssen lustig sein, die Phantasie anregen und darüber hinaus neue Erkenntnisse bieten. Lesen und Schreiben sind Kommunikation. Man muss diese Kommunikationsform auch zu Hause, außerhalb der Schule, permanent interessant machen und fördern. Man kann z.B. seinem Kind – in welcher Sprache auch immer - Notizen schreiben oder das Kind kann Notizen und Briefe an seine Eltern schreiben. Vielleicht kann es etwas auf dem Computer schreiben und / oder eine Nachricht an weitere Familienmitglieder versenden. Wird die Form z.B. des Schreibens vor seiner Funktion gesetzt, ist es aufgesetzt und gekünstelt. Das Kind ist dann wenig motiviert. Es braucht einen Zweck (s. Kapitel 7, 10).

Die ersten geschriebenen Texte von Kindern können sie selbst meistens nicht entschlüsseln, erwarten das aber von ihren Eltern und anderen Bezugspersonen. Es ist daher wichtig, ihnen das Gefühl zu geben, sie und ihre Texte verstanden zu haben und eventuell darüber zu sprechen, was nicht klar geworden ist. So, wie man beim Sprechen das korrektive Feedback verwendet, so korrigiert man auch das Schreiben behutsam. Sie geben dem Kind natürlich den Text nicht einfach mit rot angestrichenen Fehlern zurück, sondern besprechen die Laut-Buchstaben-Verbindungen und machen gezielt auf Kontraste in den Sprachen aufmerksam (chi – key). Was hat das Kind richtig gemacht? Vielleicht haben Sie es bis zu diesem Zeitpunkt schon geschafft, dass ihr Kind Bücher mag. Wenn es jetzt selbst liest, unterstützt das den ganzen Schriftspracherwerb natürlich ungemein. Das Lesen unterstützt das Schreiben. Rechtschreibfehler z.B. korrigieren Kinder, die viel lesen, mit der Zeit selbst, weil sie die dahinterstehenden Regeln erschließen. Aber auch Kinder, die schon selbst lesen können, bekommen immer noch gerne Geschichten vorgelesen. Das Vorlesen hilft dem Selberlesen. Sagen Sie also nicht: „Du kannst doch selber lesen!" Hören Sie erst dann mit dem Vorlesen auf, wenn Ihr Kind das explizit nicht mehr möchte. Das kann bis zum Alter von zehn Jahren dauern und es ist eine schöne Zeit, in der Sie intensiven Kontakt zu Ihrem Kind haben. Darüber hinaus sind nicht nur Bücher Lese- und Schreibmaterial, sondern auch Zeitschriften, Schilder, Verpackungen, Poster, Werbeplakate, Sportnachrichten, Comics, Einkaufszettel, etc. Kinder können auf vielen Wegen natürlich lesen und schreiben lernen. Sogar das Fernsehen kann in geringem Umfang literacy-Erfahrung unterstützen, die Kinder müssen z.B. Titel lesen oder die Ergebnisse von Fußballspielen.

Mehrsprachigen Kindern hilft es auch, wenn sie einen Film mit Untertiteln in derselben Sprache sehen.

Zentral für das Lesen lernen ist, ob Kinder einem gelesenen Wort eine Bedeutung zuordnen (Dekodieren) und das gelesene Wort in gesprochene Sprache übertragen (Rekodieren) können (Schindler / Siebert-Ott, 2014). Hierfür gibt es mehrere mögliche Strategien: Das lautorientierte Lesen, bei dem Lauten Buchstaben zugeordnet werden und diese in ihrer Reihenfolge so gelesen werden, dass ein Wort entsteht (indirekte Worterkennung). Das Wort „Buch" wird dabei beispielsweise gegliedert in die Laute „B" „u" und „ch". Beim direkten Erkennen von Wörtern ohne Umweg über die Laute werden Wörter hingegen visuell als Ganzes gespeichert. Diese Strategie ist sehr effektiv für gehörlose Kinder (s. Kapitel 20) und wird zunehmend auch als Methode für hörende Kinder diskutiert. Kinder lernen dabei Wörter ganzheitlich lesen und schreiben, ohne Laut-Buchstabenzuordnung. Man zeigt ihnen z.B. einen Zettel mit einem Wort „Buch" und sie lernen es auswendig. Es ist sinnvoll, hierfür zunächst häufig gebrauchte Wörter oder auch kurze Wortkombinationen („sehr schön") anzubieten. Diese Methode kann auch eingesetzt werden, um den Erwerb schwieriger Wörter zu unterstützen, z.B. „Vogel" (nicht *Fogel). Ich halte diese Methode für sinnvoll, wenn das Kind in der Schule eine Sprache lernt und zu Hause der Schriftspracherwerb in der anderen Sprache gefördert werden soll. Es lernt ganze Wörter lesen und schreiben, z.B. französisch „très beau" und erkennt dann schnell, dass es völlig andere Laut-Buchstaben-Zuordnungen gibt. Alleine mit dieser Methode ist es allerdings problematisch, später eigenständig längere Wörter dekodieren und den Wortschatz aufbauen zu können (Baker, 2014). Es ist daher nur eine Anfangsstrategie oder kann zusätzlich zu weiteren Methoden genutzt werden.

Die synthetische, lautorientierte Methode, bei der es ausschließlich um einzelne Laute und Buchstaben geht, ist in der letzten Zeit heftig diskutiert worden und wird insbesondere für Kinder, die Deutsch als Zweitsprache lernen, sowie für schwächere Lerner als überfordernd kritisiert. Sprachwissenschaftler plädieren dafür, nicht nur Einzelbuchstaben zu präsentieren, sondern von Beginn an auch mit größeren Einheiten zu arbeiten, z.B. mit Silben, wie es z.B. in Spanisch praktiziert wird. Das „silbische Prinzip" hilft nicht nur, mehrere Kanäle zu öffnen und damit mehreren Kindern einen Zugang zur Schriftsprache zu bieten, sondern unterstützt von Anfang an auch stärker, die Wörter zu verstehen und nicht nur auf Formen zu achten. Es hilft auch bei der Rechtschreibung. Im Deutschen sind Rechtschreibregeln ja sehr mit betonten und unbetonten Silben bzw. mit langen und kurzen Vokalen verbunden. So folgt auf einen langen Vokal ein „ß", nach kurzem Vokal schreibt man aber „ss", wie in „müssen". Hier wäre es sinnvoll, den Kindern nicht erst ab der dritten Klasse, sondern von Beginn an Regeln zu vermitteln. Endet z.B. eine betonte Silbe auf einem Vokal, ist dieser in der Regel lang, wie in \`le-sen´. Endet sie auf einen Konsonanten, folgt in der Regel ein kurzer Vokal, wie in \`En-te´ (Schindler / Siebert-Ott, 2014).

Ein klassischer Regelfall ist auch das lange „i", das man im Deutschen fast immer mit „ie" schreibt. Im Anfangsunterricht wird Kindern in der Anlauttabelle ausgerechnet ein Ausnahmefall präsentiert: „Igel". Warum soll man warten, bis sich das „i", welches Kinder aus der Anlauttabelle gelernt haben, eingeschliffen hat (*"Bine", „Wise", „Libe", etc.), um ihnen dann zwei Jahre später zu erklären, dass es „Biene", „Wiese" und „Liebe" geschrieben wird? So wie Kinder sich beim Sprechen Regeln erschließen (ge-mach-t, ge-koch-t, ge-sag-t) und erst später Ausnahmen lernen (ge-les-en, ge-fahr-en, ge-gess-en), so möchten sie sich auch beim Schreiben Regeln erschließen und zu den Ausnahmefällen später kommen. Das entspricht ihrem natürlichen Erwerbsverlauf.

Aktuell wird in den ersten beiden Schuljahren überhaupt kein Wert auf Regeln der Rechtschreibung gelegt. Die Kinder sollen schreiben, was sie hören. Dadurch sollen sie ermutigt werden, schnell längere Texte zu schreiben, was sicher auch sinnvoll und motivierend ist. Diese Texte dann lesen zu können, erfordert einiges an pädagogischem Geschick: „der jng trnkt Kola unt hat ein brthen". Mit den aktuellen Methoden beherrschen die Kinder erst zwischen der 4. und 6. Klasse eine akzeptable Rechtschreibung. Die Methode des lautgetreuen Lesens und Schreibens hin zu einem orthographischen Schreiben wird heftig diskutiert, weil sie nicht einer „natürlichen Lernroute" entspricht. Nach dem lautgetreuen Schreiben wird im Grundschulunterricht dann plötzlich Rechtschreibung präsentiert und Korrektheit erwartet, für deren Regelerwerb kaum eine Unterstützung stattfindet (Bredel / Röber, 2011). Viele Sprachwissenschaftler sind deshalb der Meinung, dass Rechtschreibfehler geradezu durch den Unterricht produziert werden und dass diese Methode sich nicht für alle Lerngruppen eignet. Lauttabellen sollten nicht unreflektiert und auch nicht als alleinige Arbeitsweise im Unterricht eingesetzt werden. Methodenvielfalt ist in den heutigen heterogenen Lerngruppen ein unbedingtes Muss. Es sollten also alle drei Strategien miteinander kombiniert werden (direkte Worterkennung / visuelles Speichern, synthetisches, lautorientiertes Lesen sowie lautorientiertes Lesen in größeren Einheiten: Silben).

Alle Methoden kann und sollte man in allen Sprachen als tägliche Routine auch zu Hause anwenden und damit den schulischen Schriftspracherwerb unterstützen. Man beginnt mit der direkten Worterkennung, indem man den Kindern für sie interessante Bilder zeigt und die entsprechenden Wörter dazu als ganzes Schriftbild präsentiert (Oma, Eis, Hund). Nachdem sich ein Wortschatz in visueller Sprache aufgebaut hat, kann man mit der lautorientierten Methode beginnen und später von Wörtern zu Sätzen und Texten übergehen. Über das Geschriebene und Gelesene sollte man immer auch mit den Kindern sprechen, um sicherzustellen, dass sie es verstanden haben und um ihren Horizont, ihren Wortschatz, ihre Strukturen und Dekontextualisierungsfähigkeiten zu erweitern. Wenn man keine Möglichkeit hat, den Schriftspracherwerb einer Sprache schulisch zu fördern und dies zu Hause tun muss / möchte, bietet es sich an, sich Materialen zur Sprachförderung aus Schule und Kindergarten des Herkunftslandes zu besorgen.

Gmäeß eneir Sutide eneir elgnihcesn Uvinisterät ist es nchit witihcg, in wlecehr Rneflogheie die Bstachuebn in eneim Wrot snid, das ezniige was wcthiig ist, ist, dass der estre und der leztte Bstabchue an der ritihcegn Pstoiion snid. Der Rset knan ein ttoaelr Bsinöldn sien, tedztorm knan man ihn onhe Pemoblre lseen. Das ist so, wiel wir nciht jeedn Bstachuebn enzelin leesn, snderon das Wrot als gseatems (nach Rawlinson, 1976).

(„Gemäß einer Studie einer englischen Universität ist nicht wichtig, in welcher Reihenfolge die Buchstaben in einem Wort sind. Das einzige, was wichtig ist, ist dass der erste und der letzte Buchstabe an der richtigen Position sind. Der Rest kann totaler Blödsinn sein, trotzdem kann man ihn ohne Probleme lesen. Das ist so, weil wir nicht jeden Buchstaben einzeln lesen, sondern das Wort als Gesamtes.“)

Je besser jemand lesen kann, desto weniger bemerkt er, wenn Buchstaben im Wort vertauscht sind, solange die Wortlänge nicht verändert wird und die Wortsilhouette erkennbar bleibt. Dabei spielt auch der Kontext eine Rolle. Man kann z.B. das Wort „Katze“ schneller erkennen, wenn kurz vorher das Wort „Hund“ im Text gelesen wurde, weil dann Vorwissen und Vorerfahrungen aktiviert werden. Außerdem ist Sprache redundant, d.h. Informationen werden auf mehreren Wegen geliefert. Deshalb kann man z.B. den obigen Text entschlüsseln, obwohl er aus einem Buchstabensalat besteht. Die Wortstellung im Satz, Artikel, Deklination, Konjugation, etc. helfen dabei, den Text zu verstehen. Das Beispiel zeigt, dass die lautgetreue Leselernmethode mit der Konzentration auf Einzelbuchstaben dem tatsächlichen Erwerb einer Lesekompetenz nicht ganz gerecht wird. In der Grundschule werden Kindern z.B. häufig Tests zum Schnelllesen gegeben, in denen sie aber nicht schnell lesen müssen, sondern erkennen müssen, ob Buchstaben in einem Wort verdreht sind oder nicht. Kinder, die bereits recht gut lesen und gemäß der Aufgabenstellung schnell lesen, übersehen die „Fehler“ in den Wörtern und scheitern damit an dieser Methode, eben weil sie schnell lesen.

- Schriftspracherwerb gehört zu einer ausgeglichenen Mehrsprachigkeit
- Kinder sind in der Lage unterschiedliche Sprachen gleichzeitig lesen und schreiben zu lernen, auch dann, wenn sie verschiedene Alphabete haben. Es gibt Parallelen zum Erwerb des Sprechens.
- Ein Kind, das in einer Sprache lesen gelernt hat, beginnt beim Lesen in einer anderen Sprache nicht bei null. Es findet ein Transfer statt.
- Schriftspracherwerb in mehreren Sprachen ist generell positiv, weil die Kinder dadurch ihre Strategien übertragen und erweitern können.
- Ein Vorteil von einem simultanen Schriftspracherwerb in zwei Sprachen ist, dass Kinder dann offenbar bessere visuelle Fähigkeiten entwickeln.
- Zwei Sprachen gleichzeitig lesen und schreiben zu lernen ist günstig, wenn beide Sprachen schon vor dem Schriftspracherwerb einigermaßen ausgeglichen sind, die Kinder also in beiden Sprachen flüssig sprechen.

- Ein sukzessiver Schriftspracherwerb ist sinnvoll, wenn eine Sprache sehr viel stärker ist als die andere. Man beginnt am besten in der starken Sprache lesen und schreiben zu lernen.
- Die Frage, ob es besser ist, gleichzeitig oder hintereinander Schrift zu erwerben hängt jedoch hauptsächlich von den Möglichkeiten zu Hause und in der Schule ab.
- Frühkindliche Förderung in dekontextualisiertem Sprechen, Literalität und phonologischem Bewusstsein erleichtert des Schriftspracherwerb.
- Beim Lesen lernen ordnen Kinder einem gelesenen Wort eine Bedeutung zu (Dekodieren) und übertragen das gelesene Wort in gesprochene Sprache (Rekodieren)
- Es gibt mehrere Methoden, die miteinander kombiniert werden sollten: Das lautorientierte Lesen, bei dem Lauten Buchstaben zugeordnet werden, das lautorientierte Lesen, bei dem Lauten größere Einheiten als Buchstaben (Silben) zugeordnet werden und direkte Worterkennung über die visuelle Speicherung des Schriftbildes eines Wortes.
- Das Fixieren auf eine einzige Methode birgt immer Risiken, z.B. in der Rechtschreibung oder im Dekodieren langer Wörter.
- Wörter werden als Ganzes gelesen und können auch dann erkannt werden, wenn Buchstaben verdreht sind.

Kapitel 15: Wie sinnvoll sind bilinguale oder internationale Schulen? Sind sie für mehrsprachige Kinder in jedem Fall empfehlenswert?

Zwei- und mehrsprachige Schulen richten ihr Angebot (mit zwei Ausnahmen) an Kinder aus bildungsorientierten Familien. Sie eignen sich natürlich einerseits für diejenigen Kinder, die noch mehrsprachig werden möchten oder zusätzliche Sprachen lernen wollen, um multilingual zu werden. Andererseits können Kinder, die bereits mit den Schulsprachen aufgewachsen sind, in diesen Schulen ihre Sprachen festigen und weiter ausbauen. Allerdings passt nicht jede Schule zu jedem Kind und es gibt erhebliche qualitative Unterschiede. Zudem gibt es eine Fülle von unterschiedlichen Schulprofilen. Der Verein FMKS (Frühe Mehrsprachigkeit an Kitas und Schulen) bietet eine Liste von vielen mehrsprachigen Einrichtungen in ganz Deutschland und bietet außerdem Beratung, Fortbildung, Austausch und Information an: www.fmks-online.de.

Ich will im Folgenden versuchen, die verschiedenen Schultypen zu erklären und zu diskutieren, welche Vor- und Nachteile sie für mehrsprachige Kinder haben können.

Vorab sollte man sich in jedem Fall über die Ziele und sprachpädagogische Umsetzung in den Schulen informieren und nicht jeder Schule blind vertrauen. Es gibt kostenlose staatliche Schulen und teure Privatschulen mit bilingualen oder mehrsprachigen Angeboten. Privatschulen sollten staatlich anerkannt sein, damit der Abschluss am Ende auch gültig ist. Sie kosten zwischen 4.000,- und 18.000,- Euro pro Schuljahr. Es gibt zwar auch gewinnorientierte Privatschulen, in Deutschland sind sie aber in der Regel gemeinnützig, d.h. sie müssen einen Teil von Kindern bzw. Familien aufnehmen, deren Einkommen für eine ordentliche Gebühr nicht hoch genug ist. Diese Familien können eine Kostenermäßigung oder sogar eine komplette Erstattung beantragen. Es lohnt sich in jedem Fall, nachzufragen. Da Privatschulen sich die Kinder, die sie aufnehmen, aussuchen können, sollte man eine starke Motivation zeigen und Argumente finden, weshalb das Kind unbedingt auf diese Schule „muss“. Gleichzeitig sollten sich Familien mit niedrigerem Einkommen aber auch der Tatsache bewusst sein, dass sie und ihr Kind innerhalb der Schulgemeinschaft dann einer „Minderheit“ angehören und eben keinen Swimming-Pool im Garten haben oder mit einem SUV zur Schule gebracht werden. Gute Schulen arbeiten inklusiv, d.h., sie fangen solche sozialen Ungleichheiten auf. Die Oberschicht (Prominente, reiche und sehr reiche Familien) pflegt einen bestimmten Umgang und hat einen eigenen Kommunikationsstil, an den man sich eventuell gewöhnen muss. Letztendlich sind Oberschichtsfamilien aber, wie alle, keine homogene Gruppe. Es gibt immer solche und solche. Daher sollte man sich von ihren Statussymbolen nicht abschrecken lassen. Sie kochen nicht immer mit Champagner, sondern ziemlich oft mit Wasser.

Ob eine staatliche oder eine private Schule besser ist, lässt sich nicht beantworten. Eine gute Schule hängt sehr von der Leitung und den Lehrern ab und man findet hervorragende aber auch miserable Beispiele auf beiden Seiten. In der internationalen pädagogischen Forschung geht man von einem Dreisäulenmodell für Schulen aus (vgl. auch Riegel, 2004):

1. Die anderen Kinder

Passen sie zu mir? Kann ich von ihnen lernen? Wie groß ist die Gruppe? Wie ist das Sozialklima? Ist Bildung durch Dialog möglich?

2. Die Lehrer und die Art der Vermittlung

Werden alle Schüler wertgeschätzt? Geht man aktiv gegen Diskriminierungen und Einseitigkeiten vor? Findet eigenständiges, aktives Lernen statt? Übernehmen Schüler Verantwortung? Gibt es eine ausgewogene Mischung verschiedener Aufgabentypen, Lernrichtungen und Sozialformen? Welche pädagogischen Ansätze sind vertreten? Werden Kinder individuell gefördert? Wird Leistung gefordert? Findet fachübergreifendes Lernen statt? Gibt es muttersprachliche Lehrer, Lehrer aus verschiedenen Kulturen? Gibt es eine Elternpartnerschaft oder sind Eltern unerwünscht?

3. Der Raum

Ist die Klasse groß genug? Gibt es Raum für Aktionsmöglichkeiten? Ist die Ausstattung ausreichend? Herrscht eine Willkommenskultur und gibt es Informationen in Gängen und Klassen? Gibt es Möglichkeiten, sich zurückzuziehen? Ist es sauber? Besteht die Möglichkeit zum Austausch? Bestehen Netzwerke mit anderen Einrichtungen, Projekten, Vereinen, Unternehmen?

Privatschulen verfügen aufgrund des nötigen Kleingeldes meist über großzügige und gut ausgestattete Räumlichkeiten mit modernen Unterrichtsmedien wie Smartboards. Auch haben sie kleinere Lerngruppen als Regelschulen. Dadurch können sie ihre Schüler eher individuell fördern (wozu allerdings auch der Wille und geeignete Konzepte vorhanden sein müssen). Zwar unterstehen sie der staatlichen Schulaufsicht, sie arbeiten aber selbstständig und eigenverantwortlich. Sie sind dennoch keine Garantie für einen guten Schulerfolg. Privatschulen sind nicht per se die besseren Schulen. Geldgeber können Lerninhalte beeinflussen und häufig gibt es Streit über das richtige pädagogische Konzept. Pädagogische Moden können sich innerhalb eines Schuljahres ändern (Behler, 2010). Heute lernt jedes Kind ein Instrument, morgen ist Musik nicht mehr so wichtig. Nicht jede Privatschule setzt das, was sie auf ihrer Internetseite verspricht, auch um. Da Lehrer manchmal eine geringere Bezahlung als an staatlichen Schulen erhalten und sie an Privatschulen auch nicht verbeamtet werden können, gibt es zuweilen einen häufigen Lehrerwechsel. Sobald Lehrer ein attraktiveres Angebot gefunden haben, wechseln sie. Ich kenne eine bilinguale Privatschule (über 14.000 Euro pro Schuljahr), in der der bilinguale Fachunterricht ausschließlich in Deutsch abgehalten wird. Als Argument wird hervorgebracht, dass es (wohlgemerkt in einem bilingualen Fach) in erster Linie um die Vermittlung von Sachinhalten und nicht um die Sprache gehe. Zudem sei es im Berufsleben nicht erforderlich, eine Sprache sehr gut zu beherrschen, man müsse lediglich Texte verstehen können. Pädagogische Prämissen wie Internationalität werden aufgrund von Lehrermangel dann schnell mal geändert. Andererseits findet man auf Privatschulen aber auch hochmotivierte Lehrer, die von der pädagogischen Grundidee der Schule überzeugt sind und deshalb sehr engagiert arbeiten. Man kann dann nur hoffen, dass es keinen Richtungswechsel gibt. Untersuchungen zeigen, dass Lernergebnisse und Lernatmosphäre durchaus spiegelbildlich zu öffentlichen Schulen sind (Behler, 2010).

Schulen mit bilingualem Zweig

Schulen mit bilingualem Zweig gibt es in privater und sehr häufig auch in staatlicher Trägerschaft. Ziel von bilingualen Schulen ist eine muttersprachliche (deutsche) Bildung in Kombination mit erweiterten fremdsprachlichen „Kompetenzen in europäischen Partnersprachen oder [...Sprachen] mit einer hohen internationalen Reichweite." (Siebert-Ott, 2014). Von ihrer Idee her sind bilinguale Schulen deshalb für Kinder gedacht, welche die zweite Sprache erst in der Schule erwerben. Es ist ein Fremdsprachenangebot. Sprachkenntnisse werden dementsprechend Schritt für Schritt aufgebaut. In den höheren Klassen werden dann gesellschaftswissenschaftliche Fächer (Geografie, Geschichte, Sozialwissenschaften), in dieser Sprache unterrichtet und am Ende kann man einen bilingualen Abschluss / ein bilinguales Abitur machen. Aus diesem Grund eignen sich diese Schulen wirklich hervorragend für bislang einsprachige Kinder oder mehrsprachige Kinder, für die die zweite Schulsprache noch fremd ist. Das Ergebnis am Ende ist, zumindest in den mir bekannten Fällen, recht beeindruckend. Nach acht Jahren intensivem Fremdsprachenunterricht sind Schüler, die tatsächlich einen bilingualen Abschluss machen und entsprechende Leistungskurse gewählt haben, recht flüssig und eloquent. Sie sind mehrsprachig geworden.

Mehrsprachige Kinder, die mit der zweiten Schulsprache aufgewachsen sind, können in den höheren Klassen ebenfalls von den Angeboten profitieren, da sie in der Sprache ja komplexe Sachtexte lesen und schreiben müssen. Sie bekommen einen permanenten Input, erweitern ihr Vokabular, ihre Ausdrucksfähigkeit, ihre Schriftsprachlichkeit. Allerdings fühlen sich viele mehrsprachige Kinder in den unteren Klassen der bilingualen Schulen hoffnungslos unterfordert. Das, was sie in den ersten drei bis vier Jahren oder auch bis zur Oberstufe lernen, fordert sie in keinster Weise heraus. Da in Deutschland leider das Schulgesetz bestimmt, dass nur solche Lehrer unterrichten dürfen, die in Deutschland ihr Staatsexamen absolviert haben, gibt es kaum muttersprachliche Lehrer. Mehrsprachige Kinder sind, zumindest in ihrer Aussprache, daher oft besser als ihre Lehrer, womit nicht jeder gut umgehen kann. Hinzu kommt, dass die pädagogische Herangehensweise eben fremdsprachendidaktisch und nicht muttersprachendidaktisch ist. Die Kinder müssen z.B. viel übersetzen und Vokabellisten führen sowie mechanische Grammatikübungen machen. Einfache, kurze Texte sind nicht authentisch, sondern für grammatische Zwecke präpariert. Das kann für mehrsprachige Kinder ein echter Gräuel sein. Sie würden lieber direkt in Texte eintauchen oder einen anderen, kreativen Zugang zur Sprache haben wie Theater, kreatives Schreiben, etc. Doch bis es dazu kommt, ist es ein langer Weg. Einige Kinder berichten, dass sie sich seitens der Lehrkräfte ungerecht behandelt fühlen, weil diese ihnen zeigen wollen, dass sie eben doch noch nicht alles können. Man mag es kaum glauben, aber es gibt Lehrer, die nur Vokabeln als richtig gelten lassen, die in der Lektion stehen. Synonyme, die nicht in der Lektion vorkommen, markieren sie als Fehler. Fehler in Tests und Arbeiten werden manchmal strenger bewertet als die bei einsprachigen Kindern. Es kommt auch häufig vor, dass die mehrsprachigen Kinder in den fremdsprachlichen Tests viele Fehler machen, Akzente vergessen oder falsch übersetzen, weil sie es nicht gewohnt sind. Sie übersetzen ja normalerweise nicht einzelne Wörter, sondern sprechen immer kontextbezogen. Ihnen fällt das entsprechende Wort in Deutsch nicht ein. Sie sehen auch nicht ein, dass sie eine Sprache, die sie bereits beherrschen, lernen sollen. Daher tun sie meist nichts für das Fach. So kommt es wiederholt vor, dass Kinder, die in der Sprache absolut flüssig sind, als Benotung „nur“ ein `befriedigend´ erhalten, während Kinder, die so gut wie gar nicht sprechen können, aber brav ihre Lektion gelernt haben, mit einem `sehr gut´ belohnt werden. Lehrer müssen sich nun mal an vorgeschriebene Bewertungskriterien halten. Das demotiviert. Die Kinder schalten ab und bemühen sich nicht mehr. Mehrsprachige Kinder in bilingualen Schulen müssen deshalb die anfängliche Durststrecke erst überwinden und benötigen hierfür viel Zuspruch seitens der Lehrer und Eltern. Bilinguale Schulen müssen hier noch Konzepte entwickeln, um die mehrsprachigen Kinder bzw. Kinder mit Erstsprache in der schulischen Fremdsprache auch am Anfang stärker zu fordern und fördern. Die vielen guten, wertschätzenden Lehrer, die es ja natürlich auch gibt, erkennen Symptome der Unterforderung. Sie beziehen ihre mehrsprachigen Kinder im Unterricht mehr mit ein, behandeln sie als kompetente „Sprach- und Kulturassistenten“ und geben ihnen binnendifferenzierte Aufgaben. Bei ihnen dürfen die Kinder auch schon mal auf Routineaufgaben und häufige Wiederholungen verzichten. Gleichzeitig fordern sie aber auch hohe Leistungen ein. Die guten Lehrer greifen die originellen Ideen der Mehrsprachigen auf, lassen sie zeigen, was sie können und binden sie in Entscheidungen ein. Gleichzeitig lassen sie eben auch Schwächen, wie z.B. Übersetzen oder Rechtschreibung zu, ohne die Kinder bloßzustellen. Sie mögen mehrsprachige Kinder und vertrauen ihnen. Das alles wird aber vom persönlichen Engagement des Lehrers geleistet und steht nicht im Lehrplan. Gute Lehrer gehen flexibel mit dem Lehrplan um, der ja lediglich eine Mindestanforderung darstellt. Eltern, die ihr mehrsprachiges Kind an eine bilinguale Schule geben, empfehle ich in jedem Fall einen Dialog mit der Schule und den in Frage kommenden Sprach- und bilingualen Fachlehrern sowie auch mit anderen Eltern und Schülern. Wie gehen sie mit Kindern, die die zweite Schulsprache als Erstsprache erworben haben, um? Wie fordern und fördern sie diese Kinder? Welche Erfahrungen haben andere Familien gemacht?

Internationale Schulen

Internationale Schulen sind meistens in privater Trägerschaft. Zunehmend bieten aber auch öffentliche Schulen die Möglichkeit an, alternativ oder zusätzlich zum deutschen Abitur einen internationalen Abschluss wie das IB Diploma (International Baccalaureate) oder AbiBac (dt.-frz. Abitur) zu erwerben, z.B. das Friedrich-Wilhelm-Gymnasium in Köln. Einige wenige Internationale Schulen haben Französisch oder Spanisch als Schulsprache, vereinzelt gibt es auch Japanische und Arabische Internationale Schulen. In der Regel sind sie jedoch entweder bilingual (Englisch – Deutsch) oder komplett in Englisch. Man findet sie heutzutage in fast allen großen Städten wie Berlin, Hamburg, Frankfurt, Köln, Bonn und München. Sie orientieren sich am britischen oder amerikanischen Schulsystem und sind am ehesten vergleichbar mit Gesamtschulen. Deutsche Schulabschlüsse können nicht erworben werden, es sei denn es handelt sich um eine Kombination von zwei Abschlüssen, wie bei den oben erwähnten staatlichen Schulen. Internationale Abschlüsse werden jedoch weltweit, also auch in Deutschland, anerkannt. Nach der 9. oder 10. Klasse können Schüler mittlere Schulabschlüsse wie das International General Certificate of Secondary Education (IGCSE) erwerben, nach der 12. Klasse das International Baccalaureate Diploma (IB). Das IB berechtigt auch in Deutschland zum Hochschulzugang. Hierfür muss allerdings eine bestimmte 6-Fächerkombination (einschließlich Mathematik und einer Naturwissenschaft sowie TOK - Theory of Knowledge) gewählt worden sein. Internationale Schulen in Deutschland kennen natürlich die Anforderungen und bieten entsprechende Lehrpläne an. Sie werden von der Internationalen Bildungsorganisation (IBO) in Genf nach einem Akkreditierungsverfahren berechtigt, das IB Diploma-Programm anzubieten. Entgegen der Behauptung einiger Gegner von Internationalen Schulen werden bei der Umrechnung von Punkten zu Noten keine Abwertungen vorgenommen. Universitäten reduzieren nicht den Notendurschnitt im IB. Sie erkennen IB und deutsches Abitur als gleichwertige Abschlüsse an. Das IB bereitet Schüler sogar besser auf eine Hochschule vor, da sie stärker wissenschaftlich arbeiten und mehr Analysen und Essays schreiben müssen. Deshalb bevorzugen einige Universitäten das IB vor dem Abitur.

Internationale Schulen zeichnen sich durch ihre multikulturelle Zusammensetzung sowohl in der Lehrer- als auch in der Schülerschaft aus. Die meisten Lehrer sind – anders als in Schulen mit bilingualem Zweig – Muttersprachler, da die Lehrberechtigung anders geregelt ist. Auch ist die Sprachdidaktik muttersprachlich angelegt, d.h. es werden nicht erst Fremdsprachenkenntnisse aufgebaut, sondern direkt immersiv in Englisch bzw. Französisch oder Spanisch unterrichtet. Für einsprachige Kinder, die nicht die Schulsprache sprechen, kann der Einstieg in dieses Sprachbad schwierig sein. Für sie empfiehlt es sich, sehr früh, möglichst ab der ersten Klasse, einzusteigen, da sie dann noch genügend Zeit haben, ihre Sprachkenntnisse aufzubauen und von ihrer Lerndisposition her eher Sprachen aufsaugen (s. hierzu Kapitel 13). Besonders leistungsstarke, hochbegabte und sprachtalentierte Schüler können natürlich auch erst später mit der anderen Schul- und Umgebungssprache beginnen. Mehrsprachige Kinder finden an internationalen Schulen ideale Bedingungen, und zwar nicht nur solche, die mit der Schulsprache bereits vertraut sind, sondern auch diejenigen, die mit anderen Sprachen aufgewachsen sind. Sie sind an das Prinzip der Immersion gewöhnt, wissen, wie man Sprachen lernt, haben Strategien hierfür entwickelt und lernen im Allgemeinen weitere Sprachen schneller und einfacher als Einsprachige. Wie oben angedeutet, ist nicht jede Privatschule eine Erfolgsgarantie. Auch bei der Wahl einer Internationalen Schule sollte man deshalb in jedem Fall kritisch überprüfen, ob das, was versprochen, auch umgesetzt wird.

Europäische Schulen

Kostenpflichtige Europäische Schulen nehmen, obwohl sie prinzipiell für alle offen sind, bevorzugt Kinder auf, deren Eltern bei Institutionen der EU tätig sind. Ziel ist, vor allem die Kinder von EU-Beamten auch in ihrer Muttersprache zu unterrichten und diese gleichzeitig in einer oder mehreren Fremdsprachen zu fördern. Insgesamt gibt es 14 europäische Schulen in 7 Ländern. In Deutschland gibt es sie in Frankfurt am Main, Karlsruhe und München. Die Schulen wurden gemeinsam von den Regierungen der EU-Mitgliedsstaaten und den europäischen Gemeinschaften gegründet. Mittlerweile ist es aber auch für private Träger möglich, europäische Schulen zu gründen. Sie werden dann vom europäischen Rat geprüft. Dadurch sollen mehr Schüler die Möglichkeit haben, europäische Schulen zu besuchen. Die Schulen sind in mehrere Sprachabteilungen pro Schule gegliedert, wobei die Kinder üblicherweise der Sprachsektion ihrer Erstsprache bzw. ihrer dominanten Sprache angehören. Ab der ersten Klasse lernen sie als Fremdsprache wahlweise Deutsch, Englisch oder Französisch. Ab dem 7. Schuljahr müssen sie eine zweite Fremdsprache aus den Amtssprachen der Europäischen Union wählen. Später ist es möglich, weitere Fremdsprachen zu lernen (http://www.eursc.eu/). Ähnlich wie in den Schulen mit bilingualem Zweig werden Geschichte und Geografie in der Fremdsprache unterrichtet. Der Vorteil der europäischen Schulen gegenüber den bilingualen Schulen ist, dass hier im Fachunterricht muttersprachliche und fremdsprachliche Schüler gemeinsam unterrichtet werden. Die Sprache wird zur gemeinsamen Arbeitssprache und die Schüler kommunizieren meist auch außerhalb des Unterrichts in nicht nur einer Sprache. Mehrsprachige Kinder sind auf den europäischen Schulen Normalität. Das Umfeld ist mehrsprachig, so dass sich hier v.a. die erste Säule (die anderen Kinder) vorteilhaft auswirkt. Schulabschluss ist das Europäische Abitur, das in allen EU-Mitgliedsstaaten sowie einiger anderer Länder (USA, Schweiz) anerkannt wird.

Europa Schulen

Nicht zu verwechseln mit den europäischen Schulen sind die Europa Schulen. Es gibt sowohl kostenlose staatliche als auch private Europa Schulen. Ein einheitliches Konzept gibt es nicht für alle Europa Schulen, sie müssen aber gewisse Standards der interkulturellen Zusammenarbeit und der methodischen Innovation erfüllen. Sie unterstehen den Kulturministerien der jeweiligen Bundesländer, die das „Siegel" Europa Schule verleihen und nach wenigen Jahren immer wieder neu überprüfen. Europa Schulen können sich im Bundesnetzwerk Europa Schule vereinigen (http://www.bundesnetzwerk-europaschule.de/) und länderübergreifende

Kriterien formulieren. Es sind Schulen mit europaorientierter interkultureller Bildung, beispielsweise die Förderung des Europa-Gedankens, die Erziehung zu Toleranz und die Auseinandersetzung mit der Kultur und den Traditionen anderer Länder. Europa Schulen gibt es ab der Grundschule und als weiterführende Schulen in Form von Gesamtschulen oder Gymnasien. Alle deutschen Regelschulabschlüsse sind auch in der Europa Schule erreichbar, diese fakultativ bilingual. Neben den üblichen Abschlusszeugnissen erhalten die Schüler ein Zertifikat, das ihre besonderen Lernleistungen ausweist. Die Schulen versuchen, jeweils zur Hälfte Kinder mit Deutsch als Muttersprache sowie Kinder, deren Muttersprache die nichtdeutsche Sprache ist, aufzunehmen. In einigen Europa Schulen werden die Kinder in den ersten acht Jahren (ab Grundschule) entsprechend ihrer Erstsprache getrennt unterrichtet. Das bedeutet, das Angebot in der anderen, nicht-deutschen Sprache ist dann ein Fremdsprachenangebot. In einigen Schulen werden die Kinder gemeinsam in einer Klasse unterrichtet. Die jeweilige Erstsprache der einen ist die Partnersprache der anderen Hälfte der Klasse. Hier gestaltet sich der Unterricht eher nach dem Prinzip der Immersion. Für mehrsprachige Kinder ist diese Sprachdidaktik, wie oben angedeutet, günstiger als das Fremdsprachenprofil. In jedem Fall werden die mehrsprachigen Kinder aber ja auch zweisprachig alphabetisiert, was günstig für die Schriftsprachlichkeit und Entwicklung von bildungssprachlichen Aspekten ist (vgl. hierzu das Kapitel 14). Man muss sich bei der jeweiligen Europa Schule in der Stadt, die in Frage kommt, über die Art der Sprachvermittlung informieren und entscheiden, ob das Profil zum eigenen mehrsprachigen Kind passt.

Besonders bekannt und mit einer sehr großen Sprachauswahl ist die Staatliche Europa Schule Berlin. Jedes Kind hat einen gleichberechtigten Zugang. Schulgeld wird bewusst nicht erhoben. Es gibt insgesamt neun Sprachkombinationen, die nicht ausschließlich auf die Amtssprachen der EU und / oder auf Prestigesprachen beschränkt sind: Deutsch und Englisch, Französisch, Italienisch, Neugriechisch, Polnisch, Portugiesisch, Russisch, Spanisch sowie Türkisch. Mathematik, Physik und Chemie (in der Sekundarstufe I) werden in deutscher Sprache, der Sachunterricht (Klasse 1 bis 4) sowie die Fächer Naturwissenschaften (Klasse 5 und 6) und ab Klasse 7 Biologie, Geografie, Geschichte/Politik sowie eines der Fächer Kunst, Musik und Sport werden in der nicht-deutschen Partnersprache unterrichtet. Hier gibt es also wesentlich mehr Fächer, die in der nicht-deutschen Sprache unterrichtet werden, als an bilingualen Schulen, in denen meist nur ein oder zwei Fächer in der Fremdsprache unterrichtet werden. Das führt zu einer noch höheren Kompetenz in den Sprachen, weil es mehr Input und authentische Sprachsituationen gibt. Der Fachunterricht in nicht-deutscher Sprache beginnt erheblich früher. Mehrsprachige Kinder, die bereits in beiden Sprachen flüssig sind, fühlen sich hier eher aufgehoben als an bilingualen Schulen. Spätestens in den höheren Klassen (ab Klasse 7 oder 8) werden zudem Kinder mit Erstsprache und Kinder mit Zweitsprache gemeinsam in muttersprachlicher Didaktik unterrichtet. Das Umfeld ist also mehrsprachig. Das fördert die Kinder in mindestens zwei schulpädagogischen Säulen: Die anderen Kinder sowie die Lehrpersonen / die Art der Vermittlung.

KOALA Schulen

„KOALA“ bedeutet KOordinierte ALphabetisierung im Anfangsunterricht. Das bilinguale Angebot gibt es an einigen Grundschulen. Es richtet sich in erster Linie an Kinder, die mit einer nichtdeutschen Erstsprache und Deutsch als Zweitsprache aufgewachsen sind. Hier lernen Kinder in den ersten vier Jahren sowohl das deutsche als auch das Alphabet ihrer Erstsprache und später in beiden Sprachen lesen und schreiben. Ab der dritten Klasse gibt es Sachunterricht in beiden Sprachen sowie einige Projekte. Deutsche und herkunftssprachliche Lehrkräfte kooperieren miteinander, wobei der Unterricht in der nicht-deutschen Sprache räumlich getrennt stattfindet. Die Sprachen werden bewusst kontrastiert, also einander gegenübergestellt und verglichen. Dadurch werden Interferenzen vermieden, Sprachstrukturen bewusst gemacht und allgemeine Sprachkompetenzen erweitert. Die Kinder werden ganzheitlich wahrgenommen. Schüler werden dort abgeholt, wo sie stehen. Koala ist ein Prinzip und wird immer schulbezogen angewandt bzw. weiterentwickelt und ist damit auch veränderbar (http://www.koala-projekt.de). Bei dem Prinzip Koala werden Kriterien von DaF/DaZ (Deutsch als Fremdsprache/Deutsch als Zweitsprache) in den Gesamtunterricht einbezogen, d.h. in jedem Fach, auch in Mathematik, soll darauf geachtet werden, dass Deutsch für die Kinder eine Zweitsprache ist, die sie noch nicht vollkommen erworben haben. Ursprünglich wurde das Prinzip KOALA für Brennpunktschulen in Hessen entwickelt, die einen hohen Anteil an Schülern aus bildungsfernen Zuwanderfamilien haben, welche in beiden Sprachen Defizite zeigen. Seit Ende der 90er Jahre wird KOALA auch zunehmend in NRW eingesetzt (Baur u.a./ Bezirksregierung Köln, 2015). In den meisten dieser Schulen bilden Schüler türkischer Herkunft die Mehrheit. Durch eine gesonderte Förderung dieser Schüler über den koordinierten Unterricht in der Herkunftssprache sollen auch die herkunftsheterogenen Klassen in ihrer Arbeit entlastet werden (http://www.koala-projekt.de/). Mittlerweile gibt es Schulen mit KOALA-Prinzip nicht nur für Türkisch, sondern auch für andere große Migrantensprachen, wie Portugiesisch und Italienisch. Wünschenswert wäre, dass das zweisprachige Prinzip nicht auf die Grundschule beschränkt bliebe, sondern an den weiterführenden Schulen fortgesetzt würde. In jedem Fall ist es ein richtiger Schritt für die Chancengleichheit aller Schüler und die Förderung von Schriftsprachlichkeit. Obwohl von den Machern sicher nicht beabsichtigt, bleibt das Prinzip KOALA leider häufig mit einem geringen Prestige verbunden. Hier sollte man meiner Meinung nach mutiger sein, den Unterricht in der nicht-deutschen Sprache z.B. als zweite Schulsprache generell einführen und nicht nur für einen Teil der Migranten, sondern für alle Schüler.

Über die oben erwähnten Schulformen hinaus gibt es noch zahlreiche weitere Optionen. Beispielsweise werden in Grenzregionen oft bilinguale Schulen eingerichtet, welche in Deutsch und einer Minderheitensprache angeboten werden (z.B. Dänisch und Friesisch in Norddeutschland, Sorbisch in Brandenburg und Sachsen). Hier sollen die Schüler aus den Sprachminderheiten die Sprache ihres kulturellen Erbes ausbauen bzw. (neu) lernen. (Siebert-Ott, 2014). Deutschland grenzt an neun Länder. Wenn man in der Nähe einer Grenze wohnt, kann man sich auch überlegen, sein Kind in eine Schule des Nachbarlandes zu schicken.

Zusammenfassend lässt sich festhalten, dass die Schulsprache(n) zwar natürlich eine wichtige Entscheidung im Rahmen einer mehrsprachigen Erziehung darstellt, aber nicht das einzige Kriterium sein sollte, zumal in den Schulen erhebliche qualitative Unterschiede existieren. Die Beziehungen zu den anderen Schülern, die Lehrer und pädagogischen Konzepte, die Transparenz und Zusammenarbeit mit Eltern sind ebenso wichtig oder wichtiger als die Sprachen. Einige Schulen erreichen eine sprachliche und kulturelle Vielfalt, andere gebrauchen nur einen sehr geringen Teil der Zweitsprache tatsächlich im Unterricht und diese Sprachen genießen eigentlich gar keinen hohen Stellenwert. Man sollte daher in jedem Fall vorab die vorliegenden Bedingungen an der Schule kritisch prüfen. Welchen Status nehmen die Sprachen reell im Lehrplan ein? Wer sind die Lehrkräfte? Wie setzt sich die Schülerschaft zusammen? Welche Sprache dominiert in den Fächern und auf dem Schulhof? Wie unterstützt die Schule die schwächere Sprache der Kinder, wie die stärkere? Welche außerschulischen Aktivitäten gibt es und in welcher Sprache werden sie durchgeführt? Versteht die Schule die Besonderheit eines mehrsprachigen Kindes, einer internationalen Familie? Das Selbstbewusstsein und die Identität eines mehrsprachigen Kindes können in der Schule ebenso aufgebaut und gestärkt wie auch abgebaut und geschwächt werden. Arbeiten die Schulen wertschätzend und kindzentriert? Sind Arbeiten der Kinder (in mehreren Sprachen) ausgestellt? Sieht man, was die Kinder tun und wie sie lernen? Welche Bücher und Materialien werden verwendet? Gibt es spezielle (bilinguale) Lehrbücher? Oder gebraucht die Schule gewöhnliche Fremdsprachenmaterialien? Fragen Sie in den Schulen auch nach Leistungsergebnissen: Welche Erfahrungen gibt es? Wie haben Schüler in ihren Abschlussprüfungen abgeschlossen? (Es gibt sehr vereinzelt Privatschulen, an denen ein ganzer Jahrgang das Abitur nicht geschafft hat).

- Zwei- und mehrsprachige Schulen eignen sich für einsprachige Kinder, die noch mehrsprachig werden möchten und
- für mehrsprachige Kinder, die noch zusätzliche Sprachen lernen wollen.
- Mehrsprachige Kinder, die bereits mit den Schulsprachen aufgewachsen sind, können in diesen Schulen ihre Sprachen festigen und weiter ausbauen. Jedoch passt nicht jedes Schulprofil gleichermaßen zu jedem mehrsprachigen Kind.
- Es gibt kostenlose staatliche Schulen und kostenpflichtige Privatschulen mit bilingualen oder mehrsprachigen Angeboten. Privatschulen nehmen in der Regel auch einen gewissen Anteil an Familien auf, die die Schulgebühr nicht bezahlen können.
- Privatschulen sind nicht per se die besseren Schulen, haben aber meist gut ausgestattete Räumlichkeiten und kleinere Lerngruppen.
- Schulen mit bilingualem Zweig sind Schulen mit Deutsch und einer Fremdsprache, in welcher in den höheren Klassen Fachunterricht erteilt wird. Sie eignen sich besonders für bislang einsprachige Kinder oder mehrsprachige Kinder, die die Fremdsprache noch nicht können.
- Internationale Schulen sind meist in Englisch und führen zu international anerkannten Abschlüssen. Sie eignen sich für alle Kinder. Für einsprachige, nicht-englischsprachige

Kinder kann der Einstieg eventuell schwierig sein, da sie direkt einem Sprachbad ausgesetzt werden.

- Europäische Schulen sind in erster Linie Schulen für Kinder, deren Eltern bei Institutionen der EU tätig sind.
- Europa Schulen gibt es in staatlicher und privater Trägerschaft. Das Konzept ist nicht an jeder Schule gleich, daher muss man individuell prüfen, ob das Schulprofil zum Kind passt. In der Regel eignen sie sich aber für alle Kinder: ein- und mehrsprachige.
- Schulen mit KOALA-Prinzip fördern Zweisprachigkeit an Grundschulen für einige „Migrantensprachen".
- Jede Schule sollte man kritisch überprüfen. Das Angebot an Sprachen ist nicht das einzige Kriterium, welches bei der Schulauswahl eine Rolle spielt.

Kapitel 16: Wie beeinflusst Mehrsprachigkeit die kognitive Entwicklung meines Kindes?

Anfang und Mitte des 20. Jhds. wollten Wissenschaftler wissen, was Mehrsprachigkeit bei Kindern bewirkt. Sie führten gerne Intelligenztests mit zweisprachigen Kindern durch. Die Kinder schnitten in diesen Tests schlecht ab, viel schlechter als ihre einsprachige Vergleichsgruppe. Die Forscher schlussfolgerten daraus, dass mehrsprachige Kinder mental konfus seien, dass die verschiedenen Sprachen die Kinder verwirrten und dass sie insgesamt weniger intelligent als einsprachige Kinder seien (Sear, 1923; Darcy, 1963, beide zit. in Bialystok 2001). Mehrsprachige Kinder waren nach deren Auffassung mit erheblichen sprachlichen und geistigen Defiziten belastet. Besonderes Augenmerk richtete man auf schlechte Schulleistungen von Kindern aus Migrantenfamilien. Forscher warnten, dass diese Kinder schwer erziehbar und kognitiv benachteiligt seien, und zwar aufgrund der Mehrsprachigkeit (Macnamara, 1966, zit. in Bialystok, 2004). Erst in den 80er Jahren entlarvten Forscher eine mangelhafte Durchführung und Fehlinterpretation solcher Tests. Häufig nahmen nämlich Kinder an Intelligenztests in einer Sprache teil, die sie gerade erst begonnen hatten zu lernen (Hakuta, 1986, zit. in Bialystok, 2004). Es waren z.B. Kinder aus walisisch-sprachigen Familien in GB oder spanisch-sprachige Kinder von mexikanischen Familien in den USA, die in Englisch getestet wurden. Auch wurden zweisprachige Kinder aus Unterschichtfamilien bzw. Familien aus sozialen Brennpunkten mit einsprachigen Kindern der Mittel- und Oberschicht verglichen. Es handelte sich also um soziale und nicht um sprachliche Unterschiede. Moderne Forscher berücksichtigen deshalb weitere Parameter, um allgemeingültige Aussagen über Mehrsprachige zu treffen. Es gibt so viele Faktoren, die Sprache und Denken eines Kindes beeinflussen. Die wichtigsten sind soziale Herkunft und Bildungsstand seiner Familie, aber auch Alter, Geschlecht und Gewohnheiten.

Heute weiß man, dass einsprachige und mehrsprachige Kinder zumindest den gleichen IQ aufweisen. Die Mehrsprachigkeit hat keinen negativen Effekt auf die kognitive Entwicklung, auch dann nicht, wenn die Sprachen nicht ausgeglichen sind. Deutliche kognitive Vorteile haben ausgeglichen Mehrsprachige, die zwei oder mehr Sprachen flüssig beherrschen (s. Kapitel 2). Sie sind sprachbewusster, redegewandter und origineller als Einsprachige. Sie denken divergent. Auch hier muss man natürlich vorsichtig mit Pauschalurteilen sein. Es bedeutet nicht, dass Einsprachige nicht auch divergent und originell denken können. Der Unterschied ist, dass mehrsprachige Kinder, die zwei oder mehr Sprachen regelmäßig und flüssig gebrauchen, in bestimmten kognitiven Bereichen (nicht allen) aufgrund ihrer Lebensbedingungen mehr Übung haben und sich das Gehirn dieser Erfahrung anpasst. Sie haben also quasi eine andere Ausgangsbasis. Mehrsprachige können besser verschiedene Sachen gleichzeitig wahrnehmen und tun sowie zwischen diesen Sachen wechseln. Diese Fähigkeit kennen wir schon vom code-switching, Sprachen quasi ein- und auszuschalten und sofort zwischen ihnen wechseln zu können (s. Kapitel 12).

Wenn man zwei oder mehr Wörter für einen Gegenstand oder eine Idee kennt, ist das Denken elastischer. Baker (2014) beschreibt diese Elastizität im Denken anhand eines Beispiels in Walisisch und Englisch. So bedeutet „Schule" in Walisisch „Ysgol" und gleichzeitig auch „Leiter". Damit bezieht ein zweisprachiges Kind das Konzept der Schule auf eine Leiter, die man Schritt für Schritt emporsteigen muss, mit dem Ziel, am Ende ganz oben anzukommen (s. auch Kapitel 1). Kinder, die mehrsprachig aufwachsen, bekommen mindestens zwei Arten, wie man die Welt beschreiben kann, mit. Sie können also alles in unterschiedlichen Perspektiven sehen. Mehrsprachige Kinder sind deshalb flexibler in Wahrnehmung und Interpretationen. Viele Forscher bestätigen, dass Mehrsprachige eher unterschiedliche Blickwinkel einnehmen können, als einsprachige (z.B. Ricardelli, 1992). Sie müssen es von Anfang an tun und spezialisieren sich darin. Von klein auf passen sie sich einer vielfältigen Lernumgebung an. Das sind Fähigkeiten, die man heutzutage mehr denn je braucht, in der Schule und im Beruf.

Mehrsprachige Kinder erkennen viel früher als einsprachige den symbolischen Charakter von Sprache. Sie wissen, dass die Zuordnung von Laut und Bedeutung willkürlich ist, dass ein Objekt in unterschiedlichen Sprachen unterschiedlich benannt wird. Dieses hohe Sprachbewusstsein bewirkt, dass es mehrsprachigen Kindern auch leichter fällt, Lauten Buchstaben zuzuordnen, wenn sie lesen und schreiben lernen. Mehrsprachige fokussieren sich zudem eher auf die Bedeutung von Wörtern, weil sie mit den unterschiedlichen Lauten keine Schwierigkeiten haben. Fragt man vier- bis sechsjährige Kinder, welches Wort ähnlicher zu „cap" (Kappe) ist, „cat" (Katze) oder „hat" (Hut), dann antworten mehrsprachige Kinder, dass „hat" ähnlicher ist, weil die Wörter eine ähnliche Bedeutung haben. Einsprachige Kinder antworten hingegen, „cat" sei näher an „cap", weil sie sich auf die Form, bzw. den Laut konzentrieren (Bialystok, 2015, 2011). Die Konzentration auf die Bedeutung der Wörter bewirkt einen Vorsprung der Mehrsprachigen, wenn es um Lesestrategien und Sprachbewusstheit geht.

Einen deutlichen Vorsprung haben mehrsprachige Kinder auch in ihrer Fähigkeit, Perspektiven zu wechseln und sich in andere Personen hineinversetzen zu können. Für den Begriff „Theory of Mind", kurz ToM, gibt es keine deutschsprachige Entsprechung. Man versteht darunter die Fähigkeit, Gefühle, Einstellungen, Erwartungen und Meinungen bei sich selbst und bei anderen Personen zu verstehen. Das eigene Verhalten oder das anderer Menschen wird also interpretiert. ToM ist dann entwickelt, wenn ein Kind die Meinung einer anderen Person von der eigenen Meinung unterscheiden kann. In der Regel beherrschen Kinder diese Perspektivübernahme mit ca. vier bis fünf Jahren. Sie gilt als entscheidender Meilenstein in der kognitiven Entwicklung.

Um festzustellen, ob Kinder unterschiedliche Perspektiven einnehmen können, zeigt man ihnen in gängigen Untersuchungen beispielsweise eine Keksdose. Die Kinder vermuten, dass sich in der Dose Kekse befinden. Sie öffnen die Dose und stellen fest, dass sich etwas völlig Unerwartetes darin befindet, nämlich Murmeln. Dann fragt man die Kinder, was eine andere Person, die die Dose noch nicht geöffnet hat, wohl in der Dose vermuten würde. ToM – fähige Kinder antworten „Kekse". Kinder, die noch keine ToM entwickelt haben, sagen, dass andere Personen natürlich Murmeln darin vermuten würden. Sie verstehen noch nicht, dass andere Menschen falsche Überzeugungen haben können oder dass andere etwas nicht wissen, was das Kind selbst weiß. Erstaunlicherweise scheinen die Kinder auch nicht zu erkennen, dass sie selbst vor dem Öffnen der Dose Kekse und eben keine Murmeln darin vermutet hatten. Mehrsprachige Kinder entwickeln die Theory of Mind ca. ein bis zwei Jahre früher als einsprachige Kinder (Barac/Bialystok 2012). Sie verstehen, dass eine Person, die noch nicht in die Keksdose geschaut hat, niemals auf die Idee kommen würde, darin Murmeln zu erwarten.

Ellen Bialystok betont in ihren zahlreichen Untersuchungen an bilingualen Kindern, Jugendlichen, jungen und alten Erwachsenen immer wieder einen wesentlichen Unterschied im Denken von Ein- und Mehrsprachigen: Mehrsprachige aller Altersklassen können besser irrelevante oder täuschende Informationen blockieren und kommen deshalb schneller und effizienter zu Problemlösungen. Deshalb sind sie ja auch besser in Multitasking. Während Einsprachige sich eher von irreführenden Informationen steuern lassen, sind Mehrsprachige besser in der Lage, diese Informationen auszublenden und sich auf das Wesentliche zu konzentrieren. Wenn Menschen Auto fahren und gleichzeitig mit dem Handy telefonieren und zusätzlich noch aus einer Flasche trinken, dann ist das Fahrverhalten der Mehrsprachigen nicht so verhängnisvoll, wie das der Einsprachigen. Sie können diese Situation besser in Angriff nehmen. Es geschieht hier nämlich genau das, was bei Mehrsprachigkeit permanent passiert: Eine zusätzliche Aufgabe bewältigen, während man sich gerade auf ein ganz anderes Problem konzentriert. Das Gehirn ist trainiert. Es ist gewohnt, auf einem Mehrprogrammbetrieb zu laufen. Dessen ungeachtet sollten Sie Ihr Multitasking-Talent vielleicht nicht gerade beim Autofahren ausprobieren, das könnte selbst für Mehrsprachige am Ende gefährlich werden. Bialystok (2011) hatte die Untersuchung in einem Simulator durchgeführt.

Als Grund für diesen Vorteil sehen Wissenschaftler einen Mechanismus im Gehirn von Mehrsprachigen. Ihre unterschiedlichen Sprachen sind permanent in einem gemeinsamen Wahrnehmungssystem verfügbar. Die Sprachen sind im Gehirn immer, zu jeder Zeit, aktiv. Je nach Situation und Kontext müssen sie aber eine Sprache fokussieren und die andere(n) ausblenden. Beim Umschalten von einer Sprache auf die andere wird der dorsolaterale, präfrontale Cortex aktiviert. Das ist eine Gehirnregion, die dann arbeitet, wenn ein Wechsel von Aufgaben stattfindet und Aufmerksamkeit kontrolliert werden muss. Bei Mehrsprachigen ist dieses Gehirnareal besonders ausgeprägt, da sie genau diese Aufgaben permanent bewältigen müssen (Bialystok, 2016, 2015, 2012, 2011).

In Bialystoks Untersuchungen sollen Kindergartenkinder Karten mit unterschiedlichen Farben und Formen sortieren. Werden die einsprachigen Kinder gebeten, die Karten nach Farbe zu ordnen, sind sie anschließend nicht in der Lage, das Kriterium, nach dem sortiert werden soll, zu ändern. Sie ordnen weiterhin die blauen Kreise zu den blauen Vierecken und Rechtecken, obwohl die Aufgabe jetzt lautet: „Ordne nach Form". Der farbliche Sinneseindruck ist so vorherrschend, dass die Dimension der Form in diesem Moment nicht wahrgenommen wird. Das schaffen sie erst mit fünf Jahren. Bilinguale Kinder schaffen es viel früher, sich den neuen Spielregeln anzupassen. Sie können umdenken und sich auf einen anderen Aspekt einlassen. Schon dreijährige bilinguale Kinder sind in der Lage, Gegenstände zuerst nach der Farbe und anschließend nach der Form zu sortieren.

Ähnlich verhält es sich bei Anzahl und Größe. Kleine Kinder gehen davon aus, dass ein Turm aus Duplosteinen, der höher ist, automatisch auch mehr Steine haben muss als ein niedrigerer Turm aus Legosteinen. Sie bleiben bei dieser Überzeugung auch dann, wenn sie die Steine gezählt haben und sie merken, dass der kleinere Turm mehr Steine hat, weil er aus kleineren Steinen gebaut wurde. Selbst wenn sie die Türme aus unterschiedlich großen Steinen selbst bauen, beharren sie darauf, dass der größere Turm mehr Steine hat. Bilinguale Kinder hingegen erkennen und akzeptieren, dass ein niedrigerer Turm, der aus kleineren Legosteinen gebaut wurde, mehr Steine haben kann als ein höherer Turm aus großen Duplosteinen.

Die Vorteile zeigen sich auch bei älteren Kindern. In einer Untersuchung sollten achtjährige Kinder Bilder kennzeichnen, auf denen entweder ein Tier oder ein Musikinstrument abgebildet war. Sie mussten also schnell zwischen Tier oder Musik entscheiden. Gleichzeitig erhielten sie einen akustischen Reiz: Sie hörten entweder eine Tierstimme oder Musik. Dabei waren Bilder und das Gehörte manchmal unterschiedlich. Auf dem Bild war ein Tier und dazu hörten sie ein Musikinstrument. Für die einsprachigen Kinder war es schwierig, beide Aufgaben gleichzeitig zu lösen. Sie konzentrierten sich entweder hauptsächlich auf die Bilder oder auf die Laute, aber nicht auf beides. Wenn sie ein Musikinstrument hörten, sortierten sie das Tierbild zu Musik. Die mehrsprachigen Kinder konnten beide Aufgaben gleichzeitig lösen und zeigten dabei eine hohe Trefferquote.

Wenn Kinder einen unlogischen Satz vorgelesen bekommen, der aber grammatisch korrekt ist, wie z.B. „Orangen wachsen auf Nasen", dann bemerken die Mehrsprachigen eher, dass der Satz, obwohl inhaltlich absurd, dennoch ein (grammatisch) richtiger Satz ist (s. das Interview von Ellen Bialystok: www.youtube.com/watch?v=hw_qpta6zb4&NR=1&feature=fvwp). Die Bedeutung der Wörter bewirkt eine Ablenkung, die Einsprachige nicht so schnell bemerken. Es sind also gerade solche schwierigen Kontrollprozesse, bei denen ausgeglichen Mehrsprachige im Vorteil sind. Diese können sich wiederum auf kognitive Flexibilität in anderen, nichtsprachlichen Bereichen auswirken.

Selbst ältere Erwachsene schneiden bei solchen Steuerungsaufgaben signifikant besser ab, wenn sie mehrsprachig sind. Ellen Bialystok (2011) hat sogar herausgefunden, dass Alzheimerpatienten, die mehrsprachig sind, fünf bis sechs Jahre später Symptome ihrer Demenzkrankheit zeigen, als Einsprachige. Das bedeutet nicht, dass Mehrsprachige nicht auch an Alzheimer erkranken, aber durch ihre gut entwickelte kognitive Kompetenz, bedingt durch Aufmerksamkeitskontrolle, schreitet die Krankheit langsamer voran und die Mehrsprachigen können mit der Krankheit offenbar besser umgehen als Einsprachige.

Wir wissen aus Kapitel 13, dass die Früh-Mehrsprachigen außerdem ihre Sprachen anders im Gehirn abspeichern und dass Sprachen, die später hinzugelernt werden, an die vorhandenen Sprachen angedockt und integriert werden. Die Gehirnstruktur passt sich den Spracherfahrungen an, so dass mehrsprachige Kinder weitere Sprachen einfacher und schneller lernen. Sie haben das Potential zum Multilinguismus.

- Mehrsprachigkeit hat keinen negativen Effekt auf die kognitive Entwicklung.
- Ausgeglichen Mehrsprachige haben kognitive Vorteile.
- Das Gehirn ist anders aufgebaut. Früh-Mehrsprachige lernen weitere Sprachen schneller und einfacher
- Mehrsprachige können eher verschiedene Perspektiven einnehmen.
- Sie denken abstrakter.
- Sie haben ein hohes Sprachbewusstsein.
- Sie können schneller Laut und Bedeutung zuordnen sowie Laut und Buchstabe.
- Sie konzentrieren sich früher auf die Bedeutung von Wörtern und Texten, nicht ausschließlich auf die Laute.
- Sie erreichen früher kognitive Meilensteine wie die Theory of Mind.
- Sie sind besser im Multitasking.
- Mehrsprachige verfügen über eine Aufmerksamkeitskontrolle. Sie können irrelevante Informationen blockieren und sich auf das Wesentliche konzentrieren.
- Sie können code-switchen und sich Situationen unglaublich schnell und effektiv anpassen.

Kapitel 17: Wie beeinflusst Mehrsprachigkeit die Identität meines Kindes?

Identität ist ein äußerst komplexer Begriff. Man kann nicht vorhersagen, welche Identität ein Mensch haben wird, unabhängig davon, ob er ein- oder mehrsprachig ist. Es gibt verschiedene Aspekte von Identität: eine individuelle, eine kulturelle, eine Gruppenidentität, eine Fremdzuschreibung, etc. Insofern bewegen wir uns immer in verschiedenen Identitätsebenen. Identität ist auch nicht statisch, sondern veränderbar. Je nach Bezugsgruppe, in der ich mich gerade befinde, stelle ich einen jeweils anderen Aspekt meiner Identität in den Vordergrund. Das kann beispielsweise die Arbeitswelt mit Kollegen, Vorgesetzten und Mitarbeitern, eine religiöse Bezugsgruppe, die Zugehörigkeit zum weiblichen oder männlichen Geschlecht, Sport, Vereine und Freizeitaktivitäten, ob ich in der Stadt oder auf dem Land wohne, die soziale Schicht, die Peergruppen der Kinder usw. betreffen. Werte, Normen, soziale Beziehungen und das Verständnis von der Welt sind jeweils anders und jede Person nimmt eine jeweils andere Rolle ein, je nachdem in welchem Umfeld sie sich bewegt. Jeder Mensch hat gleichzeitig verschiedene Teilidentitäten. Identität ist nicht etwas, das man von Geburt aus hat, sondern etwas, das innerhalb der Erfahrungsprozesse entsteht.

Dabei ist Sprache einer von vielen Aspekten, der zur Identität beiträgt. Mit der Sprache, ihren Wörtern und ihrer Grammatik lernt das Kind eine bestimmte Sicht und Wahrnehmung auf die Welt. Im Wortschatz spiegeln sich Lebenserfahrungen, die kollektiv geworden sind. Daher existieren Unterschiede in der Konzeptbildung in unterschiedlichen Sprachen. „Sofort ist schneller als subito!" Das italienische *subito* kann bis zu zwei Stunden bedeuten (Montanari, 2001).

Gestik und Mimik unterscheiden sich. Auch die Grammatik einer Sprache vermittelt eine bestimmte Sicht auf die Welt. Betrachten Personen z.B. ein Bild, auf dem ein Auto eine Straße entlangfährt, an deren Ende sich ein Haus befindet, achten Personen mit Sprachen, die eine Verlaufsform haben (z.B. engl. „the car is driving") eher auf das Auto, während Personen mit Sprachen ohne Verlaufsform eher das Ziel im Auge haben und auf das Haus schauen (z.B. dt. „das Auto fährt"). Die Blickrichtung und der Fokus auf die Aktivität sind unterschiedlich. Mehrsprachige Menschen, die beide grammatische Realisierungen kennen, sind hier ein spezieller Fall. Sie können entweder die eine oder die andere oder auch beide Perspektiven gleichzeitig einnehmen (s. Kapitel 16). In jedem Fall können sie sich in beide Perspektiven hineinversetzen und zwischen ihnen vermitteln. Bei ihrer Identitätsentwicklung greifen Mehrsprachige auf verschiedene Sprachen und kulturelle Hintergründe zurück, die nicht isoliert sind, sondern sich gegenseitig beeinflussen. Sie können als „Brückenmenschen" auftreten.

Durch Sprache hat man also einen bestimmten Zugang zur Welt, mit dem man sich identifiziert. Voraussetzung ist natürlich, dass man die oben genannten Unterschiede wahrnimmt, dass man sich der unterschiedlichen Perspektive auf die Welt bewusst ist. Sprachliche Identität ist deshalb eng an die Kompetenzen in der Sprache gebunden. Mehrsprachige, die über eine dominante und eine oder mehrere schwache Sprachen verfügen, identifizieren sich eher mit ihrer dominanten Sprache. Ausgeglichen Mehrsprachige identifizieren sich mit beiden (oder allen) Sprachen, sie können wählen, für welche Perspektive sie sich entscheiden.

Maßgebend ist außerdem die persönliche Einstellung zu den Sprachen, mag ich sie, fühle ich mich in ihnen wohl? An Sprache sind bestimmte Emotionen, Erfahrungen und Erinnerungen gebunden. Schimpft der Vater immer in Italienisch, verknüpft das Kind das Italienische natürlich damit. Unternimmt er hingegen immer etwas in Italienisch mit dem Kind, das ihm besonders Spaß macht, assoziiert es die Sprache mit Wohlbefinden. Die persönliche Einstellung zu einer Sprache und zur Mehrsprachigkeit ist stark von der eigenen Biografie abhängig. Hierzu gehört auch das Maß, in dem die Sprachen den alltäglichen Lebensraum der Person betreffen (Janich / Thim Mabrey, 2003). Wo, wann, wie häufig, in welchen Situationen wird welche Sprache benutzt?

Hinzu kommt, dass Sprache nicht unbedingt an Kultur gebunden ist. Es ist durchaus möglich, eine Sprache fließend zu sprechen, die Kultur des Landes oder des Volkes dieser Sprache jedoch gar nicht richtig zu kennen oder erfahren zu haben. Man muss nicht an einer Kultur teilhaben, wenn man ihre Sprache spricht. Mehrsprachigkeit kann zu einer bi- oder multikulturellen Identität führen, muss aber nicht. Daher ist es möglich, dass Menschen zwar mehrere Sprachen sprechen, aber dennoch monokulturell sind. Viele Mehrsprachige leben in nur einer Kultur und es gibt viele mehrsprachige Personen, die sich bewusst von einer Kultur, deren Sprache sie beherrschen, abgrenzen. Sie identifizieren sich dann eher mit der Kultur der Mehrheit, mit dem Umfeld, in dem sie leben.

In gleicher Weise wie die Sprachgewandtheit sich ändern kann, so dass sich z.B. eine schwache Sprache zur starken Sprache entwickeln kann, wenn man mehr Zugang zu ihr hat, so kann auch das Zugehörigkeitsgefühl zu einer Kultur sich mit den Lebensbedingungen ändern. Prof. Grosjean (2010) sagt von sich selbst, er habe im Laufe der Zeit seine dominante Kultur viermal geändert: Als Teenager fühlte er sich in der englischen Kultur am wohlsten, bis 28 in der französischen, zwischen 28 und 40 Jahren identifizierte er sich am meisten mit der amerikanischen Kultur und seit dem mit der schweizerischen. Kulturelle Identität ist daher ebenso wie die Sprachkompetenz ein Prozess, der sich entwickelt und verändert. Mehrsprachige ticken anders. Sie sind in vielen Dingen breiter und vielfältiger disponiert.

Zwei- und mehrsprachige Menschen gehören nicht in derselben Weise zu zwei oder mehreren Sprachkulturen wie einsprachige zu ihrer Kultur gehören. Sie können zum Teil die eine Sprache und Kultur teilen und sich mit ihr identifizieren und zum Teil mit der oder den anderen

Kultur(en). Es handelt sich um eine komplexe Kombination von zwei (oder mehr) Kulturen, die in einer Person integriert sind. Bildlich gesehen handelt es sich nicht um zwei Kreise nebeneinander, sondern um sich überlappende Kreise (vgl. Baker, 2014). Mehrsprachige können wählen, sie können entscheiden, welche Aspekte einer (Sprach)Kultur sie für sich annehmen wollen und welche nicht. Sie haben de facto mehrere Zugehörigkeiten. Dieses Konzept mehrerer Identitäten wird in der Fachliteratur auch als „hybride" Identität bezeichnet. Dabei geraten zwei verschiedene Sprachen und Kulturen nicht miteinander in Konflikt, sondern erweitern und ergänzen sich zu einem Dritten.

Mehrsprachige werden dennoch immer wieder gefragt, wie sie sich fühlen, Deutsch ODER Türkisch, Englisch ODER Schwedisch? Arabisch ODER Französisch ODER Deutsch? Man erwartet von ihnen, dass sie sich endgültig für eine und gegen eine andere Sprachkultur entscheiden, wenn sie kein gespaltenes Bewusstsein haben. Es ist aber nicht so, dass sie zwei oder drei oder mehr kämpfende Wesen in sich hätten, von denen nur eines überleben kann. Sprachen sind auch keine Nationen, die Pässe ausstellen. Mehrsprachigkeit führt nicht zu Zerrissenheit.

Johanna ist von Geburt an zweisprachig aufgewachsen. Die Mutter ist Deutsch, der Vater stammt aus Peru. Johanna wollte schon früh eine eigene Identität haben und als Individuum wahrgenommen werden. Deshalb behauptete sie in ihrer Kindheit felsenfest, sie sei in Afrika geboren, obwohl sie dort noch nie gewesen war und auch keine Vorstellung von diesem Kontinent hatte. Die Leute fragten, was Johanna denn eher sei, Deutsch oder Peruanisch und sie antwortete auf ihre eigene geniale Weise: „weder noch..., ich bin doch besonders." Sie wollte nicht in eine Schublade gesteckt werden und sich erst recht nicht zwischen ihren Eltern entscheiden müssen.

Für einsprachige Menschen ist das Thema Mehrsprachigkeit eine mysteriöse Erscheinung. Sie fragen: „in welcher Sprache träumst du?", als ob damit etwas klargestellt werden könnte. Eigentlich wollen sie wissen, „in welcher Sprache bist du denn nun zu Hause?" Nicht einmal Sigmund Freud hätte vermocht, das aus Träumen zu schließen. In Träumen verarbeiten wir Dinge, an denen wir teilgenommen haben. Dazu gehören auch Sprachen. Mehrsprachige träumen in jeweils der Sprache, die sie gerade besonders beschäftigt oder in der sie etwas Bestimmtes erlebt haben. Man kann auch in einer Sprache träumen, ohne sie besonders gut zu beherrschen oder ohne sich mit ihrer entsprechenden Kultur zu identifizieren. Ich habe mal für ein Jahr in Albanien gearbeitet und im Zuge dessen auch rudimentäre Sprachkenntnisse erworben. Weil ich mich so intensiv mit der Sprache beschäftigt habe, habe ich nachts auch in Albanisch geträumt – obwohl ich nur ein paar Wortfetzen konnte. Ich war also weit davon entfernt, Albanisch gut zu können oder mich der albanischen Kultur zugehörig zu fühlen. Dafür kannte ich sie gar nicht gut genug. Und trotzdem träumte ich in Albanisch. Die Traumsprache wechselt und sagt nichts über die Identität oder den Sprachstand des Träumenden aus, sondern lediglich über einen bestimmten Kontext zu einem bestimmten Zeitpunkt.

Entscheidend für die Identitätsentwicklung ist das gesellschaftliche Ansehen einer Sprache und einer Kultur, welches sich natürlich auf den Sprecher auswirkt. Eine abwertende Haltung hat Auswirkungen auf die Sprachwahl und das Sprachverhalten. Ein geringes Sprachprestige bewirkt ein negatives Selbstbild. Um dies zu überwinden, kann es dazu kommen, dass Kinder solche gering geschätzten Sprachen verweigern (s. Kapitel 8). Prestigehohe Sprachen können demgegenüber eher in ein positives Selbstbild eingeordnet werden. Auf die gesellschaftliche Achtung oder Missachtung einer Sprache kann man mit Öffnung oder Rückzug, mit Flexibilität oder Erstarren reagieren (Brizić 2007). Das Prestige einer Sprache wird in der Gesellschaft nach seinem Nutzen, nach seinem „Marktwert" bewertet. Er bestimmt, ob eine Sprache z.B. im Bildungswesen vertreten ist. Bildungsinstitutionen beeinflussen den Stellenwert von Sprachen enorm. Sie bestimmen die Unterrichtssprache(n) und die Fremdsprachenkompetenzen, die in der Schule erworben werden können. Dabei werden politisch gewünschte Sprachen favorisiert, andere außer Acht gelassen und zwar unabhängig von der tatsächlichen Anzahl der Sprecher. So gibt es in deutschen Schulen beispielsweise kaum Türkisch als Sprachangebot, obwohl sehr viele Türkischsprecher hier leben. Für viele Mehrsprachige bedeutet das, dass ihre Kompetenzen keinen oder nur einen geringen Wert haben und auch nicht belohnt werden. Das hat natürlich Auswirkungen auf die Identitätsentwicklung. Erfährt ein bilinguales Kind überall Anerkennung, weil es z.B. Deutsch und Englisch spricht, entwickelt es ein positives Selbstbild. Wird die Mehrsprachigkeit ignoriert oder sogar als „Störfaktor" angesehen, wirkt sich das auf die Identitätsentwicklung des Kindes aus. Ein Teil von ihm ist zumindest in der Fremdzuschreibung nichts wert. Eltern, Erzieher, Lehrer und weitere Bezugspersonen von Kindern sollten deshalb vor allem bei Sprachen, die gesellschaftlich eher einen geringen Stellenwert genießen, immer wieder die Gleichwertigkeit aller Sprachen betonen, um die Identität mehrsprachiger Kinder zu stärken. Sie müssen den Kindern bewusst machen, wie positiv es ist, mehrere Sprachen zu können. In den Institutionen sollte Mehrsprachigkeit unbedingt wertgeschätzt werden, unabhängig davon, um welche Sprachen es sich handelt. Außerdem kann sich die gesellschaftliche Einstellung zu einer Sprache im Laufe der Zeit ändern. Chinesisch hatte z.B. früher keinen hohen Status. Er ist aber durch die veränderte politische und wirtschaftliche Ordnung deutlich gestiegen, Chinesisch gilt heute als sehr „attraktiv". Angesichts der aktuellen Rolle der Türkei und der EU-Beitrittsgespräche ist es durchaus denkbar, dass Türkisch auf dem „Markt" an Wert gewinnt und in ein paar Jahren als unglaublich positives Potential angesehen wird. Dann könnte es Realität werden, neben Französisch, Spanisch und Latein demnächst auch Türkisch als zweite Fremdsprache wählen zu können.

Es besteht eine Wechselwirkung zwischen dem, wie man sich selbst definiert und dem, wie man von der sozialen Umwelt wahrgenommen wird. Menschen, die einer gleichen Sprachgruppe angehören, können ein Wir-Gefühl entwickeln und von der Umwelt, die eine andere Sprache spricht, als die „anderen", als „fremd" wahrgenommen werden. Viele Menschen mit „Migrationshintergrund" werden zudem nicht allein wegen ihrer Sprache, sondern aufgrund ihres Aussehens (z.B. dunkle Augen und Haare, Hautfarbe) und ihres Namens als fremd angesehen, selbst wenn sie hier geboren sind, die Umgebungssprache fließend sprechen und sich in der hiesigen Kultur mühelos bewegen. Solche Fremdzuschreibungen verhindern, dass sie sich der Mehrheitskultur zugehörig fühlen können und sind letztendlich diskriminierend. Anke Krause (2013) nennt das Beispiel, dass Kinder, die nicht-deutsch aussehen, immer wieder gefragt werden, woher sie kommen. Ein Kind antwortet:

- „Woher kommst du?"
- „aus Vietnam."
- „Wie alt bist du?"
- „6 Jahre."
- „Wie lange bist du schon hier?"
- „10 Jahre."

Das Beispiel zeigt, dass schon kleine Kinder wissen, dass sich die Frage nach ihrer Herkunft nicht auf die Lebenssituation des Kindes bezieht, sondern auf seine Vorfahren. Die Eltern leben seit zehn Jahren hier. Es muss sich immer wieder erklären und rechtfertigen, woher seine Familie ursprünglich einmal gekommen ist, unabhängig davon, wo und wie das Kind jetzt lebt und früher gelebt hat und welche Sprache(n) es spricht. Erzieher, Lehrer und weitere Bezugspersonen von Kindern sollten sich stärker bewusst machen, was sie mit solchen, vielleicht eigentlich gut gemeinten Fragen bewirken. Sie grenzen aus. Sie geben das Signal: „Man sieht ja: Hierher gehörst du nicht!" (also woher kommst du? Erkläre dich!) Die Herkunftsfrage drängt das Kind von außen in eine bestimmte Identität, mit der es sich auseinandersetzen muss, ob es will, oder nicht. Kindergarten, Schule und Gesellschaft sind identitätsstiftende Einheiten, die die Persönlichkeit eines Menschen beeinflussen und ihn auch je nach Herkunft, Beruf, Geschlecht, etc. kategorisieren. Identität ist insofern immer ein soziales Konstrukt mit Innen- und Außenwahrnehmung, also wie sich eine Person selbst sieht und wie sie von anderen gesehen wird. Auf letzteres hat sie selbst keinen Einfluss. Alltägliche Interaktionen werden in einem langen Prozess gesammelt und tragen zur Identitätsbildung bei.

Andererseits kann Sprache auch als eigene Kategorisierung genutzt werden, als Strategie für eine eigene Identitätskonstruktion, innerhalb derer man eigene Präferenzen ausdrückt. Die Zugehörigkeit zu einer Sprachgemeinschaft kann zu einem Wir-Gefühl beitragen. Wir unterscheiden uns von anderen, indem wir eine bestimmte Sprache gebrauchen. So verwenden viele Jugendliche das „Kiezdeutsch", um sich von der älteren Generation und/oder von bestimmten sozialen Schichten abzugrenzen und innerhalb der Gruppe über die Sprache ein Wir-Gefühl aufzubauen. Das „Kiezdeutsch" hat sich in städtischen Wohngebieten wie Berlin-Kreuzberg im Kontakt unterschiedlicher Sprachen und Kulturen entwickelt. Solche Jugendsprachen gibt es auch in anderen europäischen Ländern. Sie enthalten z.T. grammatische Vereinfachungen (z.B. kurze Sätze, Weglassen der Artikel, kein Gebrauch des Verbs \`sein´), bestimmte häufig verwendete Partikel („so") und einen speziellen Wortschatz („Alter" als Anrede). Das ist aber keinesfalls Ausdruck mangelnder Sprachkompetenzen und auch kein Sprachgebrauch von

Jugendlichen einer bestimmten Herkunft, denn auch viele einsprachig deutsche Jugendliche gebrauchen diese Varietät. Es ist vielmehr ein neues Sprachsystem mit neuen Wendungen, neuen Fremdwörtern z.B. aus dem Türkischen und Arabischen („Wallah") sowie auch neuen grammatischen Strukturen („lassma", „musstu" wie in: „Lassma Moritzplatz aussteigen!", „Musstu Doppelstunde fahren!" (www.kietzdeutsch.de) Deshalb ist Kiezdeutsch nicht negativ zu bewerten oder gar als Bedrohung des Standarddeutschen zu sehen, sondern als eine Varietät mit neuen sprachlichen Formen. Die Jugendsprache ist Ausdruck und Signal der Identität. Sie ist positiv, sofern die Jugendlichen auch die Standardvarietät beherrschen, also zweisprachig sind.

In diesen Zusammenhang ist auch eine Praxis fast aller Mehrsprachigen zu sehen: das Code-Switching (vgl. hierzu auch Kapitel 12). Das Wechseln zwischen den Sprachen gehört zu den Stilmitteln mehrsprachiger Menschen und wird ganz bewusst gewählt (Gogolin, 2007). Es hat nicht nur individuelle oder sprachstrategische (z.B. ein Gespräch interessant gestalten oder etwas deutlicher ausdrücken), sondern auch soziokulturelle Gründe. Das Gemischtsprechen ist unter Mehrsprachigen eine eigene, identitätsstiftende Sprachform. Mehrsprachige können sich durch Code-Switching von der deutschsprachigen Mehrheitsgesellschaft abgrenzen und das „Wir-Gefühl" innerhalb ihrer mehrsprachigen Gruppe kundtun. Sie bringen bestimmte Aspekte ihrer Identität symbolisch zum Ausdruck und markieren Zugehörigkeit. (Gugenberger 2005). Code-Switching kann außerdem ein Zeichen von eigener polykultureller Identität sein. Je ausgeprägter man sich mit seiner eigenen Mehrsprachigkeit identifiziert, desto ausgeprägter kann die Motivation zum „switchen" sein.

Identität ist letztendlich die Aneinanderreihung von Konzepten, d.h. von Bildern und Ideen, von Erfahrungen und deren Deutungen, die sich im Laufe der Zeit gebildet haben. Identität ist ein Konstrukt, welches sich auf die Vergangenheit bezieht und Elemente der Zukunft enthält, wenn ein Individuum überlegt, wie es zukünftig sein möchte oder zu sein hat. Erlebnisse in der Vergangenheit können völlig zufällig passiert sein. Jedoch versuchen Menschen immer, jedem Erlebnis einen Sinn zuzuordnen und dieser Sinn wird zu einem Teil der Identität. Jegliche auf ein Ereignis folgende Gedanken bauen immer auf der Wahrnehmung dieses Erlebnisses auf und führen zu einer Verkettung von sich wiederholenden Denkmustern. Hat sich jemand z.B. in einer bestimmten Situation sehr missverstanden gefühlt, so trägt er fortan immer dieses Bild des Missverstehens mit sich herum und prüft jede neue Situation auf Missverständnisse. Seine Analyse von Situationen ist eine Beobachtung aus der Perspektive eines Missverstandenen. Beobachtung und das Beobachtete sind daher ein und dasselbe. Der Missverstandene beobachtet Missverständnisse. Die Wahrnehmung der Wirklichkeit wird so auf einen bestimmten Fokus reduziert und sortiert andere Möglichkeiten aus. Menschen können sich jederzeit von der konstruierten Identität lösen, diese Identität oder Teile der Identität dekonstruieren, indem sie ihre Erinnerungen, Gedanken, Wahrnehmungen, Assoziationen und Gefühle uminterpretieren oder ausblenden und so offen für Neues werden. Interessanterweise beschäftigen sich jegliche Strömungen der (Persönlichkeits-) Entwicklung von fernöstlicher Spiritualität bis zur New Age

„Philosophie" damit, das Gedankengeplapper zu stoppen und Raum für etwas zu schaffen, das nicht an alte Gedanken geknüpft ist (Du bist, was du denkst). Eine solche Auslöschung des psychologischen „Ich", dieser selbst geschaffenen Identität durch die Aneinanderreihung von aufeinander aufbauenden Gedanken, ist, was mit Nirwana gemeint ist. Die wörtliche Bedeutung des Sanskritwortes ist Erlöschen bzw. verwehen.

- Identität umfasst verschiedene Aspekte: individuelle, kulturelle, Gruppenidentität(en), Fremdzuschreibung(en), etc.
- Identität ist nicht statisch, sondern veränderbar. Sie entsteht innerhalb der Erfahrungsprozesse eines Menschen.
- Mit den Sprachen lernt das Kind eine bestimmte Sicht auf die Welt.
- Bei ihrer Identitätsentwicklung greifen Mehrsprachige auf verschiedene Sprachen und kulturelle Hintergründe zurück, die nicht isoliert sind, sondern sich gegenseitig beeinflussen.
- Mehrsprachige haben eine hybride Identität. Sie integrieren zwei oder mehr Sprachkulturen in einer Person und kombinieren diese auf komplexe und sehr individuelle Weise.
- Sprache muss aber nicht an Kultur gebunden sein.
- Sprache kann mit Gruppenidentität verbunden werden.
- Um mehrsprachige Kinder in ihrer Identität zu stärken sind folgende Aspekte wichtig:
  - der Grad der Kompetenzen in den jeweiligen Sprachen
  - die persönliche Einstellung zu den Sprachen
  - das Sprachprestige in der Umwelt und der familiäre Umgang damit
  - Häufigkeit und Maß, in dem die Sprachen den alltäglichen Lebensraum des Kindes betreffen.
- Identität ist eine Konstruktion aus vergangenen Erfahrungen und Gedanken. Sie kann jederzeit verändert werden, wenn Gedanken gestoppt oder verändert werden.

Kapitel 18: Gibt es Risiken?

Es gibt zwei Fehler, die man im Rahmen einer mehrsprachigen Erziehung machen kann: Ein Fehler ist, mit dem Kind eine Sprache zu sprechen, die man selbst nicht gut beherrscht. Es ist nicht schlimm, hin und wieder eine solche Sprache zu gebrauchen, man kann ruhig Lieder singen, Geschichten vorlesen oder Gespräche führen. Der Hauptinput sollte jedoch für das Kind von Muttersprachlern kommen. Ansonsten besteht das Risiko, dass das Kind einerseits Fehler übernimmt und andererseits auch nicht lernen kann, wie es sich Regeln erschließt. Da man Sprachen aber anhand von Regeln lernen muss und nicht alles rein assoziativ lernen kann, ist es enorm wichtig, dass Kinder ein Sprachvorbild haben, welches richtig spricht, so dass das Kind selbst immer überprüfen kann, ob seine eigenen Hypothesen richtig sind und welche Regeln in der Sprache stecken (s. Kap. 4). Zu dieser Fähigkeit, sich Regeln erschließen und Strategien des Spracherwerbs aneignen zu können, gehört auch, dass das Kind zumindest in einer Sprache so viel korrekten und qualitativ hochwertigen Input bekommt, das dies möglich ist. Zumindest eine Sprache sollte sich also als stabile und altersentsprechende Erstsprache entwickeln können.

Der zweite Fehler ist ein abrupter Wechsel in der Hauptbezugssprache. Es kommt vor, dass Eltern geraten wird, die Mehrsprachigkeit aufzugeben und nur noch in der Mehrheitssprache mit dem Kind zu sprechen. Das hat fatale Folgen für die sprachliche Entwicklung einerseits und für die emotional-kognitive Entwicklung andererseits. Die Sprache, in der Liebe, Anerkennung, Sorge, etc. ausgedrückt werden, fällt plötzlich weg. Das Kind kann dann schnell das Gefühl bekommen, mit der Sprache gehen eben auch Liebe und Fürsorge verloren. Ein Bruch in der sprachlichen Entwicklung, z.B. wenn bei einem Kleinkind die Erstsprache abgebrochen wird und durch den Erwerb einer anderen Sprache ersetzt wird, sollte unter allen Umständen vermieden werden (vgl. Meisel, 2011). Die Erstsprache bzw. die Bezugssprache des Elternteils muss konstant gefördert werden. Da Sprachen einander ergänzen, wirkt sich eine Stabilisierung der Erstsprache positiv auf die Zweitsprache aus. Es wäre deshalb wünschenswert, dass in den Institutionen die Erstsprachen von Kindern, die Deutsch als Zweitsprache lernen, stärker berücksichtigt werden. Sollte es aus welchen Gründen auch immer tatsächlich notwendig sein, den Sprachgebrauch zu verändern und auf eine Sprache zu verzichten, dann sollte das immer sehr langsam und behutsam eingeführt werden. Man braucht eine Übergangszeit, in der die Sprache noch verwendet wird und langsam abgebaut wird. Ein plötzlicher Sprachwechsel über Nacht löst Misstrauen und Ängste aus. Deshalb muss man mit dem Kind auch über den Sprachwechsel sprechen, ihm erklären, warum man jetzt eine andere Sprache bevorzugt und dieser Grund sollte nichts mit dem Kind zu tun haben (z.B. aufgrund einer Störung), sondern mit äußeren

Gegebenheiten. Das Kind darf sich auf keinen Fall schuldig fühlen. Kinder dürfen bei einer solchen Sprachwahl auch ihre eigenen Sorgen und Präferenzen mitteilen.

Enorm wichtig ist auch, dass Kinder möglichst in allen beteiligten Sprachen, zumindest aber in einer Sprache, einen bildungssprachlichen Code erwerben, da sonst Lernschwierigkeiten in der Schule entstehen können (s. Kapitel 10, 14). Das ist kein Risiko, welches in der Mehrsprachigkeit begründet ist, sondern allgemein eine Risikolage für Kinder, die in einem ungünstigen familiären Klima aufwachsen. Ein niedriges Bildungsniveau der Eltern kann z.B. dazu führen, dass die Kinder kaum in einem schriftsprachlichen Stil gefördert werden, dass ihnen nicht vorgelesen wird und generell nur Alltagssprache verwendet wird. Für den erfolgreichen Umgang mit abstrakten, nicht aus der Situation erschließbaren Inhalten ist die akademische Sprachfähigkeit unabdingbar. In der Schule wird nicht nur in Deutsch, sondern in allen Fächern komplexe Bildungssprache verwendet. Ein Kind, das nicht weiß, wie es eine Reihenfolge ausdrücken kann, wie es klassifiziert und vergleicht, ist kaum in der Lage, dem Mathematikunterricht zu folgen. Prinzipiell kann jedes Kind diese Sprachfähigkeit lernen, es braucht aber eine Chance dazu.

Wünschenswert wäre deshalb, dass solche Kinder viel stärker in Kindergarten und Schule aufgefangen und gezielt in diesen bildungssprachlichen Aspekten gefördert würden. Erst dann wird unserer Gesellschaft gelingen, schulische Erfolge von der familiären Herkunft zu lösen. Bislang ist das deutsche Bildungssystem kaum in der Lage, soziale Ungleichheiten auszugleichen und die Vielfalt der Schüler produktiv zu nutzen.

Es ärgert mich immer wieder, in Büchern zu lesen, es gäbe ein Risiko für „Migranten". Das ist nun wirklich absoluter Käse. All die Vorteile einer mehrsprachigen Erziehung, z.B. in der kognitiven Entwicklung, gelten natürlich auch für Migranten und Migrantensprachen. Die Kinder leisten ja dasselbe wie alle anderen mehrsprachigen Kinder auch. Vorteile gelten nicht nur für Prestigesprachen. Im Übrigen sind ja Kinder mit z.B. einem englischen oder französischen Elternteil auch Kinder mit Migrationshintergrund. Wer also behauptet, es gäbe ein Risiko für Migranten, behauptet, es gäbe ein Risiko für Mehrsprachigkeit. Das ist heutzutage wissenschaftlich eindeutig widerlegt. Mittlerweile herrscht allgemeiner Konsens darüber, dass Mehrsprachigkeit keine Überforderung darstellt. Auch eine dreisprachige Erziehung ist überhaupt kein Problem. Es ist dem Menschen biologisch angelegt, mehrere Sprachen erwerben zu können. Es liegt in den Genen. Auf der Welt gibt es ca. 6.500 Sprachen, die sich auf ca. 200 Länder verteilen. Es kann logischerweise gar nicht anders sein, als dass es viele Länder geben muss, in denen mehrere Sprachen gesprochen werden. Die Menschen in diesen Ländern sind nicht alle überfordert. Mehrsprachige Kinder beginnen nicht später zu sprechen als einsprachige. Ihre verbale Ausdrucksfähigkeit ist häufig sogar flüssiger. Mehrsprachige Kinder sind genauso vielfältig wie einsprachige Kinder. Natürlich gibt es Unterschiede im einzelnen Sprachtalent. Doch so, wie jedes Kind schwimmen lernen kann, kann auch jedes Kind mehrere Sprachen lernen. Je früher, desto besser (s. Kapitel 13). Ob ein Kind alle beteiligten Sprachen gleich gut beherrschen lernt, hängt davon ab, wie intensiv die jeweiligen Sprachen gesprochen werden und wie die Qualität des

Sprachangebots ist. Selbst Kinder mit einer geistigen Beeinträchtigung können von einer mehrsprachigen Erziehung profitieren (s. Kapitel 21).

Mehrsprachigkeit an sich ist für ein Kind also kein Problem. Wenn es Probleme gibt, dann gäbe es sie auch, wenn das Kind einsprachig wäre. Soziale Faktoren, wie Armut und Bildungsferne oder gar Gewalterfahrungen sind ungünstig für jede kindliche Entwicklung, unabhängig davon, ob das Kind ein- oder mehrsprachig ist.

Migranten sind keine homogene Gruppe. Sie unterscheiden sich in ihren Merkmalen genauso wie die Gruppe der Mehrheitsbevölkerung. Es gibt arme, reiche, gebildete, ungebildete, dumme, intelligente, Menschen aus Metropolen, Menschen aus Provinznestern, einsprachige und mehrsprachige, junge, alte, schwule, tolerante und intolerante, religiöse und atheistische Migranten. Von Risiken sind sie bedroht, wenn sie nicht in ihrer ganzen Persönlichkeit gesehen werden, sondern auf ein Merkmal reduziert werden: nicht deutscher Herkunft. Leider kommt es auch in der pädagogischen Praxis vor, in Kindergärten und Schulen, dass in binären Denkstrukturen gedacht wird (männlich – weiblich, deutsche Herkunft – nichtdeutsche Herkunft) und das Individuum mit all seinen verschiedenen Facetten nicht gesehen wird. Dazu tragen auch Sachberichte und Ratgeber bei, die bei Migranten (oder bei Mehrsprachigen generell) jeweils nur eine Differenzkategorie fokussieren.

Risikofaktoren sind deshalb nicht nur in der Familie zu suchen, sondern auch in den Einrichtungen! In der Kita und in der Schule lernt ein Kind seine äußeren Merkmale und seine Bezugsgruppe zu reflektieren. Hier werden, auch wenn es von den ErzieherInnen und LehrerInnen nicht thematisiert wird, Menschen als soziales Konstrukt kategorisiert, um zwischen „wir“ und den „anderen“ zu unterscheiden. Das geschieht zwischen den Kindern, zwischen den Eltern und zwischen Pädagogen und Familien. Die „andere“ Familie, das „andere“ Kind erhält die Botschaft: du gehörst nicht dazu. Ein „Kind mit Migrationshintergrund“ kann aber nicht ohne Zusammenhang mit Geschlecht, sozialem Status, Bildungshintergrund, Religion, Alter und weiteren Aspekten seiner ganz eigenen Familienkultur betrachtet werden. Das kommt aber leider häufig vor. Wenn Kinder immer wieder die Erfahrung machen, dass ihre Familiensprache nichts wert ist, dass ihre Mehrsprachigkeit unnütz ist, dass sie nicht Deutsch sind, dass sie anders sind, dann kann sich das natürlich negativ auf ihr Selbstbild auswirken, ihr Selbstbewusstsein schwächen und damit auch den Erfolg des Spracherwerbs negativ beeinflussen. Schon allein eine simple Frage wie: „Woher kommst du?“ kann als diskriminierend erfahren werden, v.a. dann, wenn die Kinder hier geboren sind oder schon länger hier leben. Die Herkunftsfrage wird nämlich nur denen gestellt, die als „natio-ethno-kulturell“ auffällig eingestuft werden. Kinder erleben dann, dass allein bestimmte äußere Merkmale (Hautfarbe, Haarstruktur, Augenform) in der Frage münden (s. Kapitel 17). Sie wissen, dass sie als Angehörige einer bestimmten Bezugsgruppe angesprochen sind und sie müssen sich als Angehörige eben dieser Gruppe zuordnen. Das ist verbunden mit Zuschreibungen, Bewertungen und Erwartungen. Weiße deutsche Kinder werden nicht ausdrücklich darauf hingewiesen, dass Aspekte ihrer Identität anders sind

(Krause, 2013). Kinder können bereits mit 3 Jahren Unbehagen gegenüber Merkmalen zeigen, die nicht den gesellschaftlichen Normvorstellungen entsprechen. Sie übernehmen Wahrnehmung über sich selbst als andere. Viele mehrsprachige Kinder mit „Migrationshintergrund" müssen sich immer wieder rechtfertigen. Erwachsene verharmlosen solche aussondernden Erfahrungen oft, betroffenen Kindern wird häufig vorgeworfen, sie seien zu sensibel. Gleichzeitig fordern Eltern, ErzieherInnen und LehrerInnen perfektes Verhalten ein, da sie glauben, ordentliche, saubere Kinder mit gutem Deutsch würden weniger Rassismus erfahren, was jedoch nicht der Fall ist (Wagner, 2013). Die meisten Erwachsenen fürchten sich davor, Rassismus und andere Diskriminierungen zu thematisieren, weil sie glauben, die Probleme anzusprechen, könnte die Stigmatisierung verstärken. Jedoch hat die Diskriminierung dann schon längst stattgefunden und es ist ebenso schlimm oder sogar noch schlimmer, zu erfahren, dass niemand hilft, dass niemand etwas sagt, dass es keinen Schutz und keine Gegenstrategien gibt.

Damit mehrsprachige Kinder keinem Risiko in den Institutionen ausgesetzt sind, ist es deshalb unbedingt erforderlich, dass alle Kinder und alle Sprachen wertgeschätzt werden. Wohlergehen, Zugehörigkeit und Teilhabe sind unentbehrliche Voraussetzungen, um gut zu lernen, auch um Sprachen zu erwerben. Es sollte ein offenes Klima herrschen, in dem über Gemeinsamkeiten und Unterschiede aller Kinder und ihrer Familien gesprochen wird und in dem auch die Pädagogen Positionen beziehen und nicht alles auf sich beruhen lassen.

Des Weiteren darf man auch nicht alle Mehrsprachigen in einen Topf werfen. Es ist ein Unterschied, ob ein Kind mit Deutsch (und weiteren Sprachen) als Erstsprache(n) aufwächst, oder ob es gerade erst beginnt, Deutsch als Zweitsprache zu lernen, wenn es in die vierte Klasse kommt. Kinder mit einer noch gering entwickelten Zweitsprache können in der Schule nicht gleichbehandelt und bewertet werden, wie Kinder mit Deutsch als Erstsprache oder Kinder mit einer sehr gut entwickelten Zweitsprache. Alle Lehrer an den Schulen sollten für das Thema sensibilisiert werden und die Schüler in allen Unterrichtsfächern auch sprachlich fördern. Sie sollten nicht sagen: „ich bin Mathelehrer und habe nichts damit zu tun, wenn meine Schüler etwas nicht verstehen."

- Sprachbedingte Risiken können entstehen, wenn Eltern mit Kindern hauptsächlich eine Sprache sprechen, die sie selbst nicht beherrschen.
- Mehrsprachigkeit an sich stellt kein Risiko dar.
- Für den schulischen Erfolg sind Fähigkeiten in CALP, der Bildungssprache, von enormer Wichtigkeit. Hier sind häufig Kinder aus bildungsfernen Familien benachteiligt.
- Neben einem ungünstigen familiären Klima stellen Institutionen eine Risikolage dar, wenn Kinder aufgrund äußerer Merkmale diskriminiert werden, wenn die Kinder und ihre Sprachen nicht wertgeschätzt und ihre Identität nicht gestärkt wird.

Kapitel 19: Wie sollte ich mich verhalten, wenn ich bei meinem Kind Sprachentwicklungsstörungen vermute oder wenn mein Kind stottert?

Bei Sprachentwicklungsstörungen ist der natürliche Sprachlernprozess in irgendeiner mehr oder weniger ausgeprägten Form behindert. Sie beeinträchtigen die Kommunikation. Sprachentwicklungsstörungen können durch Hör- oder Sehstörungen, Defekte des Sprechapparates und Geburtstraumata bzw. durch genetische, soziokulturelle und psychische oder geistige Faktoren bedingt sein. Jedoch kann nicht immer eine eindeutige Ursache gefunden werden. Kinder (oder auch Erwachsene nach einem Unfall, Schlaganfall, bei Demenz, etc.). sind dabei nicht in der Lage, Sprache auf gedanklicher Ebene richtig zu produzieren oder wahrzunehmen. Abgegrenzt werden Sprachstörungen von den Sprechstörungen, bei denen aus motorischen Gründen die Bildung von Lauten behindert ist, z.B. beim Stottern. Es ist sehr schwierig, eine Sprachstörung festzustellen.

Spracherwerbsstörungen sind nicht in der Mehrsprachigkeit begründet. Das heißt, ein Kind hat eine Sprachstörung nicht, weil es mehrsprachig ist. Es hätte diese Störung auch dann, wenn es einsprachig wäre. Gibt es tatsächlich eine Sprachstörung, dann tritt sie immer in allen beteiligten Sprachen auf. Es kann nicht sein, dass das mehrsprachige Kind nur in einer Sprache eine Erwerbsstörung hat. Sind die Sprachen sehr unausgeglichen, der Sprachstand in den verschiedenen Sprachen also unterschiedlich weit entwickelt, dann müssen sie gefördert, aber nicht therapiert werden.

Bei mehrsprachigen Kindern spielt die Einstellung der Fachleute zur Mehrsprachigkeit eine große Rolle. Es kommt vor, dass ein unauffälliger Zwei- oder Mehrspracherwerb als „gestört“ diagnostiziert wird, obwohl keine Störung vorliegt. Wissenschaftler nennen diese falsche Diagnose eine „mistaken identity“ (Paradis & Cargo, 2004). Andersherum gibt es viele Fälle von „missed identity“. Dabei wird eine Sprachstörung nicht erkannt, weil Ärzte und Logopäden glauben, bei den beobachteten Sprachdefiziten handele es sich um Zweitsprachphänomene (Rothweiler, 2007). In der Konsequenz herrscht eine „Abwarten“-Einstellung und die richtige Diagnose wird oft Jahre zu spät gestellt. Wie Studien von Moser (2007) belegen, gibt es in Deutschland ein „missed identity“ Problem. Bei vielen mehrsprachigen Kindern werden Sprachstörungen nicht erkannt. Ein mehrsprachiges Kind muss schon sehr massive Sprachprobleme aufweisen, um als spracherwerbsgestört diagnostiziert zu werden. „Leichtere Symptomatiken werden auf die Mehrsprachigkeit geschoben und nicht als genuines Spracherwerbsproblem erkannt“ (Rothweiler, 2007). Mehrsprachige, die eine unerkannte Spracherwerbsstörung haben, werden später oft als allgemein lernbehindert eingestuft und manch intelligentes Kind landet so auf einer Sonderschule.

„Lassen Sie das Ungarische weg und sprechen Sie nur Deutsch mit Ihrem Sohn", riet ein Kinderarzt einer binationalen Familie. Der Dreijährige stimmte Sätze in Ungarisch und Deutsch klar und deutlich an, begann aber in der Mitte des Satzes zu nuscheln, bis man am Ende gar nichts mehr von dem, was er sagen wollte, verstehen konnte. Vera, die Mutter, probierte es aus. Von heute auf morgen wechselte sie die Bezugssprache, genauso, wie der Arzt es ihr empfohlen hatte. Dabei kam sie sich wie eine Verräterin vor. „Es war ein emotionaler Bruch, der das Vertrauen meines Sohnes in mich zerstört hat". Untersuchungen belegen, dass ein Bruch in der Sprachentwicklung einer Sprache zugunsten der anderen Sprache unbedingt vermieden werden muss (s. Kapitel 18). Der Verzicht auf eine Sprache kann schwerwiegende emotionale und soziale Folgen haben (Chilla, Haberzettel, 2014). Die Muttersprache gibt dem Kind doch Sicherheit. Das Kind in die Umgebungssprache zu zwingen und eine Sprache einfach wegzulassen, löst weder das Problem, noch kann es dieses schneller beheben. Der Kinderarzt war leider nicht auf einem aktuellen Forschungsstand. Unzufrieden mit der Situation und in emotionaler Achterbahnfahrt suchte Vera schließlich weitere Fachleute auf. Sie lief von Pontius zu Pilatus, bis irgendwann jemand feststellte, dass ihr Sohn an einer Muskelschwäche im Kiefer litt. Dank des Engagements der Eltern konnte er noch rechtzeitig therapiert werden.

Wenn tatsächlich gravierende Probleme in der Sprachentwicklung auftreten, ist Mehrsprachigkeit nicht die Ursache dafür. Häufig empfehlen Experten dennoch, die mehrsprachige Erziehung aufzugeben. Andere preisen Gelassenheit, da es normal sei, dass mehrsprachige Kinder später sprächen oder sonst wie verwirrt seien, was sich aber im Laufe der Zeit legen würde. Sie vergeuden wertvolle Zeit, in der auffällige Kinder behandelt werden könnten. Darunter befinden sich hörgeschädigte Kinder, autistische Kinder, Kinder mit Asperger oder Rett-Syndrom. Es sind Kinder mit tiefgreifenden Entwicklungsstörungen, die nicht behandelt werden, weil es Fachleute gibt, die davon ausgehen, Defekte seien bei mehrsprachigen Kindern zumindest für eine bestimmte Zeit normal. Gewiss gibt es auch Fachleute, die fachkundig sind. Und natürlich hat nicht jedes Kind mit Sprachauffälligkeiten eine solch gravierende Krankheit. Ich muss Ihnen hier aber ein paar extreme Fälle zeigen, damit klar wird, welche Konsequenzen der defizitäre Blick auf Mehrsprachige haben kann und ich habe einige solcher Fälle tatsächlich in Familien erlebt. Mehrsprachige Kinder beginnen nicht später zu sprechen als einsprachige. Alle Kinder sind in ihrer Sprachentwicklung unterschiedlich. Die einen beginnen früher, die anderen später. Das ist natürlich. Es gibt keine einzige wissenschaftliche Studie, die bewiesen hat, dass mehrsprachige Kinder später zu sprechen beginnen. Weder Kinder, die mit zwei Sprachen aufwachsen, noch Kinder, die mit drei oder mehr Sprachen aufwachsen. Solche Untersuchungen existieren nicht. Ebenso ist es, obwohl man es auch heute noch in Fachbüchern immer wieder liest, falsch, dass mehrsprachige Kinder einen geringeren Wortschatz hätten als einsprachige Kinder. Viele Studien belegen, dass monolinguale und bilinguale Kinder sich im Umfang ihres Wortschatzes gleichen. Mehrsprachige Kinder verstehen sogar häufig mehr Konzepte als einsprachige (vgl.

Chilla, Haberzettel, 2014). Sie müssen für Wörter in den unterschiedlichen Sprachen erweiterte Konzepte bilden, denn nicht jedes Wort in der einen Sprache hat eine gleiche Entsprechung in der anderen Sprache. Es gibt häufig nur eine teilweise überlappende Bedeutung. Während man in Deutsch zum Beispiel für Bein und Fuß zwei Wörter gebraucht, meint die russische Umgangssprache mit dem Wort *Hora* sowohl Bein als auch Fuß, entsprechend bezeichnet *Pyka* Hand und Arm (Chilla, Haberzettel, 2014).

Als Faustregel gilt, dass jedes Kind – ein- oder mehrsprachig - mit zwei Jahren als unterste Grenze einen Gesamtwortschatz von ca. 50 Wörtern haben sollte. Hierzu zählen auch Wörter, die sich die Kinder selbst erfinden oder Wörter, die in ihrer Bedeutung noch nicht exakt sind. Es muss einem Laut eine Bedeutung zugewiesen werden. Wenn für das Kind „Dang" eine Murmel bedeutet, ist es ein Wort. Zweijährige sollten schon Mehrwortsätze gebrauchen wie „bottle haben" oder „Ben Hunger hat" oder „Banane da" oder „Ben Ball haben". Zweijährige, die noch gar nicht sprechen oder nur eine Handvoll Wörter können, gelten als „late talker", auch mehrsprachige Kinder! 50% dieser „late talker" holen den Spracherwerb später ganz normal auf. Sie sind eben wirklich nur Spätzünder. 50% der „late talker" entwickeln aber tatsächlich eine Sprachentwicklungsstörung und haben es dann in ihrer gesamten weiteren Entwicklung auf allen Ebenen schwer. 50% bedeutet, die Hälfte der spät sprechenden Kinder haben eine Sprachstörung. Das ist ein ziemlich hoher Prozentsatz. Lassen Sie sich deshalb nicht damit abspeisen, Ihr Kind spreche später, weil es mehrsprachig sei. Geraten Sie nicht in Panik, aber gehen Sie der Sache auf den Grund. Es gibt viele Möglichkeiten, late talker und Kinder mit Sprachentwicklungsstörungen zu fördern. Desto früher man damit beginnt, desto besser, denn es gibt dann einfach mehr Zeit.

Wie Sprachstörungen sich äußern, ist sehr unterschiedlich. Störungen können auf unterschiedlichen Ebenen auftreten. Symptome können sein: Erhebliche Schwierigkeiten bestimmte Laute auszusprechen, Schwierigkeiten im Verstehen oder im Gebrauch von einfachen, alltagssprachlichen Wörtern, Probleme im Erwerb neuer Wörter, obwohl sie häufig wiederholt werden und das Kind sie oft hört, sehr große Mühe, Bedürfnisse und Wünsche auszudrücken, ohne sich mit Gestik verständlich zu machen. Häufig gibt es auch Störungen auf grammatischer Ebene. Viele Kinder mit Sprachstörungen haben z.B. Schwierigkeiten mit der Konjugation von Verben, sie verwenden Infinitive, z.B. „Ich essen Spaghetti" oder „ich trinken Kakao". Im ungestörten Erstspracherwerb kommt dieser Fehlertyp praktisch nicht vor (wenn die Position der Wörter im Satz schon korrekt ist). Das Problem ist, dass aber viele ältere Zweitsprachenlerner solche Sätze äußern, weil sie noch im Lernprozess sind und hier ist es dann tatsächlich schwierig zu entscheiden, ob es sich um eine Sprachstörung oder um Förderbedarf handelt. Kinder, die ab 4 Jahren eine zweite Sprache dazu lernen, durchlaufen keinen doppelten Erstspracherwerb, sondern einen Zweitspracherwerb. Im Zweitspracherwerb sind die Zwischenschritte des Lernens anders und es kann durchaus vorkommen, dass ein ganz gesundes Kind, das Deutsch als Zweitsprache lernt, sagt „ich essen Spaghetti". Viele Erwachsene sprechen so, während sie Deutsch lernen.

Zweitsprachenlerner produzieren also zum Teil Strukturen, die denen gleichen, die Kinder mit Entwicklungsstörungen äußern.

Es ist deshalb erforderlich, nach weiteren Hinweisen zu suchen. Typisch für Kinder mit Sprachstörungen ist, dass sie in der Sprachentwicklung verzögert sind, wenige Mehrwortäußerungen bilden, häufig Verben auslassen oder das Verb ans Ende setzen. Im Kindergarten ist es für die ErzieherInnen besonders schwierig, zu erkennen, ob eine Sprachstörung vorliegt. Ein Verdacht besteht, wenn Kinder nach 15-20 Monaten Kontakt mit Deutsch als Zweitsprache nicht oder nur sehr rudimentär korrekte Hauptsätze bilden können, wenn sie das Verb nicht an die zweite Position setzen und / oder nur Infinitive benutzen (Chilla, Haberzettel, 2014). Kinder, die Deutsch als Zweitsprache lernen und genügend Kontakt zu Deutsch haben, erlernen die Struktur eines Hauptsatzes mit seiner typischen Verbstellung in der Regel sehr viel schneller, nach 6-10 Monaten. Während im „normalen" Erstspracherwerb die Fälle in der starken Sprache schon mit drei Jahren gemeistert werden (z.B. „ich gebe dem Hund einen Knochen"), haben Kinder mit Spracherwerbsstörungen meistens Schwierigkeiten mit Akkusativ, Dativ und Co. Hier einige Beispiele von vier- bis fünfjährigen Kindern mit 15 – 18 Monaten Kontakt zu Deutsch (Beispiele aus Rothweiler, 2007):

„esel das is"

„da darfen nich" (= da darf er nicht)

„da spiel unter" (= das Spiel ist runtergefallen)

„ich nehmen den"

„ich winn" (= ich gewinne)

„it keine pintel male" (Alter: 6 Jahre und 10 Monate, 30 Kontaktmonate zu Deutsch)

Wenn es eine Störung gibt, ist sie in jedem Fall in beiden Sprachen vorhanden. Es ist daher enorm wichtig, bei einem Verdacht, die starke Sprache des Kindes genauer zu beobachten und auch stärker zu fördern. Treten Symptome auf, sind sie die gleichen wie bei einsprachigen Kindern. Mehrsprachige Kinder mit Sprachstörungen müssen per Definition Erwerbsprobleme in allen Sprachen haben (Rothweiler, 2007).

Ein mehrsprachiges Kind mit Sprachentwicklungsstörung kann weiterhin mehrsprachig aufwachsen. Sprachstörungen können erfolgreich behandelt werden. Lassen Sie sich nicht einreden, Sie müssten die Mehrsprachigkeit aufgeben. Im Gegenteil: Wissenschaftliche Untersuchungen belegen, dass eine Sprachentwicklungsstörung bei mehrsprachigen Kindern häufig weniger schwerwiegend verläuft als bei einsprachigen. Mehrsprachige sind also auch hier im Vorteil (Paradis u.a., 2003). Die kanadische Bilingualismusforscherin Ellen Bialystok (2011) hat herausgefunden, dass ältere Menschen, die mehrsprachig sind, eher vor Altzheimer geschützt sind als einsprachige (s. Kapitel 16). Scheinbar altert nicht jeder Mensch gleichermaßen. Das Gehirn von älteren Mehrsprachigen arbeitet effektiver als das von älteren Einsprachigen. In vergleichbarer Weise können junge Mehrsprachige offenbar besser mit Sprachstörungen umgehen und diese in Angriff nehmen. Es besteht absolut kein Anlass, die Mehrsprachigkeit aufzugeben.

Idealerweise sollte eine Sprachstörung in allen beteiligten Sprachen diagnostiziert UND behandelt werden. In vielen Großstädten gibt es mittlerweile Logopäden und Sprachheilpädagogen, die eine Sprachtherapie in verschiedenen Sprachen anbieten, obwohl es leider auch hier immer noch schwierig ist, solche mehrsprachigen Therapeuten zu finden. Sollten Sie bei Ihrem Kind eine Sprachstörung vermuten oder ist Ihr Kind sprachverzögert, sollten Sie in jedem Fall einen Fachmann aufsuchen, der sich mit dem Thema Mehrsprachigkeit auskennt. Im günstigsten Fall kann er eine Beurteilung in der starken Sprache des Kindes leisten. Sollten alle Stricke reißen und Sie finden einfach keine mehrsprachige logopädische Praxis in Ihrer Nähe, dann ist es besser, das Kind in Deutsch bzw. der Umgebungssprache therapieren zu lassen, als gar nicht. Dabei müssen wir darauf vertrauen, dass sich die Sprachen gegenseitig beeinflussen, so dass die Therapie in Deutsch auch der anderen Sprache hilft. Das kann gelingen, weil das Kind generell lernt, Regeln zu finden und grammatische Strukturen zu gebrauchen. Ein guter Logopäde gibt Ihnen auf jeden Fall Tipps und Sprachübungen mit, die Sie zu Hause in der nicht-deutschen Sprache durchführen können.

Auch Stottern wird nicht durch Mehrsprachigkeit ausgelöst oder verstärkt. Stottern beruht auch nicht auf psychischen Problemen. Stotternde Menschen sind nicht nervöser, ängstlicher oder gehemmter als normal sprechende. Sie sind nicht weniger intelligent. Eltern verursachen Stottern nicht, weder einsprachige, noch mehrsprachige. Stottern entsteht aus dem Zusammenspiel dreier Einflussbereiche: Einer Veranlagung zum Stottern, einem Auslöser, der das Stottern auftreten lassen kann, und aufrechterhaltenden Bedingungen, die dafür sorgen, dass das Stottern bestehen bleibt und sich weiterentwickelt. Viele ein- und mehrsprachige Kinder durchlaufen ein Stadium des Entwicklungsstotterns, welches oft zwischen zwei und vier Jahren auftritt. Diese Sprechunflüssigkeiten sind physiologisch und treten in der Regel für maximal 6 Monate auf. Die Kinder denken dann quasi schneller als sie sprechen können. Die Bewegungsabläufe im Mund sind noch nicht vollständig automatisiert. Dann kommt es zu einem Ungleichgewicht zwischen dem Mitteilungsbedürfnis des Kindes und seinen sprachlichen Fähigkeiten. Es kann auch sein, dass Stottern durch neurophysiologische Veränderungen hervorgerufen wird. Das Wachstum der Nervenbahnen kann leicht asynchron sein: unterschiedliche Informationen werden nicht zeitgleich an das Gehirn weitergeleitet: ein „Spürreiz“ kommt leicht zeitlich versetzt zum „Hörreiz“ am Gehirn an: Das Kind sagt „Mama“ und spürt die Artikulationsbewegung erst einen Sekundenbruchteil nachdem es das „M“ gehört hat. Es kommt durcheinander und wiederholt das „M“ ein- oder mehrmals. Normalerweise reguliert sich das Wachstum der Nervenbahnen nach kurzer Zeit wieder. Dann spricht das Kind wieder flüssig.

In der Phase des Entwicklungsstotterns ist es wichtig, das Kind zu unterstützen und evtl. das Auftreten „echten“ Stotterns zu vermeiden:

- dem Kind Zeit und Raum beim Sprechen geben
- das Kind ausreden lassen
- Interesse signalisieren, z.B. durch Blickkontakt und aufmerksames Zuhören
- dem Kind deutlich sagen, wenn Sie gerade keine Zeit zum Zuhören haben
- auf das achten, WAS das Kind sagt und nicht WIE es das sagt
- das Kind nicht unterbrechen und aus Ungeduld für es weiter sprechen
- sich niemals über einen stotternden Menschen lustig machen!
- Verbessern oder Bemerkungen wie „Sprich langsam“, „Konzentrier Dich“ Hol tief Luft“, „ganz ruhig“ verunsichern und sind KEINE Hilfen

(nach Bundesvereinigung Stottern & Selbsthilfe e.V., 2016)

Dadurch wird das Kind auf die „Sprechungeschicklichkeit“ aufmerksam gemacht. Es besteht dann die Möglichkeit, dass es ein „Störungsbewusstsein“ entwickelt, es merkt, dass mit seinem Sprechen etwas nicht in Ordnung ist. Daraufhin reagiert es je nach Typ und Temperament mit Nervosität, Frustration oder Hilflosigkeit. Manche Kinder reagieren mit „Vermeidungsstrategien“.

Die Gefahr, sich einem stotternden Kind gegenüber falsch zu verhalten, ist relativ groß. Die Eltern / Erzieher machen sich in der Regel erhebliche Sorgen und versuchen, dem Kind durch gezielte Aufforderungen (s.o.) zu helfen. Im ungünstigsten Fall kann es vorkommen, dass sich ein Entwicklungsstottern zum echten Stottern verfestigt – Stottern als Folge einer Redeungewandtheit beim Kleinkind, auf die falsch reagiert wurde. Aufgrund von Anstrengung und Frustration können stotternde Kinder negative Einstellungen gegenüber dem Sprechen entwickeln - insbesondere, wenn das Kind gehänselt wird. Es entsteht ein Teufelskreis aus Angst und Vermeidung. Das Stottern schleift sich immer mehr ein. Je länger es besteht, desto schwerer ist es, zum flüssigen Sprechen zurück zu gelangen. Ein Logopäde oder Sprachheilpädagoge sollte aufgesucht werden, wenn die Sprechunflüssigkeiten länger als ein halbes Jahr dauern oder auch wenn die Eltern sich unsicher fühlen und Beratung brauchen.

- Mehrsprachigkeit ist nicht die Ursache von Sprachstörungen oder Stottern.
- Sprachstörungen und Stottern treten in allen beteiligten Sprachen auf.
- In Deutschland gibt es ein „missed identity“ Problem. Bei vielen mehrsprachigen Kindern werden Sprachstörungen nicht erkannt.
- Die mehrsprachliche Praxis sollte auf keinen Fall aufgegeben werden. Der Verzicht auf eine Sprache kann schwerwiegende emotionale und soziale Folgen haben.

- Jedes Kind – ein- oder mehrsprachig- sollte mit zwei Jahren als unterste Grenze einen Gesamtwortschatz von ca. 50 Wörtern haben und auch schon Mehrwortsätze sprechen.
- Typisch für Kinder mit Sprachstörungen ist, dass sie in der Sprachentwicklung verzögert sind.
- Bei Zweitsprachlernern ist es schwierig zwischen einer Sprachstörung und einem Sprachförderbedarf zu unterscheiden, weil Zweitsprachler manchmal im Verlauf des Sprachlernens ganz ähnliche Äußerungen machen, wie Kinder mit Sprachstörungen im Erstspracherwerb.
- Idealerweise sollte eine Sprachstörung in allen beteiligten Sprachen diagnostiziert und behandelt werden.
- Stottern entsteht unabhängig von Mehrsprachigkeit. Es handelt sich um ein Zusammenspiel dreier Einflussbereiche: Einer Veranlagung zum Stottern, einem Auslöser, der das Stottern auftreten lassen kann, und aufrechterhaltenden Bedingungen, die dafür sorgen, dass das Stottern bestehen bleibt und sich weiterentwickelt.
- Bei Kindern zwischen zwei und vier / fünf Jahren tritt häufig ein Entwicklungsstottern auf, welches nicht länger als sechs Monate andauern sollte.
- Damit sich ein Entwicklungsstottern nicht verfestigt, ist ein richtiger Umgang seitens der Eltern und Bezugspersonen enorm wichtig. Hierzu gehört z.B., das Kind ausreden zu lassen und es nicht durch Bemerkungen wie „hol tief Luft" verunsichern.

Kapitel 20: Können und sollten gehörlose Kinder mehrsprachig aufwachsen?

Betroffene sind de facto in der Regel mehrsprachig, weil es sich aus ihrem speziellen Lebensumfeld ergibt. Prinzipiell finden sich viele Parallelen zur Mehrsprachigkeit von Hörenden in zwei oder mehr Lautsprachen. Daher gelten alle Ratschläge in diesem Buch auch für Gehörlose. Allerdings sind einerseits die Forschung und die damit verbunden Empfehlungen für den Umgang mit gehörlosen Kindern sowie andererseits ihre Erwerbsbedingungen in gewisser Weise extremer.

Neuere Forschungsergebnisse zu gehörlosen Mehrsprachigen sind ähnlich positiv und ressourcenorientiert, wie die von hörenden Mehrsprachigen, allerdings deutlich verzögert. Noch immer gilt Mehrsprachigkeit von Gehörlosen als verpönt, obwohl Untersuchungen zeigen, dass gerade Gehörlose mehrsprachig sein sollten, weil es ihre allgemeine Sprachfähigkeit, einschließlich ihres Schriftspracherwerbs enorm unterstützt. Es ist deshalb kontraproduktiv, ihre natürliche Mehrsprachigkeit zu unterdrücken oder gering zu schätzen. Lange Zeit genossen Gebärdensprachen ein minderwertiges Prestige. Erst 2001 wurde die deutsche Gebärdensprache rechtlich anerkannt und erst 2006 ein Anrecht auf gebärdensprachliche Förderung in der UN-Behindertenrechtskonvention festgeschrieben (Hennies, 2014).

Bei allen Kindern ist für den Sprach(en)erwerb das Verhalten der Eltern und der Bezugspersonen wichtig. Gehörlose Kinder brauchen aber in noch radikalerer Weise eine sprachfördernde Umgebung als hörende Kinder, um sich gut entwickeln zu können. Die Prinzipien sind die gleichen: eine positive Bindung und Beziehung, Blickkontakt, authentische Dialoge, Orientierung an den Interessen der Kinder, korrektives Feedback, etc. (vgl. Kapitel 10). Gehörlose Kinder haben stärkere visuelle Bedürfnisse. Elternarbeit und eine wertschätzende Umgebung spielen für den Erfolg der Sprachentwicklung von Gehörlosen eine entscheidende Rolle. Einige Studien legen nahe, dass hörende Eltern ihren gehörlosen Kindern von Anfang an weniger sprachliche Anreize bieten. Andererseits gibt es natürlich auch Eltern, die sich über die Möglichkeiten ihrer Kinder sehr gut informieren und eine hervorragende Sprachbildung leisten.

Mehr als die Hälfte aller gehörlosen Kinder hat einen Migrationshintergrund (Teschendorf / Janeschik, 2011). Das bedeutet, dass sie mit mehr als einer Sprache aufwachsen. Hier wiederholt sich die Diskussion um eine mehrsprachige Erziehung bei hörenden Kindern vor 40 Jahren. Anfangs ging man davon aus, die Mehrsprachigkeit sei besonders für die gehörlosen Kinder negativ. Heute weiß man, dass jeder Mensch von seiner Biologie her mehrere Sprachen gleichzeitig erwerben kann, also auch Gehörlose. Es ist ebenso falsch, mit gehörlosen Kindern eine

Sprache zu sprechen, die man selbst nicht gut beherrscht, wie für hörende Kinder. Fachkräfte sollten Eltern, die nicht die Mehrheitssprache sprechen, deshalb in jedem Fall dazu ermutigen, ihre jeweilige Erstsprache mit den Kindern zu sprechen.

Gehörlose können natürlich zwei oder mehr Gebärdensprachen lernen, z.B. die deutsche (DGS) und englische (ASL). Das funktioniert und gelingt analog zu Kindern, die zwei oder mehr Lautsprachen lernen. Gebärdensprachen sind keine simplen Visualisierungen einer Lautsprache, sondern ganz eigene Sprachsysteme. Sie sind natürlich gewachsen und verfügen über alle sprachlichen Ebenen (Morphologie, Syntax, Lexik / Semantik, Pragmatik sowie auch Phonetik/Phonologie). Parallel zu Lautsprachen lässt sich jede Einzelgebärde in kleinste bedeutungsunterscheidende Einheiten (Phoneme) zergliedern (Hänel-Faulhaber, 2014). So wie über die lautliche Veränderung von „H" zu „M" in „Haus" und „Maus" ein Bedeutungsunterschied auftritt, wird über die kleinste Veränderung einer Gebärde ein Bedeutungsunterschied aufgebaut. Beispielsweise wird bei der Gebärde „Mut" eine kurze Bewegung hin zum Oberkörper mit einer Faust realisiert. Dieselbe Stelle, Bewegung und Handstellung wird auch bei „Mein" ausgeführt, allerdings jetzt mit einer flachen Hand. Wird also ein kleinster Gebärdenparameter verändert, verändert sich auch die Bedeutung (Hänel-Faulhaber, 2014).

Als ich einen Artikel auf der Webseite des Deutschen Gehörlosen Bundes (http://www.gehoerlosen-bund.de/) las, konnte ich kaum glauben, was in Bezug auf die Förderung von Gehörlosen lange Zeit als Prämisse galt: Weil sie Gebärdensprachen leichter wahrnehmen, sollte man sie gerade nicht gebrauchen, sondern lieber die schwerer zugängliche Lautsprache. Das ist vollkommen unverständlich und wird heute zu Recht nicht mehr empfohlen. Früher hat man vermutet, dass der Erwerb einer Gebärdensprache völlig anders funktioniere als der Erwerb einer Lautsprache, weil es eben eine andere Sprachmodalität ist. Gebärdensprachen sind visuell-räumlich, Lautsprachen sind auditiv-oral. Man dachte, der Erwerb einer Gebärdensprache sei z.B. an bestimmte kognitive Meilensteine gekoppelt, wie die Fähigkeit, etwas räumlich zuordnen zu können. Man hat deshalb dazu geraten, Gebärdensprachen erst ab einem gewissen Alter zu vermitteln und auch nur dann, wenn der Lautspracherwerb nicht funktioniere. Heute weiß man, dass dies völlig falsch ist und dass man mit gehörlosen Kindern von Geburt an, bzw. so früh wie möglich, in Gebärdensprachen „sprechen" sollte. Wie bei allen Kindern gibt es bestimmte Zeitfenster, in denen zumindest eine Sprache altersgemäß erworben werden sollte, weil sich sonst nicht nur Verzögerungen, sondern Störungen bzw. eine generelle Unfähigkeit für bestimmte sprachliche Phänomene (z.B. Erwerb der Grammatik, Lesen und Schreiben) entwickeln können (vgl. Kapitel 13). Die ersten drei Jahre sind im Leben jedes Kindes von entscheidender Bedeutung. Gebärdensprachen erfüllen den gleichen Zweck wie Lautsprachen und werden in genau den gleichen Schritten erworben. Zum gleichen Zeitpunkt, wie hörende Kinder brabbeln, brabbeln gehörlose Kinder mit ihren Händen und beginnen so mit der typischen Lallphase, um diejenigen Werkzeuge zu trainieren, die sie für die Sprachproduktion brauchen. So, wie hörende Kinder mit ca. 12 Monaten ihre ersten Wörter äußern, die eine Bedeutung haben, so äußern gehörlose Kinder zu dieser Zeit erste Gebärden mit Bedeutung. Sie machen mit ca.

eineinhalb Jahren einen Vokabelspurt und beginnen darauffolgend mit der Kombination von zwei oder mehr Gebärden parallel zur Zwei- und Mehrwortphase der hörenden Kinder. Sie machen innerhalb des Erwerbsprozesses ähnliche Übergeneralisierungen und erschließen sich Regeln der Sprache (vgl. Kapitel 9). Es stellt kein Problem dar, verschiedene Gebärdensprachen zu lernen. Von Gehörlosen zu erwarten, dass sie einsprachig sein sollten, ist absurd.

In der Forschung spricht man indes meist von mehrsprachigen Gehörlosen, wenn es um einen bimodalen Spracherwerb geht, das heißt dem Erwerb einer Gebärdensprache und einer Lautsprache. Es gibt ja verschiedene Familientypen, die jeweils sehr unterschiedliche Erwerbsbedingungen haben: Gehörlose Kinder von gehörlosen Eltern, gehörlose Kinder von hörenden Eltern, hörende Kinder von gehörlosen Eltern, sogenannte „Codas" (Children of deaf adults) und Kinder mit Hörprothesen. Die letzten drei Gruppen wachsen quasi aufgrund ihrer familiären Situation ohnehin bimodal auf. Die erste Gruppe lernt in der Regel spätestens mit Schuleintritt die Schriftform einer Lautsprache und wird dann auch bimodal. Die (schrift)sprachliche Kompetenz von Gehörlosen ist abhängig von ihrer frühen Spracherfahrung, also von ihrer / ihren Erstsprache(n). Gehörlose Kinder, die sehr früh, innerhalb der ersten drei Jahre, eine Gebärdensprache erworben haben, können später die gleichen schriftsprachlichen Kompetenzen erreichen wie hörende Kinder. Kinder, die jedoch keine frühe Spracherfahrung hatten und erst später eine Gebärdensprache gelernt haben, können den Rückstand kaum aufholen. Wie bei allen Kindern ist deshalb ein angemessenes frühkindliches Sprachangebot erforderlich für eine generelle Sprachfähigkeit und den Erwerb weiterer Sprachen (Hänel-Faulhaber, 2014). Die Beispiele der unterschiedlichen Familien oben zeigen, dass Gehörlose sowie auch hörende Kinder von gehörlosen Eltern per se mehrsprachig sind, weil es ihre spezielle Situation erfordert.

Codas, die hörenden Kinder gehörloser Eltern, wachsen in einem natürlichen Kontext mehrsprachig auf. Sie erwerben die Lautsprache ohne Verzögerung oder Störung. Wie alle hörenden Kinder produzieren sie in den ersten Lebensmonaten Laute und passen sich später in ihrer Lallphase den Lauten der Mehrheitssprache an, die sie außerhalb der Familie bzw. von hörenden Familienmitgliedern erfahren. Gleichzeitig lernen Codas von ihren Eltern natürlich auch eine Gebärdensprache. Sie können sehr früh die unterschiedlichen Sprachmodi unterscheiden und sich ihrem Gesprächspartner anpassen, indem sie entweder die Lautsprache oder die Gebärdensprache benutzen. Sie verfügen auch über mehrsprachige Kompetenzen wie das code-switching, haben aber eine erstaunliche zusätzliche Fähigkeit, die nur bimodale Kinder haben können: das „code-blending", welches sie gegenüber dem code-switching bevorzugen: Sie können beide Sprachen simultan benutzen, so dass sie beispielsweise ihre lautsprachlichen Äußerungen mit syntaktischen Markierungen der Gebärdensprache kombinieren (Hoffmann, 2014). Das funktioniert nur, weil beide Sprachen unterschiedliche Modi haben. Die Kompetenz, beide Sprachen gleichzeitig gebrauchen zu können, zeigt, dass die verschiedenen Sprachmodi die Kinder nicht verwirren, sondern dass sie sich gegenseitig unterstützen. Codas können sich auf beeindruckende Weise in zwei Welten bewegen. Beide Sprachen sollten jedoch kontinuierlich gefördert werden. Einerseits brauchen sie schon als Babys ein Umfeld, welches eine Lautsprache spricht. Gehörlose Eltern sollten deshalb dafür sorgen, dass ihre Kinder genügend Input in einer Lautsprache bekommen. Andererseits sollte aber in jedem Fall auch die Kompetenz in der Gebärdensprache aufgebaut werden, und zwar nicht allein von den Eltern, sondern auch außerhalb der Familie. Die Gebärdensprache sollte sich auf hohem Niveau entwickeln können und nicht personengebunden bleiben.

Fast alle Kinder, bei denen eine Hörbeeinträchtigung festgestellt wird, bekommen heutzutage eine Hörprothese, ein Cochlea-Implantat (CI), sofern ihr Hörnerv unversehrt ist. Das Hören mit einem Implantat ist grundsätzlich anders als bei Hörenden, weshalb es lange und intensiv trainiert werden muss. Untersuchungen zu Kindern mit CI zeigen, dass viele von ihnen im Vergleich mit hörenden Kindern in ihrer Sprachentwicklung stark verzögert sind und zudem andere Strategien entwickeln. Beispielsweise benutzen sie mehr Adjektive. Sie beschreiben Gegenstände also mehr und helfen sich mit visuellen Informationen. Nur ca. 50% der Kinder mit CI schaffen einen erfolgreichen Lautspracherwerb (Szagun, 2001, 2010). Zum einen ist es wichtig, die Prothese möglichst früh, schon vor dem zweiten Lebensjahr, zu implantieren, weil das Gehirn sich dann besser an die neuen Höreindrücke anpassen kann. Zum anderen ist aber auch ein mehrkanaliges Sprachangebot sinnvoll, so dass neben der Lautsprache, die trotz Prothese in der Hälfte der Fälle beeinträchtigt ist, zusätzlich eine Gebärdensprache erworben werden sollte. Wenn man bedenkt, dass viele Kinder mit CI sprachverzögert sind, stellt eine solche „Total Communication“ (TC) sicher, dass alle Kinder von Anfang an zumindest einen Zugang zur Sprache finden, über den dann auch die Lautsprache besser erworben werden kann (Hänel-Faulhaber, 2014). So wie gute Kompetenzen in der Erstsprache die Zweitsprache positiv unterstützen, so hilft eine Gebärdensprache auch beim Erwerb einer Lautsprache. Die unterschiedlichen Sprachsysteme beeinflussen sich gegenseitig. Gerade Kinder mit CI sollen also mehrsprachig, bzw. bimodal aufwachsen. Die frühere Annahme, Kinder seien nicht in der Lage, visuelle und auditive Informationen gleichzeitig zu verarbeiten, ist falsch. Das Gegenteil ist der Fall. Das beweisen die Codas sowie auch Studien aus Schweden, wo Familien von Anfang an in Gebärdensprachen stärker gefördert werden: bimodale Kinder entwickeln ihre Sprachfähigkeiten in beiden Sprachmodalitäten altersentsprechend. Die Gebärdensprache hat keine negativen, sondern positive Auswirkungen auf die Lautsprache.

Wie oben erwähnt, kommen mehr als die Hälfte der Kinder mit CI aus mehrsprachigen Familien. Sie sollten zum einen die verschiedenen Lautsprachen ihrer Eltern und zum anderen auch (mindestens) eine Gebärdensprache erwerben. Damit sind alle Sinneskanäle abgedeckt, die Kommunikation ist authentisch. Mehrsprachigen Familien wird häufig geraten, mit ihren gehörlosen Kindern lediglich in der Umgebungssprache zu sprechen. Das kann, ebenso wie bei hörenden Kindern, fatal sein, wenn die Eltern selbst die Umgebungssprache nicht so gut beherrschen.

Für die Gebärdensprachen existieren keine Gebrauchsschriften. Das bedeutet, Kinder, die mit einer Gebärdensprache aufwachsen, müssen für den Schriftspracherwerb ein völlig neues Sprachsystem, nämlich die Schriftsprache einer Lautsprache lernen. Durch die Schriftsprache können Gehörlose mit Hörenden und damit auch in der Umgebungssprache kommunizieren. Außerdem ermöglicht Schrift erst den Zugang zu höherem Bildungserwerb und einem angemessenen Arbeitsplatz. Diese Form von Mehrsprachigkeit ist deshalb ein wichtiges Ziel von Gehörlosen. Hierfür gibt es zwei Möglichkeiten: Entweder über das phonologische System, in dem ein Laut einem bestimmten Buchstaben entspricht. So lernen hörende Kinder lesen und schreiben und es ist auch für Gehörlose mit CI möglich. Gehörlose können zudem ein Fingeralphabet für die Verarbeitung der lautsprachlichen Form zu Hilfe nehmen. Mit klassischen Anlauttabellen können sie logischerweise wenig anfangen. Diese sind kontraproduktiv. Leider ist die Zuordnung von Buchstaben (Graphemen) zu Lauten (Phonemen) in der deutschen Sprache nicht immer eindeutig, weshalb eine korrekte Rechtschreibung nach diesem System auch für hörende Kinder schwierig ist. Eine andere Möglichkeit ist, das Lesen über eine „direkte" Dekodierung über das orthographische System zu lernen. Das ist für Gehörlose besonders effektiv. Schriftsprache ist ein eigenes System und sollte unabhängig von der Lautstruktur der Sprache vermittelt werden, denn Schrift ist keine bloße Verschriftlichung der Lautsprache, wie von Hörenden häufig angenommen. Schon zwei- bis dreijährige Kinder können mit diesem Schriftspracherwerb auf einem einfachen Niveau beginnen. Dabei wird beim Lesen auf Morpheme und morphematische Stämme der Wörter zurückgegriffen, was u.a. dabei hilft, nicht wahrnehmbare Pausen im Wort zu strukturieren, aber auch zu erkennen, welche Wortfamilien zusammengehören (z.B. Haus – Häuser, nicht *Heuser, wie man es aufgrund der Lautstruktur schreiben könnte). Morpheme sind nicht mit Silben zu verwechseln. Beispielsweise hat das Wort „gemacht" zwei Silben (ge-macht), aber drei Morpheme (ge-mach-t). Diese Methode ist für Gehörlose (aber auch für Hörende) besonders geeignet. Informationen können visuell viel schneller verarbeitet werden als auditiv. Die Unterscheidung und Wahrnehmung der Buchstaben ist einfacher als die Entschlüsselung der Lautsprache.

Beim Schreiben ist es besonders wichtig, dass die Gehörlosen nicht ausschließlich etwas „nach Muster" hinschreiben, sondern möglichst früh mit dem freien, kreativen und konzeptuellen Textschreiben beginnen, weil sie sonst Hürden in der Bildungssprache nicht überwinden können. Interessanterweise haben Gehörlose beim Erwerb der Schriftsprache ähnliche Probleme wie hörende Erwachsene, die eine Fremdsprache lernen: der richtige Gebrauch der Artikel, adäquate Kasuswahl nach Präpositionen; richtige Verwendung von Hilfsverben und Pronomen; Kongruenzen in Bezug auf Kasus, Geschlecht und Numerus. In jedem Fall sollte die Gebärdensprache unterstützend eingesetzt werden. Untersuchungen zeigen, dass eine hohe Kompetenz in einer Gebärdensprache den Erwerb der Schriftsprache erheblich unterstützt (Hennie, 2014). Darüber hinaus sind bei gehörlosen, ebenso wie bei hörenden Kindern, frühe Schriftspracherfahrungen besonders förderlich. Vor allem das dialogische Vorlesen, bei dem der Text nicht einfach vorgelesen, sondern über den Text gesprochen wird und sich zwischen Kind und Vorleser ein Gedankenaustausch entwickelt, ist besonders erfolgreich (s. Kapitel 10). Beim dialogischen Vorlesen wird eine Beziehung aufgebaut, der Wortschatz erweitert. Darüber hinaus baut man generelle Lese- und Schreibstrategien auf, wie z.B. das Suchen nach Schlüsselbegriffen oder das Wissen darüber, wie Geschichten strukturiert sind und wie sie funktionieren.

In der Vergangenheit sind viele Gehörlose in ihrer schriftsprachlichen Kompetenz nicht über den Stand eines Viertklässlers hinausgekommen und viele blieben funktionale Analphabeten. Das geschah, weil sie grundsätzlich falsch gefördert wurden: der Verzicht auf eine frühe Gebärdensprache und das Beharren auf dem Erlernen einer Lautsprache. In Zukunft wird es hoffentlich nur noch kompetent mehrsprachige Gehörlose geben, weil sie richtig gefördert und anerkannt werden.

- Gehörlose Kinder oder Kinder von gehörlosen Eltern sind aufgrund ihrer besonderen Situation fast immer mehrsprachig.
- Sie können zwei oder mehr Gebärdensprachen beherrschen, eine Gebärdensprache und eine Lautsprache, mehrere Lautsprachen, eine Gebärdensprache und eine Schriftsprache oder unterschiedliche Kombinationen dieser Möglichkeiten, z.B. zwei Gebärdensprachen und eine Schriftsprache, oder eine Gebärdensprache, zwei Lautsprachen und eine Schriftsprache....
- Gebärdensprachen sind eigene Sprachsysteme. Sie sind natürlich gewachsen und verfügen über alle sprachlichen Ebenen. Ihr Erwerb erfolgt analog zum Erwerb einer Lautsprache.
- Die meisten Gehörlosen sind bimodal: Sie gebrauchen eine Gebärden- und eine Lautsprache. Sie können sowohl räumliche als auch auditive Sprachen gleichzeitig verarbeiten.
- Bimodale Kinder haben eine besondere Fähigkeit: code-blending. Sie können zwei Sprachen gleichzeitig benutzen.
- Viele Kinder mit Hörprothese erreichen allein über die Lautsprache keine altersgemäße Sprachentwicklung. Sie sollten zusätzlich eine Gebärdensprache erwerben.
- Gehörlose Kinder sollen so früh wie möglich zumindest eine Sprache gut als Erstsprache entwickeln können (eine Gebärdensprache).
- Der frühe Erwerb einer Gebärdensprache unterstützt den späteren Schriftspracherwerb.

Kapitel 21: Mein Kind hat Down-Syndrom. Kann es trotzdem mehrsprachig aufwachsen?

Ja, natürlich. Wenn die Familie mehrsprachig ist, gibt es in der Realität ja kaum eine Alternative zur mehrsprachigen Erziehung. Die natürliche Kommunikation innerhalb der Familie würde erheblich verletzt werden, wenn die Familie mit dem Kind mit Trisomie 21 nur eine Sprache verwenden würde, mit allen anderen Familienmitgliedern aber zwei oder mehrere Sprachen. Das Kind merkt ja, dass die Familie mehrere Sprachen gebraucht und würde sich ausgegrenzt und wertlos fühlen, weil man ihm dieses Privileg vorenthält. Das „Anderssein" des Kindes würde ihm durch eine gesonderte Spracherziehung eindringlich vor Augen geführt, vor allem dann, wenn es auch noch Geschwister hat, die mehrsprachig aufwachsen. Je nach Familienkonstellation könnte es eventuell mit einem Teil der Verwandtschaft, welche nicht die Umgebungssprache spricht, gar nicht kommunizieren (vgl. Ostad, 2014). Das gilt nicht nur für Kinder mit Down-Syndrom, sondern für alle Kinder mit Behinderungen. Es mag nicht beabsichtigt, sondern eigentlich gut gemeint sein, aber eine komplett gesonderte Erziehung für diese Kinder wirkt sich immer negativ auf ihr Selbstbild und auf ihre Identitätsentwicklung aus. Hinzu kommt, dass ein Verzicht auf eine mehrsprachige Erziehung das Problem an sich (Trisomie 21) nicht lösen kann. Aus diesen Gründen kann es nicht darum gehen, auf eine zwei- oder mehrsprachige Erziehung zu verzichten. Vielmehr muss überlegt werden, wie man Bedingungen schaffen kann, die für den (Mehr-) Spracherwerb förderlich sind (Wilken, 2008).

Gogolin (2003) beschreibt die „Grundüberzeugung, dass die Einsprachigkeit einer Gesellschaft oder eines Menschen normal sei" als „monolingualen Habitus". Tatsächlich ist aber weltweit gesehen die Mehrheit der Menschen mehrsprachig. Das gilt auch für Menschen mit „primären Störungsbildern" (Ostad, 2014) wie Down-Syndrom, Autismus und anderen. Der monolinguale Habitus verstellt das Verständnis für diese Menschen. Auch heute noch wird Familien mit Kindern mit Behinderungen in der Regel empfohlen, aufgrund der möglichen eingeschränkten Intelligenz und Sprachfähigkeit nur eine Sprache zu verwenden, ohne die psychologischen und sozialen Faktoren zu berücksichtigen, die eine solche Entscheidung mit sich bringt. Das Vorurteil, dass Menschen mit Down-Syndrom mit einer zweisprachigen Erziehung überfordert sein könnten, wird in der Forschungsliteratur nicht bestätigt. Die ersten Bindungen, die wertschätzende Interaktion und die Erfahrungen im sozial-emotionalen Bereich sind für alle Kinder, besonders jedoch für Kinder mit Down-Syndrom, von enormer Bedeutung. Sprache spielt beim Aufbau von emotionalen Bindungen eine wichtige Rolle. Mit dem Kind in der eigenen Muttersprache zu sprechen, bewirkt eine bessere und authentischere emotionale Kommunikation (vgl. Wilken, 2008).

Die Forschung hat sich erst seit den 1990er Jahren überhaupt mit dem Thema Zweisprachigkeit bei Down-Syndrom beschäftigt. Alle Studien kommen zu demselben Ergebnis: Einen negativen Einfluss auf die Sprachentwicklung hat eine zweisprachige Erziehung dieser Kinder nicht. Ob eine mehrsprachige Erziehung auf Kinder mit Down-Syndrom einen positiven Effekt hat, wie z.B. bei typischen Sprechern in der kognitiven Entwicklung, ist in der Forschung noch nicht geklärt. Eine Beeinträchtigung der Sprache ist jedenfalls nicht in der Mehrsprachigkeit begründet und Kinder mit Down-Syndrom können lernen, „zwei Sprachen zu verstehen und sich in diesen auszudrücken" (Ostad, 2014). Im Vergleich zu Kontrollgruppen mit nicht behinderten Kindern zeigen sie ganz ähnliche Verhaltensweisen im Mischen von Sprachen und im Code-switching. Sie können die unterschiedlichen Sprachen, wie alle anderen, unterscheiden und anwenden. Sie können auch ihren Sprachmodus dem jeweiligen Sprecher anpassen, d.h., sie wissen, welche Sprache sie mit wem sprechen müssen. „Fehler", die Kinder mit Down-Syndrom machen, zeigen sich in beiden Sprachen. Sie sind nicht in der Mehrsprachigkeit, sondern in ihrer spezifischen Diagnose begründet, beispielsweise in Schwierigkeiten des Kurzeitgedächtnisses oder auch des Hörens (Kinder mit Down-Syndrom haben ja eine besondere Anatomie der Ohren).

Ostad (2008) betont, dass Menschen mit Down-Syndrom wegen ihrer verlängerten Reaktionszeit und schwer verständlichen Aussprache in ihrer Fähigkeit, Sprachen zu erlernen, unterschätzt werden. Menschen mit Down-Syndrom werden zudem häufig als homogene Gruppe dargestellt. Tatsächlich gibt es aber in ihrer Entwicklung große Unterschiede. Beispielsweise gibt es Menschen, die einen eher niedrigen Intelligenzquotienten haben (20-30), aber auch solche mit einem durchschnittlichen IQ von 100. Einige haben also ernste Lernprobleme, andere nicht. Hinzu kommt, dass Menschen mit Down-Syndrom häufig zusätzlich noch von weiteren Störungen betroffen sind, z.B. Down-Syndrom und Autismus oder Down-Syndrom und ADHS. Für den Umgang und die Therapie mit diesen Kindern ist es enorm wichtig, die individuellen Voraussetzungen und eventuellen Mehrfachdiagnosen so früh wie möglich zu erkennen, weil sie jeweils eine gezielte Therapie für ihre Gesamtentwicklung benötigen. Kinder mit Autismus-Störungen brauchen z.B. eine viel strukturiertere und konkretere Kommunikationssituation als Kinder „nur" mit Down-Syndrom.

Nichtsdestotrotz kann man natürlich einige allgemeingültige Aussagen über die Sprachentwicklung von Kindern mit Down-Syndrom beschreiben, wenn man im Hinterkopf behält, dass es individuelle Unterschiede geben kann. Bei ihnen spielt die nonverbale Kommunikation eine große Rolle. Sie verwenden auffallend viel Gestik und Mimik und können sich dadurch, z.B. im Vergleich von Menschen mit geistigen Behinderungen, auch bei formellen Schwierigkeiten verständlich machen (Wendeler, 1996). Die Sprachentwicklung findet in der gleichen Reihenfolge wie bei ein- und mehrsprachigen Kindern ohne Beeinträchtigung statt. Ihre Sprachentwicklung ist allerdings meist deutlich langsamer und verzögert. Jedoch können sie Sprache(n) erwerben.

Die einzelnen sprachlichen Ebenen (Phonetik, Semantik, Morphologie, Pragmatik, etc.) sind bei Menschen mit Down-Syndrom häufig nicht auf dem gleichen Entwicklungsstand. Sie haben

Ausspracheprobleme sowie Artikulationsschwierigkeiten und neigen zu überhastetem Sprechen, woraus sich ein Stottern entwickeln kann. Hierbei ist es wichtig, mit dem Stottern richtig umzugehen, damit es sich nicht verfestigt (s. Kapitel 19). Schon bei Babys ab dem zweiten oder dritten Lebensmonat sollte gezielt die Mundmotorik trainiert werden. Ein- und mehrsprachige Kinder mit Down-Syndrom brauchen mehr Wiederholungen der Wörter, um diese festigen zu können. Ihnen fällt es schwer, sich an Wörter und wie sie ausgesprochen werden, zu erinnern. Während die lexikalisch-semantische Ebene eher wenig beeinträchtigt ist, ist die morphologisch-syntaktische Ebene eher verzögert und bleibt lebenslang reduziert. Das bedeutet, Menschen mit Down-Syndrom können Wörter und Bedeutungen in einem Gespräch gut verstehen und gebrauchen, sofern sie nicht zu abstrakt sind. In jedem Alter können sie neue Wörter in einer anderen Sprache lernen. Sie sprechen aber nur kurze und wenig komplexe Sätze. Entsprechend zeigen Untersuchungen zu mehrsprachigen Kindern, dass signifikante Unterschiede zwischen den Kindern mit Down-Syndrom und der Kontrollgruppe hauptsächlich bei der durchschnittlichen Länge der Äußerungen (MLU) vorhanden sind (Ostad, 2008, 2014).

Kinder mit Down-Syndrom können und sollen also mehrsprachig aufwachsen, wenn die familiäre Situation mehrsprachig ist. Mehrsprachige Eltern sollten deshalb auch von Fachleuten darin bestärkt werden. Frühere Empfehlungen, eine Sprache wegzulassen, sind wie bei Kindern mit Sprachstörungen überholt. Ebenso wäre es falsch, wenn Familien, die eine nicht-deutsche Sprache sprechen, mit ihrem Kind Deutsch sprechen, weil es die Umgebungssprache ist. Es bestehen dann dieselben Risiken wie für nicht-behinderte Kinder. Mit allen Kindern sollte man eine Sprache sprechen, die man selbst sehr gut beherrscht (vgl. Kapitel 4). Natürlich beeinflussen die syndromspezifischen Besonderheiten die sprachliche Entwicklung, diese wird dadurch aber nicht verhindert.

- Mehrsprachige Familien sollten in jedem Fall auch mit Kindern mit Down-Syndrom in zwei oder mehreren Sprachen sprechen, um es nicht von einem wichtigen Teil der Familie auszugrenzen.
- Das „Anderssein" des Kindes würde ihm durch eine gesonderte Spracherziehung vor Augen geführt, vor allem dann, wenn es noch Geschwister hat.
- Menschen mit Down-Syndrom sind mit einer zweisprachigen Erziehung nicht überfordert.
- Eine zweisprachige Erziehung hat keinen negativen Einfluss auf die Sprachentwicklung von Kindern mit Down-Syndrom.
- Die Sprachentwicklung findet in der gleichen Reihenfolge wie bei ein- und mehrsprachigen Kindern ohne Beeinträchtigung statt.
- Ihre Sprachentwicklung ist zwar langsamer und verzögert. Jedoch können sie Sprache(n) erwerben.
- Kinder mit Down-Syndrom brauchen Unterstützung in der Mundmotorik, im Erwerb der Aussprache und viele Wiederholungen. Sie sprechen nur kurze Sätze.

- Syndromspezifische Besonderheiten beeinflussen die sprachliche Entwicklung, verhindern diese aber nicht.

Literatur

Acredolo, L. / Goodwyn, S. (2000): Baby Signs: How to Talk with Your Baby Before Your Baby Can Talk (Positive Parenting). Vermilion Verlag.

Ahrenholz, B. (2014): Erstsprache-Zweitsprache-Fremdsprache. In: Deutsch als Zweitsprache. Hg von Ahrenholz, B. und Oomen-Welke, I. In der Reihe: Deutschunterricht in Theorie und Praxis. Hg. von Ulrich, W. Baltmannsweiler: Schneider Verlag Hohengehren.

Anstatt, T. (Hg): Mehrsprachigkeit bei Kindern und Erwachsenen. Erwerb. Formen. Förderung. Tübingen: Narr Francke Attempo Verlag

Astington, Janet W. & Jenkins, Jennifer M. (1999): A longitudinal study of the relation between language and theory-of-mind development. Developmental Psychology 35, 1311-1320.

Baker, C. (1988): Key Issues in Bilingualism and Bilingual Education. Clevendon: Multilingual Matters.

Baker, C. (2011): Foundations of Bilingual Education and Bilingualism. 5. Auflage. Channel View Publications Ltd.

Baker, C. (2014): A Parents' and Teachers' Guide to Bilingualism. 4. Auflage. Clevendon / Bristol: Multilingual Matters LTD.

Baker, Colin (2014-04-03). A Parents' and Teachers' Guide to Bilingualism: 4th edition (Parents' and Teachers' Guides) (p. 230). Channel View Publications. Kindle Edition.

Barac, R. /Bialystok, E. (2012): Bilingual Effects on Cognitive and Linguistic Development: Role of Language, Cultural Background, and Education. In: Child Development, March/April 2012, Volume 83, Number 2, Pages 413–422.

Behler, G. (2010): Sind private Schulen besser? Privatschulen führen zu sozialer Ungerechtigkeit und machen Ausgrenzung zum Programm. In: DIE ZEIT, 11.02.2010 Nr. 07 / http://www.zeit.de/2010/07/C-Spezial-Privatschulen-Contra-Behler/

Bezirksregierung Köln (2015): Erfolgreiches Lernen von Kindern und Jugendlichen mit Migrationshintergrund. Impuls. 2. Auflage. Stabsstelle Öffentlichkeitsarbeit der Bezirksregierung Köln. Druckerei der Bezirksregierung Köln.

Bialystok, E. (2001): Bilingualism in Development. Language, Literacy, and Cognition. Cambridge: Cambridge University Press.

Bialystok, E. (2004): Consequences of Bilingualism for Cognitive Development. Toronto: York University (http://scottbarrykaufman.com/wp-content/uploads/2012/10/Bialystok-in-press.pdf)

Bialystok, E. (2011): Reshaping the Mind: The Benefits of Bilingualism. Canadian Journal of Experimental Psychology 2011, Vol. 65, No. 4, S. 229-235.

Bialystok, E. (2015). Bilingualism and the development of executive function: The role of attention. Child Development Perspectives, 9, 117-121. PMC4442091

Bialystok, E. / Abutalebi, J./ Bak, T.H./ Burke, D.M./ Kroll, J.F. (2016). Aging in two languages: Implications for public health. Ageing Research Reviews, 27, 56-60. PMID26993154

Birdsong, D. (2005). Nativelikeness and non-nativelikeness in L2A research. International Review of Applied Linguistics, 43, 319-328.

Birdsong, D., & Molis, M. (2001). On the evidence for maturational constraints in second-language acquisition. Journal of Memory and Language, 44, 235-249.

Bloomfield, L. (1933): Language. New York: Henry Holt and Co.

Bogulski, C.A. / Rakoczy, M. / Goodman, M. / Bialystok, E. (2015). Executive control in fluent and lapsed bilinguals. Bilingualism: Language and Cognition, 18, 561-567.

Braun, A. / Cline, T. (2014): Language Strategies for Trilingual Families. Parents' Perspectives. Verlag: Multilingual Matters.

Brizić, K. (2007): Das geheime Leben der Sprachen. Gesprochene und verschwiegene Sprachen und ihr Einfluss auf den Spracherwerb in der Migration. Internationale Hochschulschriften, Bd. 465. Münster: Waxmann.

Bundesvereinigung Stottern & Selbsthilfe e.V., Köln. http://www.bvss.de/

Butzkamm, W. u. J. (2008): Wie Kinder sprechen lernen: Kindliche Entwicklung und die Sprachlichkeit des Menschen. Francke Verlag, 3. Auflage.

Cale, E. (2007): Die kleine Raupe Nimmersatt. Gerstenberg Verlag; 38. Auflage.

Clahsen, H. (1988): Normale und gestörte Kindersprache: Linguistische Untersuchungen zum Erwerb von Syntax und Morphologie. Essex: John Benjamins Publishing Co.

Coelho, E. (2012): Language and Learning in Multilingual Classrooms: A Practical Approach. Clevedon: Multilingual Matters.

Cummins, J. (1976): The Influence of Bilingualism on Cognitive Growth: Synthesis of Research Findings and Explanatory Hypotheses. Working Papers on Bilingualism, No. 9. Toronto. Ontario Institute for Studies in Education.

Cummins, J. (1978): Bilingualism and the Development of Metalinguistic Awareness. In: Journal of Cross-Cultural Psychology June 1978, vol. 9 no. 2, 131-149. (http://jcc.sagepub.com/content/9/2/131.short)

Cummins, J. (1979). Linguistic interdependence and the educational development of bilingual children. Review of Educational Research, 49, 222-251.

Cunningham, U. (2011): Growing up with two languages. Routledge, 3rd edition.

Curtiss, S. (1977), Genie: A Psycholinguistic Study of a Modern-Day „Wild Child", Perspectives in Neurolinguistics and Psycholinguistics, Boston, MA: Academic Press.

Curtiss, Susan; Fromkin, Victoria A.; Rigler, David; Rigler, Marilyn; Krashen, Stephen D. (1975), „An update on the linguistic development of Genie" (PDF), in Dato, Daniel P., Developmental Psycholinguistics: Theory and Applications, Georgetown University Round Table on Languages and Linguistics, Washington, D. C.: Georgetown University Press, pp. 145–153, archiviert als PDF vom Original im August , 2015.

http://www.linguistics.ucla.edu/people/curtiss/1975%20-%20An%20up-date%20on%20the%20linguistic%20development%20of%20Genie.pdf

De Houwer, A. (2009): An Introduction to Bilingual Development. Clevedon: Multilingual Matters.

DeKeyser, R. M., (2000). The robustness of critical period effects in second language acquisition. Studies in Second Language Acquisition, 22, 493-533.

Diop, E H I., (2009): Sprachenvielfalt hier und anderswo. In: Nauwerk, P. (Hg.): Kultur der Mehrsprachigkeit in Schule und Kindergarten. Festschrift für Ingelore Oomen-Welke. Freiburg: Fillibach Verlag.

Döpke, S. (1998): Can the principle of 'one person – one language' be disregarded as unrealistically elitist? Australian Review of Applied Linguistics 21(1): 41–56. Esser 2006

Doyle, A.-B. / Champagne, M. / Segalowitz, N. (1978): Some Issues in the Assessment of Linguistic Consequences of Early Bilingual ism," in Michel Paradis, Ed., Aspects of Bilingual ism. Columbial, S.C.: Hornbeam Press, Inc.

Ebermann, E. (2000): Vielfalt statt Mumifizierung. Afrikas große Verkehrssprachen gewinnen zunehmend an Einfluss. In: Südwind Nr.12, S.22.

Fabbro, F. (1999): The neurolinguistics of bilingualism. An introduction. Hove: Psychology Press.

Fehlings de Acurio, R. (2013): Aus Elternsicht: mehrsprachig erziehen. In: Steinlen / Rohde (Hg): Mehrsprachigkeit in bilingualen Kindertagesstätten und Schulen. Berlin: Dohrmann Verlag. S. 159-166.

Fehlings de Acurio, R. (2014): Mehr als eine Handvoll Worte. Von der Kunst, Kinder mehrsprachig zu erziehen. Kindle edition.

Franceschini, R. (2001): Das Gehirn als Kulturinskription. In: Müller-Lancé, J. / Riehl, C. (Hg): Ein Kopf-viele Sprachen: Koexistenz, Interaktion und Vermittlung. Aachen: Schaker Verlag, S. 45-62.

Garlin, E. (2008): Bilingualer Erstspracherwerb: Sprachlich handeln - Sprachprobieren - Sprachreflexion. Eine Langzeitstudie eines deutsch-spanisch aufwachsenden Geschwisterpaares. Waxmann Verlag.

Gass, Susan M. (with Jennifer Behney/Luke Plonsky) (2013): Second Language Acquisition. An Introductory Course. 4. ed., London et al.: Routledge.

Gogolin, I. (2008/1994): Der monolinguale Habitus der multilingualen Schule. Münster/New York: Waxmann (Buchveröffentlichung der Habilitationsschrift) [2. unveränderte Auflage 2008].

Gogolin, I./ U. Neumann (Hg) (2009): Streitfall Zweisprachigkeit – The Bilingualism Controversy. Wiesbaden: Verlag für Sozialwissenschaften.

Grimm, H. (2003): Störungen der Sprachentwicklung. Göttingen: Hofgrefe

Grosjean, F. & Li, P. (2013): The Psycholinguistics of Bilingualism. Malden, MA & Oxford: Wiley-Blackwell.

Grosjean, F. (1989): Life with two languages - an introduction to Biligualism, Havard University Press.

Grosjean, F. (2001): The Bilingual´s Language Modes. In: Nicol, J. (Hg.) (2001): One Mind, two Languages. Bilingual language processing. Oxford: Blackwell Publishers Ltd., S. 1-22.

Grosjean, F. (2010): Bilingual: Life and Reality. Cambridge, Mass: Harvard University Press

Grosjean, F. (2013): Bilingual and monolingual language modes. In C. Chapelle (Ed.). The Encyclopedia of Applied Linguistics. Hoboken, New Jersey: Blackwell Publishing. DOI: 10.1002/9781405198431.wbeal0090.

Grosjean, F. (2015): Bicultural bilinguals. International Journal of Bilingualism, 19(5), 572-586.

Hall, M. L., Ferreira, V. S., & Mayberry, R. I. (2015). Syntactic priming in American Sign Language. PLoS One. http://grammar.ucsd.edu/mayberrylab/papers/Hall_Ferreira&Mayberry15.pdf

Hänel-Faulhaber, B. (2014): Bimodal-bilingualer Spracherwerb (Gebärdensprache / Lautsprache). In: Chilla / Haberzettel (Hg.): Handbuch Spracherwerb und Sprachentwicklungsstörungen. Mehrsprachigkeit. München: Urban & Fischer. S. 209-212.

Hänel-Faulhaber, B. (2014): Mehrsprachige Kinder mit Cochlea-Implantat: Frühförderung. In: Chilla / Haberzettel (Hg.): Handbuch Spracherwerb und Sprachentwicklungsstörungen. Mehrsprachigkeit. München: Urban & Fischer. S. 215-223.

Harding, E. / Riley, PH. (1999): The Bilingual Family. A Handbook for Parents. Cambridge: University Press.

Henkel, I, (2012): Britische Manieren sind ein Mysterium. Niemand sagt einem Engländer, was er tun soll. Online Focus. http://www.focus.de/politik/ausland/henkels-london/britische-manieren-sind-ein-mysterium-was-briten-meinen-wenn-sie-etwas-ganz-anderes-sagen_aid_769963.html

Hennies, J. (2014): Laut- und Schriftspracherwerb von gehörlosen und schwerhörigen Kindern. In: Chilla / Haberzettel (Hg.): Handbuch Spracherwerb und Sprachentwicklungsstörungen. Mehrsprachigkeit. München: Urban & Fischer. S.227-236.

Hofmann, K. (2014): Laut- und Gebärdenspracherwerb von hörenden Kindern gehörloser Eltern (Codas) – Frühförderung. In: Chilla / Haberzettel (Hg.): Handbuch Spracherwerb und Sprachentwicklungsstörungen. Mehrsprachigkeit. München: Urban & Fischer. S.241 – 247.

Ianco-Worral, A. (1972): Bilingualism and cognitive development. In: Childdevelopment, 43, 1390-1400.

Janich, N. / Thim-Mabrey, C. (Hg.) (2003): Sprachidentität – Identität durch Sprache. Tübingen: Gunter Narr Verlag.

Kaltenbacher, E. (2011): Zur Problematik der Evaluation von Sprachfördermaßnahmen. In: Hahn, N./ Roelcke, T. (Hg.): Grenzen überwinden mit Deutsch. 37. Jahrestagung des

Fachverbandes Deutsch als Fremdsprache an der Pädagogischen Hochschule Freiburg/Br., Göttingen: Universitätsverlag, S. 163 – 177.

Kaltenbacher, E. / Klages, H. (2007): Deutsch für den Schulstart: Zielsetzungen und Aufbau eines Förderprogramms. In: B. Ahrenholz Hg.: Deutsch als Zweitsprache – Voraussetzungen und Konzepte für die Förderung von Kindern und Jugendlichen mit Migrationshintergrund. Freiburg: Fillibach

Kersten, K. / Rohde, A. / Schelletter, C. / Steinlen, A. (Hg.) (2010): Bilingual Preschools. Vol. I: Learning and Development. Vol. II: Best Practices. Trier: WVT.

Klode, U. (2008): Babyzeichensprache. Zwischen Förderwahn und Elternglück. In: Stern, 12. Nov. 2008. http://www.stern.de/wissen/mensch/babyzeichensprache-zwischen-foerderwahn-und-elternglueck-644821.html

Kniffka, G, / Siebert-Ott, G. (2007): Deutsch als Zweitsprache. Lehren und Lernen. 3. Auflage In der Reihe: StandartWissen Lehramt – Studienbücher für die Praxis. Hg von Ossner, J. Schöningh UTB Verlage.

Kracht, A. (2007): Probleme beim Zweitspracherwerb. In: Schöler, H. u. Welling, A. (Hg.): Förderschwerpunkt Sprache. Handbuch der Pädagogik und Psychologie der Behinderungen, Bd. 3., Hg. von Johann Borchert u. Herbert Götze. Göttingen 2007, 442-455.

Krause, A. (2013): „Woher kommst du?" wie junge Kinder Herkunftsfragen begreifen. In Wagner. P. (Hg): Handbuch Inklusion. Grundlagen vorurteilsbewusster Bildung und Erziehung. Freiburg: Herder

Krüger-Potratz, M. / Neumann, U. / Reich, HH (Hg) (2010): Bei Vielfalt Chancengleichheit. Münster: Waxmann

Lehmann, C. (2015): Sekundärspracherwerb. http://www.christianlehmann.eu

Leist-Villis, A. (2010): Elternratgeber Zweisprachigkeit. Informationen & Tipps zur zweisprachigen Entwicklung und Erziehung von Kindern. 4. Auflage. Tübingen: Stauffenburg-Verlag Brigitte Narr GmbH.

Lenneberg, E. (1967). Biological foundations of language. New York: Wiley.

Leonard, M.K., Ferjan Ramirez, N., Torres, C., Hatrak, M., *Mayberry, R.I., & *Halgren, E. (2013). Neural stages of spoken, written, and signed word processing in beginning second language learners. Frontiers in Human Neuroscience, 7:322. http://grammar.ucsd.edu/mayberrylab/papers/Leonard_FerjanRamirez_etal13.pdf

List, G. (2007): Förderung von Mehrsprachigkeit in der Kita. Deutsches Jugendinstitut e.V. http://www.dji.de/fileadmin/user_upload/bibs/384_8288_Expertise_List_MSP.pdf

Mayberry, R. (1992): The cognitive development of deaf children: Recent insights. In Rapin & S. Segalowitz (Hg.), Child Neuropsychology, Volume 7 in Handbook of Neuropsychology, F. Boiler & J. Grafman (Series Eds.) (pp. 51-68). Amsterdam: Elsvier.

Mayberry, R. I. (2010). Early Language Acquisition and Adult Language Ability: What Sign Language reveals about the Critical Period for Language. In M. Marschark & P. Spencer

(Eds.), Oxford Handbook of Deaf Studies, Language, and Education, Volume 2, 281-291, http://grammar.ucsd.edu/mayberrylab/papers/Mayberry_Hndbk10.pdf

Meisel, J. (2007): Mehrsprachigkeit in der frühen Kindheit. Zur Rolle des Alters bei Erwerbsbeginn. In: Anstatt, T. (Hg) (2007): Mehrsprachigkeit bei Kindern und Erwachsenen. Erwerb. Formen. Förderung. S. 93-114. Tübingen: Narr Francke Attempo Verlag.

Meisel, J. (2011): Zur Entwicklung von Mehrsprachigkeit. https://www.ifp.bayern.de/veranstaltungen/fachkongongress2011.html. 1.8.2011

Meisel, J. (Hg.) (2011): First and Second Language Acquisition: Parallels and Differences, Series: Cambridge Textbooks in Linguistics

Montanari, E. (2002): Mit zwei Sprachen groß werden: Mehrsprachige Erziehung in Familie, Kindergarten und Schule. Kösel Verlag. 11. Auflage.

Moser, B. (2007): Sprachheilpädagogische Diagnostik bei mehrsprachigen Schülern. In: Die Sprachheilarbeit, 52 (3), 107-112.

Nicol, J. (Hg.) (2001): One Mind, two Languages. Bilingual language processing. Oxford: Blackwell Publishers Ltd.

Nitsch, C. (2007): Mehrsprachigkeit: Eine neurowissenschaftliche Perspektive. In: Anstatt, T. (Hg): Mehrsprachigkeit bei Kindern und Erwachsenen. Erwerb. Formen. Förderung. S. 47-68. Tübingen: Narr Francke Attempo Verlag

Oksaar, E. (2003): Zweitspracherwerb: Wege zur Mehrsprachigkeit und zur interkulturellen Verständigung. Stuttgart: Kohlhammer.

Ostad, J. (2008): Zweisprachigkeit bei Kindern mit Down Syndrom. Hamburg: Verlag Dr. Kovac.

Pagonis, Giulio (2009), Kritische Periode oder altersspezifischer Antrieb: Was erklärt den Altersfaktor im Zweitspracherwerb? Eine empirische Fallstudie zum ungesteuerten Zweitspracherwerb durch russische Lerner unterschiedlichen Alters. Frankfurt am Main: Lang.

Paradis, J. / Crago, M. / Genese, F. / Rice, M. (2003): French-English Bilingual Children with SLI – How do they compare to their monolingual peers? In: Journal of Speech, Language, and Hearing Research, Vol 46, S. 113-127.

Paradis, J. / Genese, F. / Crago, M.B. (2004): Dual Language Development and Disorders: A Handbook on Bilingualism and Second Language Learning. Baltimore, MD: Brookes

Piske, T. / Schelleter, C. (2009): Voraussetzungen für Lernerfolg im Zweitspracherwerb bei Kindern mit und ohne Migrationshintergrund. ELIAS Early Language and Intercultural Aquisition Studies. www.elias.bilikita.org/effective L2 Acquisition of Majority and Minority Children.

Piske, T. / Young-Scholten, M., (2008): Input Matters in SLA. Clevedon: Multilingual Matters.

Rawlinson, G. E. (1976): The significance of letter position in word recognition. Unpublished PhD Thesis, Psychology Department, University of Nottingham, Nottingham 1976.

Reich, H. / Krumm, H. (2013): „Sprachbildung und Mehrsprachigkeit. Ein Curriculum zur Wahrnehmung und Bewältigung sprachlicher Vielfalt im Unterricht. Münster: Waxmann.

Ricardelli, L.A. (1992) Bilingualism and cognitive development in relation to threshold theory. Journal of Psycholinguistic Research, 21, 301-316.

Riegel, E. (2004): Schule kann gelingen. Wie unsere Kinder wirklich fürs Leben lernen. Frankfurt / Main: Fischer Verlag.

Riehl, C. (2006): Aspekte der Mehrsprachigkeit: Formen, Vorteile, Bedeutung. In: Kompetenzzentrum Sprachförderung - newsletter Januar 2006 (Köln) (http://www.bildung.koeln.de/regionale_projekte/equal/zentrum/)

Riehl, C. (2007): Das mehrsprachige Gehirn. In: Sprachförderung in Köln. Mehrsprachig vom Kindergarten bis ins Berufsleben. Newsletter Februar 2007 des Kompetenzzentrums Sprachförderung. www.kompetenzzentrum-sprachfoerderung.de. (auch: http://www.kompetenzzentrum-sprachfoerderung.de/fileadmin/user_upload/NewsletterKompSpraFeb07.pdf)

Riehl, C. (2014): Mehrsprachigkeit. Eine Einführung. Darmstadt: Wissenschaftliche Buchgesellschaft.

Riehl, Claudia Maria & Blanco López, Julia (2015). „Mehrsprachigkeit: Ein kurzer Überblick aus linguistischer Sicht". In: Esterl, Ursula & Gombos, Georg (Hrsg.). Sprachliche Bildung im Kontext von Mehrsprachigkeit. ide - Informationen zur Deutschdidaktik. Jg. 39. (4/2015). Innsbruck: StudienVerlag.

Riehl, Claudia Maria (2013). „Multilingual discourse competence in minority children. Exploring the factors of transfer and variation". In: European Journal of Applied Linguistics. Band 1, Heft 2. Berlin/Boston: De Gruyter, S. 254-292.

Rohde, A. (2000): Frühe Mehrsprachigkeit. Bewusstseinserweiternde Wundermedizin? In „Mit zwei Sprachen ins Leben starten. Zweisprachige Kindererziehung." Sonderheft der Zeitschrift der Burgenlandkroaten in Wien - PUT, S. 3-7.

Rohde, A. (2005): Lexikalische Prinzipien im Erst- und Zweitsprachenerwerb. Trier: Wissenschaftlicher Verlag Trier.

Rohde, A. (2013): Die Bedeutung der Erstsprache für den Erwerb weiterer Sprachen. In: Steinlehn / Rohde (Hg.): Mehrsprachigkeit in bilingualen Kindertagesstätten und Schulen. S. 31-44. Berlin: Dohrmann Verlag.

Ronjat, J. (1913): Le développement du langage observé chez un enfant bilingue. Paris: Librairie Ancienne H. Champion.

Roos, Eva (2003): Funktionale Mehrsprachigkeit. www.Eva_Roos_BT_2003.06.pdf

Rothweiler, M. (2007): „Mistaken identity" – Zum Problem der Unterscheidung typischer grammatischer Strukturen bei SSES und bei Mehrsprachigkeit. In: de Langen-Müller, Ulrike & Maihack, Volker (Hg): Früh genug – aber wie? Sprachförderung per Erlass oder Sprachtherapie auf Rezept? Tagungsbericht vom 8. wissenschaftlichen Symposium des Deutschen Bundesverbandes der akademischen Sprachtherapeuten. Köln: ProLog. 110-128.

Rowling, J.K. (2007): Harry Potter Boxed Set. 7 Volumes: Contains: Philosopher's Stone / Chamber of Secrets / Prisoner of Azkaban / Goblet of Fire / Order of ... / Deathly Hallows [Special Edition] Verlag: Bloomsbury UK.

Saer, D.J. (1923): The effects of bilingualism on intelligence. British Journal of Psychology, 14, 25-38.

Scharff-Rehthfeldt, W. (2013): Forum Logopädie. Kindliche Mehrsprachigkeit. Grundlagen und Praxis der sprachtherapeutischen Intervention. Hg von Schrey-Dern / Lauer. Stuttgart / New York: Thieme Verlag.

Schouten, A. (2009): The Critical Period Hypothesis: Support, Challenge, and Reconceptualization. Teachers College, Columbia University, Working Papers in TESOL & Applied Linguistics, 2009, Vol. 9, No. 1

Schröder, Atze (2009): Mutterschutz. Audio CD. Sme Spassgesellschaft! (Sony Music).

Steiner, N. / Hayes, S.L. (2009): 7 Steps to Raising a Bilingual Child. AMACOM Verlag. Kindle edition.

Steinlen, A. / Rohde, A. (Hg) (2013): Mehrsprachigkeit in bilingualen Kindertagesstätten und Schulen. Voraussetzungen-Methoden-Erfolge. Berlin: Dohrmann Verlag.

Suhr, A. (2008): Sätze rollen Wörter fliegen: Bewegte Sprachförderung in Kita und Grundschule. Verlag: Don Bosco Medien; 5. Auflage.

Szagun, G. (2001): Sprachentwicklung beim Kind. Weinheim: Beltz.

Szagun, G. (2010): Einflüsse auf den Spracherwerb bei Kindern mit Cochlea-Implantat. Implantationsalter, soziale Faktoren und die Sprache der Eltern. In: Hörgeschädigte Kinder – erwachsene Hörgeschädigte 47 (1), 8-36.

Teschendorf, M. / Janeschik, S. u.a. (2011): Speech Development after cochlea implantation in children from bilingual homes. In: Otology Neurotology Journal, 32; S. 229-235.

Thomas, C. (2012): Growing Up with Languages: Reflections on Multilingual Childhoods. Clevedon: Multilingual Matters.

Tracy, R. (2007): Wie Kinder Sprachen lernen: Und wie wir sie dabei unterstützen können. Francke Verlag.

Tracy, R. (2011): Mehrsprachigkeit: Realität, Irrtümer, Visionen. In: Eichinger, Ludwig M., Plewnia, Albrecht & Steinle, Melanie (Eds.). Sprache und Integration. Über Mehrsprachigkeit und Migration. Tübingen: Narr Francke Attempto Verlag, 69-100.

Tracy, R. (2014). Spracherwerb und Mehrsprachigkeit. In Braches-Chyrek R., Röhner C, Sünker, H., Hopf, M.: Handbuch frühe Kindheit, Opladen/Berlin/Toronto, 185-198.

Tracy, R. (2015). Spracherwerb im Einwanderungskontext. In. Migration und soziale Arbeit, Beltz Juventa, Weinheim, 299-305.

Wagner, P. (Hg) (2013): Handbuch Inklusion. Grundlagen vorurteilsbewusster Bildung und Erziehung. Freiburg: Herder

Wattendorf, u.a. (2001): Different languages activate different subfields in Broca's area. In: NeuroImage, 2001, 13.

Wehr, S. (2001): Was wissen Kinder über Sprache? Die Bedeutung von Meta-Sprache. Für den Erwerb der Schrift- und Lautsprache. Forschungsüberblick, theoretische Klärungen, Arbeitshilfen für die sprachheilpädagogische und logopädische Praxis. Bern/Stuttgart/Wien: Verlag Paul Haupt.

Wendlandt, W. (2010): Sprachstörungen im Kindesalter: Materialien zur Früherkennung und Beratung. Thieme Verlag; 6. Auflage.

Wermbter, K. (2013): Mehrsprachigkeit im Kolloquium. Zur mehrsprachigen Praxis in Gesprächen am Beispiel von Kolloquien an deutschen Hochschulen. Mannheim: Verlag für Gesprächsforschung. http://www.verlag-gespraechsforschung.de

Wilken, E. (2008): Sprachförderung bei Kindern mit Down-Syndrom: mit ausführlicher Darstellung des GuK-Systems. Stuttgart: Kohlhammer Verlag.

Wiseheart, M./ Viswanathan,M. / Bialystok, E. (2016). Flexibility in task switching by monolinguals and bilinguals. Bilingualism: Language and Cognition, 19, 141-146. PMC4749032

Xiao-lei, W. (2008): Growing up with Three Languages: Birth to Eleven. Clevedon: Multilingual Matters.

Xiao-lei, W. (2011): Learning to read and write in the multilingual family. Clevedon: Multilingual Matters.

Zimmer, R. (2014): BaSiK Grundpaket. Begleitende alltagsintegrierte Sprachentwicklungsbeobachtung in Kindertageseinrichtungen. Freiburg: Herder.

Nützliche Adressen:

- www.deutsch-fuer-den-schulstart.de
- www.fmks-online.de
- www.mehrsprache.de
- http://www.multilingualmatters.co.uk/bilingual_family_archive.asp